파이썬으로 시작하는 인공지능 기초 수업

채상미·우범윤·이준용 지음

길벗

파이썬으로 시작하는 인공지능 기초 수업

초판 1쇄 발행 · 2025년 11월 25일 | **지은이** · 채상미, 우범윤, 이준용 | **발행인** · 이종원
발행처 · (주)도서출판 길벗 | **출판사 등록일** · 1990년 12월 24일 | **주소** · 서울시 마포구 월드컵로 10길 56(서교동)
대표 전화 · 02)332-0931 | **팩스** · 02)323-0586 | **홈페이지** · www.gilbut.co.kr

책임편집 · 최준란(chran71@gilbut.co.kr) | **표지디자인** · 강은경 | **제작** · 이준호, 손일순, 이진혁
마케팅 · 김진성, 박효림 | **유통혁신** · 한준희 | **영업관리** · 김명자 | **독자지원** · 윤정아

교정교열 · 장도영프로젝트 | **본문디자인 및 전산편집** · 박은비 | **인쇄 및 제본** · 예림인쇄

잘못된 책은 구입한 서점에서 바꿔 드립니다. 이 책에 실린 모든 내용, 디자인, 이미지, 편집 구성의 저작권은 길벗과 지은이에게 있습니다.
허락 없이 복제하거나 다른 매체에 옮겨 실을 수 없습니다.
ISBN 979-11-407-1643-2 03000 (길벗 도서번호 060123)
정가 25,000원

독자의 1초까지 아껴주는 정성 길벗출판사
(주)도서출판 길벗 · (주)도서출판 길벗 IT단행본, 성인어학, 교과서, 수험서, 경제경영, 교양, 자녀교육, 취미실용 www.gilbut.co.kr
길벗스쿨 · 국어학습, 수학학습, 주니어어학, 어린이단행본, 학습단행본 www.gilbutschool.co.kr
길벗교과서 · https://textbook.gilbut.co.kr/
페이스북 · www.facebook.com/gilbutzigy | **네이버** · post.naver.com/gilbutzigy

머리말

인공지능(AI)이 교육 현장에 본격적으로 도입되면서, 수업의 내용과 실습의 수준은 빠르게 변화하고 있습니다. 과거의 수업에서는 인공지능의 개념을 단순히 '이해하는 것'이 목표였다면, 이제는 학생들 스스로 데이터를 다루고 모델을 구현하며 그 원리를 탐구하는 단계로 발전하고 있습니다. 교실 안에서도 인공지능은 더 이상 '먼 미래의 기술'이 아닙니다. 학생들은 이미 일상 속에서 AI를 경험하며 그 원리를 배우고, 이를 통해 새로운 문제를 해결하고자 하는 탐구의 주체가 되어 가고 있습니다.

이 책은 이러한 변화를 교육의 시선으로 담고자 했습니다. 단순히 코드를 따라 치며 결과를 확인하는 학습이 아니라, 실습과 원리 이해가 유기적으로 연결되도록 구성했습니다. 한 줄의 코드가 어떤 의미를 갖는지, 그 과정에서 어떤 논리가 작동하는지를 천천히 짚어 가며, 학생들이 "왜 이렇게 되는가?"를 스스로 묻고 깨닫는 과정을 경험하도록 설계했습니다. 즉 '결과를 얻는 학습'이 아니라 '원리를 깨닫는 학습', 그리고 '지식을 외우는 교육'이 아니라 '사고를 확장하는 교육'이 되도록 방향을 잡았습니다.

이 책은 인공지능 수업을 현장에서 직접 해온 교사들이 함께 집필했습니다. 교사로서의 경험과 교육자로서의 통찰이 한데 어우러져, 실제 수업에서 부딪히는 어려움과 학생들이 호기심을 느끼는 순간들을 세심히 반영했습니다. 수업 중 학생들이 이해의 벽에 부딪히거나 작은 실험을 통해 스스로 개념을 깨닫는 그 순간을 수없이 마주하면서, 교사들은 'AI를 가르치는 일은 결국 사고를 가르치는 일'임을 다시금 느꼈습니다. 이 책은 그런 현장의 깨달음과 실천이 응축된 결과물입니다.

이 책의 가장 큰 목표는 '따라 하기'보다 '깨닫기'입니다. 학생들이 단순히 정답을 얻는 것이 아니라 과정 속에서 생각하고, 관찰하고, 추론하는 힘을 기르는 데 초점을 두었습니다. 직접 코드를 수정하고 데이터를 바꾸어 보며 결과의 변화를 관찰하는 과정에서 학생들은 인공지능을 '작동하는 도구'가 아니라 사고의 파트너로 만나게 됩니다. 이 경험은 단순한 프로그래밍 학습을 넘어 스스로 사고하는 힘을 기르고, 탐구적 태도를 갖춘 학습자로 성장하는 계기가 될 것입니다.

교사들에게도 이 책이 하나의 깨달음으로 다가갔으면 좋겠습니다. 학생들에게 인공지능을 가르치는 일은 단순한 지식 교육이 아니라 '학습자가 스스로 생각하는 방법'을 가르치는 일이며, '미래를 설계하는 사고'를 길러 주는 일입니다. 교사로서 우리가 다루는 코드는 단순한 명령어가 아니라, 학생들의 생각을 확장하고 세상을 이해하게 하는 언어의 또 다른 형태입니다. 파이썬 코드를 활용한 이 책이 인공지능에 어려움을 겪는 선생님들에게 큰 깨달음으로 다가갔으면 합니다.

오랜 시간의 집필과 검토를 거쳐 완성된 이 책이, 인공지능을 처음 배우는 학생들에게는 흥미롭고 탄탄한 첫걸음이 되고, 수업을 설계하고 지도하는 교사들에게는 새로운 관점과 도전의 기회가 되기를 바랍니다. 이 책을 통해 교사와 학생이 함께 배우고 성장하며, 배움이 살아 있는 인공지능 수업을 만들어 가길 바랍니다.

인공지능을 가르치는 일은 결국 '사람의 사고를 가르치는 일'입니다. 이 책이 그 여정에서 작은 길잡이가 되기를 바랍니다.

2025. 11.
저자 일동

000
목차

머리말 003

데이터 분석과 머신러닝

CHAPTER 1

인공지능이란 무엇일까?

인공지능 이해하기 012
| 인공지능, 머신러닝(기계학습), 딥러닝 |

CHAPTER 2

데이터 분석

데이터 분석 이해하기 022
| 함수, 모듈 |

인스타그램 데이터 분석 027
| 데이터 테이블, 튜플, 속성, 데이터의 시각화 |

CHAPTER 3 머신러닝

머신러닝 이해하기 048
| 지도 학습, 비지도 학습, 강화 학습 |

머신러닝 알아보기 053
| 선형회귀, 랜덤 포레스트, 앙상블 학습 |

선형회귀로 홍수 예측하기 059
| EDA 과정, 선형회귀 활용, 머신러닝 예측 |

랜덤 포레스트로 손글씨 분류하기 087
| 교차 검증, cross_val_predict 함수, 랜덤 포레스트 |

탐색과 딥러닝

CHAPTER 4 탐색

탐색에 대해 알아보기 100
| 탐색의 필요성, 탐색 예시, 탐색 알고리즘 종류 |

맹목적 탐색 106
| 깊이 우선 탐색, 너비 우선 탐색 |

휴리스틱 탐색 144
| 언덕 등반, 최고 우선, A* |

CHAPTER 5 딥러닝

공부하는 인공지능, 손실함수 170
| 인공지능, 학습 |

인공신경망 172
| 인공신경망, 퍼셉트론, 다층 퍼셉트론 |

신경망의 순전파 188
| 순전파, 활성화 함수 |

오차 계산: 손실함수 198
| MSE, BCE, CE |

신경망의 역전파 203
| 오차역전파, 경사하강법, 연쇄법칙 |

계층화 211
| 신경망 구현 |

데이터 분석과 머신러닝

| CHAPTER 1 |

인공지능이란 무엇일까?

인공지능 이해하기

인공지능, 머신러닝(기계학습), 딥러닝

시작하기

중학생인 민호는 정보 수업을 좋아하지만, 인공지능에 대해서는 아직 수업을 들어 본 적이 없어 생소했다. 어느 날, 민호가 활동하고 있는 진로 동아리에서 인공지능 박람회에 참여하게 되었는데, 그곳에는 다양한 인공지능 로봇과 프로그램이 전시되어 있었다. 그중에서 민호의 눈길을 끈 것은 강아지와 고양이 사진을 이미지로 인식하여 자동으로 분류해 주는 프로그램이었다. 민호는 이 인공지능 프로그램의 원리가 궁금해졌다. 그래서 인공지능에 관심이 많은 동아리 친구들과 함께 그 원리를 연구하고 결과 보고서를 진로 동아리 시간에 발표하기로 했다. 그런데 막상 발표 준비를 하려니 자신이 본 인공지능 프로그램을 어떻게 설명해야 친구들이 쉽게 이해할지 고민이 되었다.

1. 알고 가기

인공지능을 어떻게 정의할 수 있을까?

인공지능은 인간의 지능으로 수행하는 수많은 인식, 사고, 학습 활동 등을 기계가 할 수 있도록 구현하는 기술이자 그 기술을 연구하는 학문 분야이다. 즉 인공지능은 인간의 지능을 컴퓨팅 시스템이나 기계가 할 수 있도록 만든 것을 의미한다. 사전적인 의미를 넘어서 세계 석학들이 말하는 인공지능의 의미는 다음과 같다.

- "인공지능 시스템에서 코드는 요리사, 데이터는 재료이다. 대부분의 인공지능 성능 향상은 데이터에 의해 일어난다." _ 앤드류 응 교수(스탠퍼드 대학교)
- "'과연 지능이 무엇인가?'에 대한 논의가 선행되어야 한다. 인공지능은 지능을 계산적으로 접근한 것이다. 미국의 언어학자인 노암 촘스키 교수의 말을 빌려서, 인공지능은 자체로 어떤 것들을 풀 수 있고 어떤 것들을 풀 수 없는지에 대한 판단 기준이 있는 것이다." _ 조경현 교수(뉴욕 대학교)

미국의 언어학자인 노암 촘스키 교수의 말에 따르면, 인공지능은 어떤 것들을 풀 수 있고, 어떤 것들을 풀 수 없는지에 대한 판단 기준이 있는 것입니다.

▶ 유튜브 '미국을 알아가는 시간 아메리카노(AmericaKnow)'에서 진행한 조경현 교수의 인터뷰 내용. 조경현 교수는 "인공지능의 의미에 대해 잘 모르지만 그것을 알아 가기 위해 연구를 하고 있다."고 밝혔다.

인공지능을 어떻게 분류할 수 있을까?

인공지능의 능력과 자율성에 따른 구분

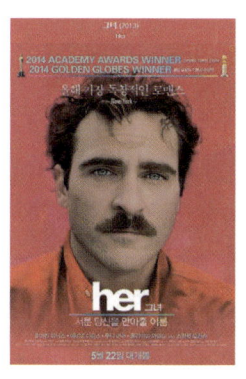

- **강인공지능**: 인간과 같은 수준의 인지능력을 갖춘 인공지능이다. 스스로 사고하고 이해하며, 자율적으로 감정을 느끼고 인식할 수 있는 능력을 설계하는 데 초점을 둔다.

▶ 영화 〈her그녀〉에서는 학습형 인공지능과 인간과의 관계를 그리고 있다. 영화의 주인공 테어도르는 인공지능인 사만다와 깊은 대화를 나누고 관계를 맺으며 사랑을 느낀다. (이미지 출처: 나무위키)

- **약인공지능**: 특정 작업이나 문제를 해결하기 위해 설계된 인공지능이다. 약인공지능은 인간의 지능을 모방하거나 특정 기능을 수행하는 데 초점을 둔다.

강인공지능과 약인공지능의 비교

	지능의 범위	지능의 수준
강인공지능	특정 작업에 국한되지 않고, 다양한 문제를 해결할 수 있는 지능을 가진다.	인간과 같은 수준의 자율적인 사고와 지능을 가진다.
약인공지능	특정 작업에 최적화되어 있는 국한된 지능을 가진다.	타율적인 사고와 지능을 가진다.

기술의 복잡성과 학습 방식에 따른 구분

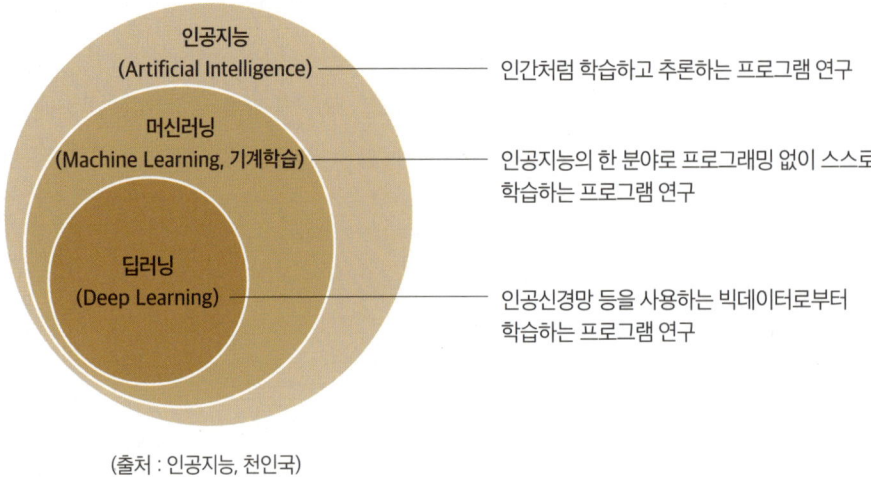

(출처 : 인공지능, 천인국)

- **인공지능(AI)[1]**: 인공지능은 인간의 지능을 모방하여 문제를 해결하고 의사 결정을 할 수 있는 시스템을 의미한다. AI는 인간의 지능을 흉내 낼 수 있는 다양한 기법을 포함한다. 규칙 기반 시스템, 전문가 시스템, 머신러닝, 딥러닝 등이 대표적이다. 인공지능(AI)은 '사람처럼 VS. 합리적(이성적)으로', '생각 VS. 행동'을 기준으로 4개의 카테고리로 정의할 수 있다.

인공지능의 4가지 영역

사람 ↕ 합리적(이성적)	사람처럼 생각하는	사람처럼 행동하는
	합리적(이성적)으로 생각하는	이성적으로 행동하는
	생각 ←──────→ 행동	

- **머신러닝(ML, 기계학습)**: 머신러닝은 인공지능의 하위 분야로, 데이터를 통해 패턴을 학습하고 예측을 수행하는 알고리즘 개발에 중점을 둔다. 머신러닝 시스템은 정해진 코드가 아니라 스스로 학습할 수 있는 능력을 가지고 있다. 즉 정형화된 코드를 통해 문제 해결의 범위가 제한되지 않고, 스스로 데이터를 학습하고 예측을 수행함으로써 다양한 문제를 해결할 수 있다. 머신러닝은 주로 데이터 기반의 학습을 통해 성능을 향상시키며 지도 학습, 비지도 학습, 강화 학습 등 다양한 학습 방법을 포함한다.

---

1 참고: 인공지능 및 딥러닝 동향, 구형일(아주대 전자공학과 교수)

▶ 머신러닝의 핵심은 빅데이터 학습이다. 머신러닝 알고리즘은 엄청나게 많은 데이터를 학습하여 패턴을 찾아내고, 그 결과를 기반으로 문제를 해결한다.

머신러닝이 아닌 인공지능으로는 '규칙 기반 인공지능'이 있다. 규칙 기반 인공지능은 전문가의 지식이나 규칙을 기반으로 작동한다. 즉 특정 조건이 충족되면 미리 정의된 규칙에 따라 행동한다. 예를 들어, 규칙 기반 인공지능은 딸기를 인식할 때 인간이 딸기의 특징을 알려주어야 한다. '빨갛다.', '여러 개의 씨가 있다.', '초록색 꼭지가 있다.'와 같은 특징을 제공했을 때 규칙 기반 인공지능은 딸기를 구분할 수 있다. 이렇게 규칙 기반 인공지능은 전문가가 제공하는 지식이나 규칙을 받았을 때 사물을 인식할 수 있다.

반면에 머신러닝은 패턴을 학습하여 예측이나 결정을 내린다. 예를 들어, 이미지에 대해서 '딸기'라는 정답을 알려 주었을 때 머신러닝 인공지능은 스스로 딸기라는 이미지에 대한 특징이나 규칙을 파악한다.

인공지능(AI)과 머신러닝(ML)의 차이를 알 수 있는 예

인공지능(규칙 기반 인공지능)

 → ・빨갛다.
・여러 개의 씨가 표면에 박혀 있다. → 딸기
・초록색 꼭지가 있다.

머신러닝(ML)

 → 딸기 → ・빨갛다.
・여러 개의 씨가 표면에 박혀 있다. → 딸기
・초록색 꼭지가 있다.

인공지능(AI)과 머신러닝(ML)의 차이

	원리	데이터 의존성	해결 가능한 문제
인공지능 (규칙 기반 인공지능)	· 전문가의 지식이나 규칙을 기반으로 작동한다. · 정해진 규칙에 따라 예측이나 분류를 한다.	· 데이터에 대한 의존성이 적고, 주로 전문가의 지식에 의존한다.	· '의료 진단에서 기침과 발열이 있을 경우 독감일 가능성이 크다.'처럼 명확한 규칙이 있는 문제에 적합하다.
머신러닝	· 데이터에서 패턴을 학습해 예측이나 결정을 수행한다. · 주어진 데이터를 분석하고 그 결과를 바탕으로 모델을 개선한다.	· 데이터에 대한 의존성이 강하다. · 대량의 데이터가 필요하며, 데이터의 품질과 양이 모델의 성능에 영향을 미친다.	· 이미지 인식, 자연어 처리 등 복잡한 패턴 인식, 예측, 분류 문제에 적합하다.

- **딥러닝(DL)**: 딥러닝은 머신러닝의 하위 분야로, 인공신경망(ANN: Artificial neural networks)을 기반으로 한 학습 방법이다. 특히 여러 층의 신경망을 사용하여 복잡한 패턴을 학습하는 강점이 있다.

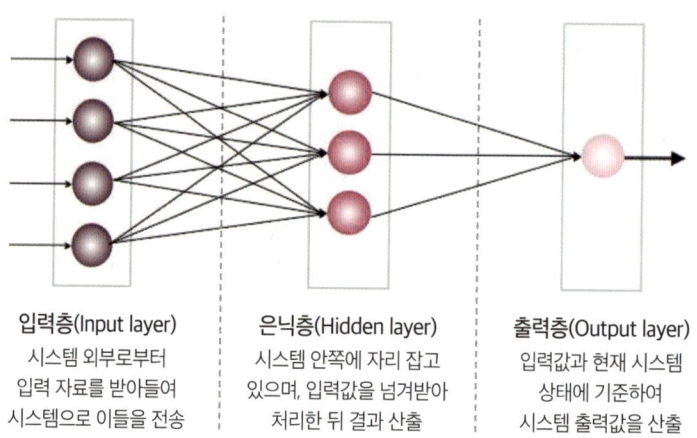

입력층(Input layer)
시스템 외부로부터
입력 자료를 받아들여
시스템으로 이들을 전송

은닉층(Hidden layer)
시스템 안쪽에 자리 잡고
있으며, 입력값을 넘겨받아
처리한 뒤 결과 산출

출력층(Output layer)
입력값과 현재 시스템
상태에 기준하여
시스템 출력값을 산출

▶ 인공신경망은 딥러닝의 핵심 구성요소로, 생물학적 신경망인 뉴런에서 영감을 받아 설계한 컴퓨터 시스템이다. 인공신경망은 여러 개의 노드로 구성된 층으로 이루어져 있다. 각 노드는 입력 데이터를 처리하고 다음 층으로 전달하는 역할을 수행한다. 우리가 아는 챗지피티(ChatGPT)도 인공신경망을 기반으로 하는 대화형 AI 모델이다. (이미지 출처: LG CNS)

딥러닝은 대량의 데이터와 강력한 컴퓨팅 파워를 활용하여 이미지 인식, 자연어 처리, 음성인식 등에서 뛰어난 성능을 발휘한다. 딥러닝 모델은 일반적으로 많은 수의 매개변수를 가지고 있으며, 자동으로 특징을 추출할 수 있는 능력이 있다.

머신러닝(ML)과 딥러닝(DL)의 차이

	학습 시 인간의 개입 여부	특성 인자(Feature)의 차이[2]
머신러닝	데이터가 추가될 경우 더 나은 학습을 위해 인간의 개입이 필요하다. 예를 들어, 데이터의 변화에 따라 머신러닝 알고리즘을 조정해야 하는 상황이 발생할 수 있다.	사람이 직접 특성 인자를 지정해 주거나 설정해 준다.
딥러닝	자체 신경망을 통해 예측의 정확성 여부를 스스로 판단하므로 인간의 개입이 필요하지 않다.	모델이 스스로 학습하는 과정에서 목표를 달성할 수 있는 것으로 설정한다.

인공지능 용어에는 어떠한 것들이 있을까?

인공지능 용어들

- **데이터(Data)**: 정보를 나타내는 숫자, 문자, 이미지 등 인공지능이 학습하는 데 필요한 자료
- **훈련(Training)**: 인공지능 모델이 데이터를 학습하는 과정
- **테스트(Testing)**: 학습한 모델의 성능을 평가하는 과정

▶ 인공지능은 새롭게 받은 데이터를 분류하거나 값을 예측하기 위해 주어진 데이터를 훈련한다. 또한 학습한 인공지능 모델의 정확성을 측정하기 위해서 테스트를 진행한다. 인공지능 모델이 테스트 데이터를 활용한 예측 결과가 정확하다면 분류 또는 예측에 그 모델이 사용된다. (이미지 출처: 뤼튼AI)

머신러닝 용어들[3]

- **특징(Feature)**: 학습 모델에 공급하는 입력값으로, 데이터의 속성이나 변수를 의미한다. 예를 들어, 주택 가격을 예측하는 모델에서 특징은 집의 크기, 방의 개수, 위치, 연식 등이 될 수 있다. 이러한 특징들은 모델이 주택 가격을 예측하는 데 필요한 정보를 제공한다. 인공지능에서 특징은 독립변수로 표현되기도 한다.
- **레이블(Label)**: 머신러닝으로 예측하는 항목, 예측하려는 정답인 값을 말한다. 예를 들어, 주택 가격을 예측하는 모델에서 레이블은 주택 가격이다. 인공지능에서 레이블은 종속변수로 표현되기도 한다.

---

[2] 참고: 딥러닝, 이승철·정해동·박승태·김수현(울산과학기술원)
[3] 출처: 인공지능, 천인국

- **샘플(Sample)**: 머신러닝에 주어지는 특정한 예제이다. 데이터세트에서 하나의 데이터 포인트를 의미한다. 즉 머신러닝 모델이 학습하는 개별적인 사례로, 주택 가격 예측 모델에서 하나의 샘플은 전체 특징 중에서 특정 집의 크기, 방의 개수, 연식과 그 집의 실제 가격으로 구성된 데이터이다. 여러 샘플이 모여서 데이터세트를 형성한다.
- **학습(Learning)**: 모델을 만들거나 배우는 것을 의미한다. 레이블이 있는 샘플을 인공지능 모델에 보여 주고 모델이 특징과 레이블의 관계를 점차적으로 학습하는 과정이다.
- **예측(Prediction)**: 학습된 모델을 레이블이 없는 샘플에 적용하는 것이다. 즉 학습한 정보를 바탕으로 새로운 데이터에 대한 결과를 추정하는 과정이다. 예를 들어, 주택 가격 예측 모델에서 특징인 집의 크기, 방의 개수, 위치, 연식 등을 통해 레이블인 주택 가격을 추정하는 과정이다.

▶ 유명한 인공지능 예측 모델 중 하나로 보스턴 주택 가격 예측 모델이 있다. 이 모델은 주택 가격을 예측하기 위해 집의 크기, 방의 개수, 연식 등 다양한 특징들을 학습한다.

머신러닝(ML)의 유형에는 어떤 것들이 있을까?

학습 방법에 따른 구분

- **지도 학습**: 학습 데이터(독립변수)와 정답 데이터(종속변수)를 함께 보여 주며 배우는 학습
- **비지도 학습**: 학습 데이터(독립변수)만으로 규칙이나 패턴을 찾는 학습
- **강화 학습**: 상과 벌을 주면서 스스로 더 좋은 행동을 배우게 하는 방법

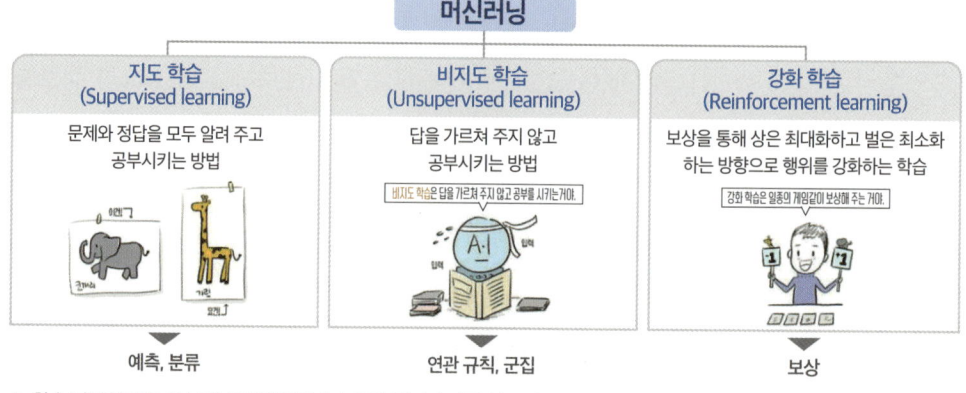

▶ 학습 방법에 따른 머신러닝의 분류(이미지 출처: 쩡이의 하루 블로그)

학습 목적에 따른 구분

- **예측(회귀)**: 지도 학습의 한 유형으로, 예측하려는 정답 데이터(종속변수)가 연속적인 값일 때 사용한다. 대표적인 알고리즘으로는 선형회귀, 결정 트리, 랜덤 포레스트 등이 있다.

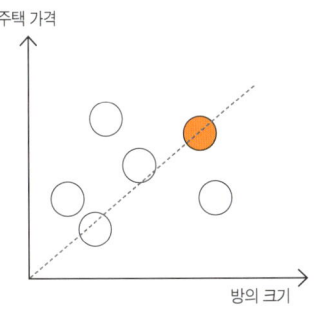

▶ 이 그래프는 머신러닝 예측 알고리즘 중에 선형회귀를 나타낸다. 직선의 방정식(일차함수)을 활용하여 특징인 방의 크기(독립변수)를 통해 레이블인 주택 가격(종속변수)을 예측한다.

- **분류**: 지도 학습의 한 유형으로, 예측하려는 정답 데이터(종속변수)가 불연속적인 값일 때 사용한다. 대표적인 알고리즘으로는 로지스틱 회귀, KNN, 의사결정 트리 등이 있다.

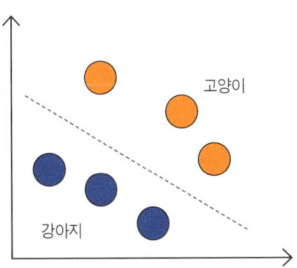

▶ 이 그래프는 머신러닝 분류 알고리즘 중에 서포트 벡터 머신(SVM: Support vector machine)을 나타낸다. 서포트 벡터 머신은 N차원 공간에서 각 클래스 간의 거리를 최대화하는 최적의 선을 찾아서 데이터를 분류한다. 즉 그림에서 보이는 점선은 강아지와 고양이를 분류해 주는 최적의 선이다.

- **군집**: 비지도 학습의 한 유형으로, 정답 데이터(종속변수)가 없을 때 비슷한 데이터끼리 묶는 방법이다. 대표적인 알고리즘으로는 K-평균(K-means)이 있다.

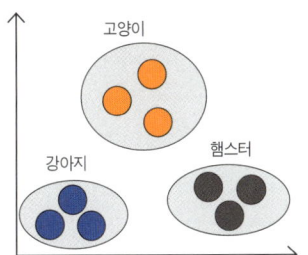

▶ 이 그래프는 머신러닝 비지도 학습 중에 군집 알고리즘인 K-평균(K-means) 알고리즘이다. K-평균 알고리즘은 데이터를 K개의 군집(Cluster)으로 묶는 알고리즘이다. 즉 K-평균 알고리즘은 비슷한 특성을 지닌 데이터들을 모아 놓은 그룹(Group)으로 묶어서 군집화한다.

| CHAPTER 2 |

데이터 분석

데이터 분석 이해하기

함수, 모듈

🖥 시작하기

고등학교에 입학한 영희는 정보 시간이 기다려졌다. 중학교 정보 시간에 배운 엔트리(Entry)에 흥미가 있었던 영희는 고등학교에서도 중학교 때처럼 코딩을 할 수 있다고 고등학교 정보 선생님께 들었기 때문이다. 그러나 영희는 당황했다. 중학교에서 배웠던 블록 코딩인 엔트리와 달리 고등학교 정보 시간에 배우는 코딩은 텍스트 코딩이었기 때문이다. 더욱이 파이썬(Python)을 처음 접한 영희는 파이썬 명령어가 영어로 되어 있어 수업 내용을 이해하기가 어려웠다. 선생님께서 파이썬 코드를 설명하기 위해 사용하신 개념도 영희에게는 어려웠다. "클래스를 생성하세요.", "디버깅을 해봅시다.", "모듈을 사용해서 프로그램을 진행해 볼까요?"라는 말을 듣고 영희는 혼란스러웠다. 정보 시간을 어려워하는 영희가 명령어를 이해하기 위해서는 어떻게 해야 할까?

1. 알고 가기

데이터 테이블의 요소들

표(테이블, Table)

학번	선택과목	이름	학년
10105	소프트웨어와 생활	홍길동	1
20507	인공지능 기초	김철수	2
31112	데이터 과학	송민지	3

속성명 → (위쪽 테두리)
← 행(튜플, Tuple)
↑ 열(속성, Attribute, 애트리뷰트)

- **열(속성, Attribute, 애트리뷰트)**: 표(테이블, Table)에서 세로 방향의 자료 집합
- **행(Tuple, 튜플)**: 표에서 가로 방향의 자료 집합
- **속성명**: 각 속성의 이름과 타입, 그리고 속성값의 도메인을 정의하는 집합 이름

파이썬의 구성요소

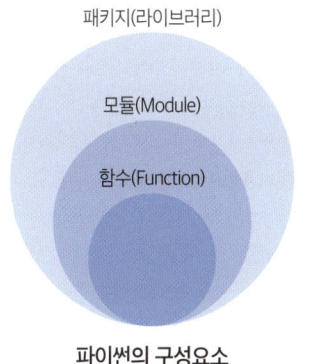

파이썬의 구성요소

함수란?
하나의 프로그램 안에서 특정 작업을 수행하도록 묶어 둔 코드이다.

모듈이란?
프로그램을 기능별로 분할한 논리적인 부분이다. 즉 여러 기능을 모아 둔 코드의 집합이라고 보면 된다.

그렇다면 함수와 모듈의 차이점은 무엇일까?

함수와 모듈의 비교

	함수	모듈
의미	입력값을 받아 어떠한 행동을 하고 결괏값을 반환(return)하는 코드	여러 기능을 모아 둔 코드의 집합
구성 요소	단순 명령문	전역변수, 함수, 클래스 등
작성 형태	한 프로그램의 코드 안에서 작성된다.	별도의 파이썬 파일(.py)로 저장되어 import 명령어로 불러 사용한다.

즉 함수는 작은 단위의 작업을 정의하고, 모듈은 그런 함수들을 파일 단위로 모아 재사용할 수 있게 해주는 큰 단위이다.

- **함수 말고 모듈을 사용하면 좋은 점**: 한 프로그램 코드 속에 함수들을 무분별하게 작성하다 보면 가독성이 떨어질 뿐만 아니라 코드를 관리하는 것도 어렵다. 모듈을 생성하면 코드를 짜고 관리하는 것이 쉬워진다.
- **모듈 가져오기**
  - import: 모듈을 가져오는 함수로, 다른 누군가가 이미 만들어 놓은 모듈을 손쉽게 불러올 수 있다.
  - import 모듈 from 패키지: '패키지(라이브러리)에서 모듈을 적용한다.'라는 명령어이

다. import 패키지만 사용해도 가능하다.
- import 모듈 as 이름: '모듈을 이름으로 지정하여 사용한다.'라는 명령어이다. 모듈 이름이 길 경우엔 매번 타이핑하는 것이 번거롭기 때문에 따로 이름을 지정하는 것이다.

패키지(라이브러리)란?

패키지(라이브러리)는 여러 개의 모듈을 그룹화하는 것을 말한다.

- **판다스(Pandas)**: 데이터 조작과 분석을 위한 파이썬 소프트웨어 라이브러리이다.

판다스 버전 확인
코드   1 `import pandas as pd`   #판다스(pandas) 모듈을 pd라는 이름으로 적용한다.   2 `print(pd.__version__)` #판다스(pandas) 버전 확인
코드 결과   2.2.2   코랩 pandas 업데이트에 따라 다른 버전 결과가 나온다.

- **넘파이(Numpy)**: Numpy는 Numerical Python의 줄임말로, 수치 계산을 위해 만들어진 파이썬 라이브러리이다. 다차원 배열과 행렬을 지원하고, 벡터와 행렬 및 다차원 배열 연산을 쉽고 빠르게 수행한다. 즉 넘파이 라이브러리에는 벡터, 공간, 선형 변환, 행렬 등을 나타내는 선형대수(선형대수학) 내용이 들어 있다.

넘파이 버전 확인
코드   1 `import numpy as np`   #선형대수(linear algebra)를 나타내는 넘파이(numpy) 라이브러리   2 `print(np.__version__)` #넘파이(numpy) 버전 확인
코드 결과   1.26.4   코랩 numpy 업데이트에 따라 다른 버전 결과가 나온다.

2. 데이터 불러오기

코랩에 있는 모듈 불러오기

모듈 불러오기

코드   1 `# 모듈 사용하기 예시`
       2 `import random`   # 먼저 random 모듈을 불러온다.
       3 `a=1`
       4 `b=10`
       5 `c= random.randrange(a,b)`   # range(a, b) 중 원소 한 개를 아무거나 가져온다.

```
6
7  print(c)    # 1이상 10미만인 수 중 아무거나 한 개를 저장한 c 출력
```

> **코드 결과** 7
>
> random 모듈 속 randrange 함수에 따라 1 이상 10 미만 중 임의로 1개의 숫자가 나온다.

랜덤(random) 모듈은 난수(무작위로 만들어진 수) 생성과 관련된 함수와 기능을 제공하는 내장 모듈이다. 즉 파이썬 언어 자체에 통합되어 제공되는 모듈이다.

▶ 파이썬을 햄버거 세트에 비유하면, 모듈은 세트 구성품이라고 보면 된다. 즉 프로그래머의 입맛에 따라 프로그램을 짤 때 파이썬 햄버거 세트에서 감자튀김 모듈, 아이스크림 모듈을 가져오면 된다. 감자튀김 모듈 안에는 감자튀김 함수와 케첩 함수가 같이 들어 있다.

코랩에서 모듈 만들기

함수 4개로 이루어진 모듈을 만들어 보자.

모듈 생성하기

```
1  # 내(사용자)가 정의한 모듈     # 'calculator.py'라는 이름의 파일에 아래 코드를 작성
2  %%writefile calculator.py
3  name = '사칙연산 계산기'       # 모듈의 이름을 name으로 정의함. 모듈을 사용할 때 name으로 참조 가능
4
5  def add(a, b):      # name 모듈 속 두 수 a와 b를 더하는 함수 정의
6      return a + b    # a와 b의 합을 반환
7
8  def sub(a, b):      # name 모듈 속 두 수 a와 b를 뺄셈하는 함수 정의
9      return a - b    # a에서 b를 뺀 결과를 반환
10
11 def mul(a, b):      # 두 수 a와 b를 곱하는 함수 정의
12     return a * b    # a와 b의 곱을 반환
13
14 def div(a, b):      # 두 수 a와 b를 나누는 함수 정의
15     return a / b    # a를 b로 나눈 결과를 반환
```

> **코드 결과** Writing calculator.py

calculator는 필자가 만든 모듈이다. 즉 파이썬 언어 자체에 통합되어 제공되는 내장 모듈이 아닌, 사용자가 직접 정의하는 외장 모듈이다.

▶ 비유하면, 외장 모듈은 직접 만든(hand-made) 음식이라고 보면 된다. 외장 모듈은 프로그래머가 프로그램을 짤 때 프로그래머의 입맛대로 직접 만든 모듈이다.

외장 모듈인 calculator의 함수를 출력해 보자.

모듈 속 함수 출력하기 1

코드
```
1  import calculator   # 생성했던 모듈인 사칙연산계산기(calculator) 모듈 가져오기
2
3  calculator.name     # calculator 모듈 내에 정의된 'name' 속성(변수)을 호출하기
```

코드 결과
'사칙연산 계산기'

외장 모듈인 calculator에서 선언되었던 함수 name을 출력한 결과이다.

아래는 외장 모듈인 calculator에서 선언되었던 함수 add와 함수 mul을 출력한 결과이다.

모듈 속 함수 출력하기 2

코드
```
1  a= calculator.add(20, 30)    # calculator 모듈 속 add 함수 사용
2  b= calculator.mul(3,4)       # calculator 모듈 속 mul 함수 사용
3  print("add의 결과", a)
4  print("mul의 결과", b)
```

코드 결과
add의 결과 50
mul의 결과 12

인스타그램 데이터 분석

데이터 테이블, 튜플, 속성, 데이터의 시각화

시작하기

도윤이는 창업 동아리에서 활동하고 있다. 학교 축제 때 창업 동아리에서 모히또 음료 부스를 운영하기로 했다. 창업 동아리의 멤버인 도윤이는 홍보 역할을 맡았다. 도윤이는 창업 동아리 부스를 홍보하는 데 SNS를 활용하기로 했다. SNS 중에서 학생들이 제일 많이 이용하는 인스타그램을 통해 홍보를 하려고 한다. 효과적으로 홍보를 하려면 어떠한 방식으로 인스타그램을 이용해야 할까?

1. 알고 가기

데이터 테이블에 들어가는 데이터의 종류

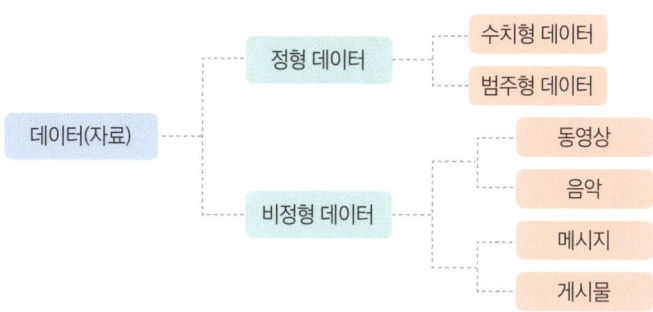

데이터(Data, 자료)는 정형 데이터(Structured data)와 비정형 데이터(Unstructured data)로 구분된다. 정형 데이터는 행과 열로 구성된 데이터를 말한다.

연예인 이름	출생년도	MBTI	키
이흔지	1992	ESTJ	161
마미	1995	INTP	162
이영지	2002	ENFP	175
안유진	2003	ESTP	173

▶ 정형 데이터는 우리가 아는 표(데이터 테이블, 엔티티)로 나타낼 수 있는 자료를 말한다. (이미지 출처: 나무위키)

데이터의 자료형

빅데이터 분석에는 어떤 자료 형태가 필요할까?

그러면 우리가 빅데이터 분석을 하기 위해서는 어떠한 자료 형태가 필요할까? 바로 정형 데이터다. 우리 현실 세계를 데이터로 구현하면 데이터에서 비정형 데이터가 차지하는 비율은 80% 이상이다.

▶ 우리 눈에 보이는 빙산이 전체 빙산의 20%에 불과하듯, 실제로 활용 가능한 데이터 중 20% 미만만이 정형 데이터이고, 나머지 80% 이상은 비정형 데이터이다. (이미지 출처: LinkedIn)

그렇다면 우리는 현실 세계의 20% 데이터만 분석하고 활용할 수 있는 것일까? 아니다. 데이터의 대부분을 차지하는 비정형 데이터를 정형 데이터로 전환하는 작업을 통해 비정형 데이터도 분석하고 활용할 수 있다.

정형 데이터는 어떻게 구성될까?

정형 데이터는 크게 범주형 데이터와 수치형 데이터로 구분할 수 있다.

정형 데이터의 분류 및 예

	의미	예시
범주형 데이터	범주 또는 항목의 형태로 나뉜 자료	성별(남, 여) 혈액형(A형, B형, …) 난도(쉬움, 중간, …) 평점(5점, 4점, …)
수치형 데이터	숫자 형태로 측정되는 자료	나이, 키, 몸무게, 판매량 등

		범주형		수치형			범주형	
순위	건물 이름	사진	건물 높이(m)	완공 연도	층수(지상)	도시	국가
1	Burj Khalifa		828	2010	163	두바이	아랍에미리트
2	Merdeka 118		678.9	2024	118	쿠알라룸푸르	말레이시아
3	Shanghai Tower		632	2015	128	상하이	중국
4	Abraj Al-Bait Clock Tower		601	2012	120	메카	사우디아라비아
5	Ping An International Finance Centre		599.1	2017	115	선전	중국
6	Lotte World Tower		554.5	2017	123	서울	대한민국
7	One World Trade Center		541.3	2014	94	뉴욕	미국

▶ 세계에서 제일 높은 빌딩 순위 및 빌딩의 정보 (이미지 출처: 위키피디아)

빅데이터 분석 및 인공지능 알고리즘 적용에 사용되는 데이터 형태는 무엇일까?

파이썬 판다스(Pandas)의 데이터 타입(Data type)

데이터 타입	의미	설명
dtype	자료 형태	판다스 라이브러리 속 속성의 자료 형태를 말한다.
int64	정수형	수치형 데이터에서 정수를 나타낸다.
float64	실수형	수치형 데이터에서 실수를 나타낸다.
bool	부울형	참/거짓 데이터를 표현한다.
datetime64	날짜 표현	해당 자료가 표기되었던 일시를 나타낸다. 연도-월-일-시-분-초와 같이 시간을 표기하는 자료 형태이다.
category	카테고리	범주형 데이터로서 데이터 프레임의 속성에서 특정한 형태의 데이터가 반복되는 경우에 사용된다. 예를 들어 성별(남성, 여성), 성적(A, B, C, …)과 같이 특정 구간의 데이터가 반복되는 경우에 사용된다.
object	문자열 or 복합형	문자, 문자열을 나타내는 데이터이다. 숫자+문자, 참/거짓+문자와 같이 복합형으로 표현된 데이터도 object 데이터이다.

2. 데이터 준비하기

캐글 사이트(www.kaggle.com)에서는 'Instagram data.csv'라는 인스타그램(Instagram) 정보 접근 범위 분석 데이터를 다운로드할 수 있다.

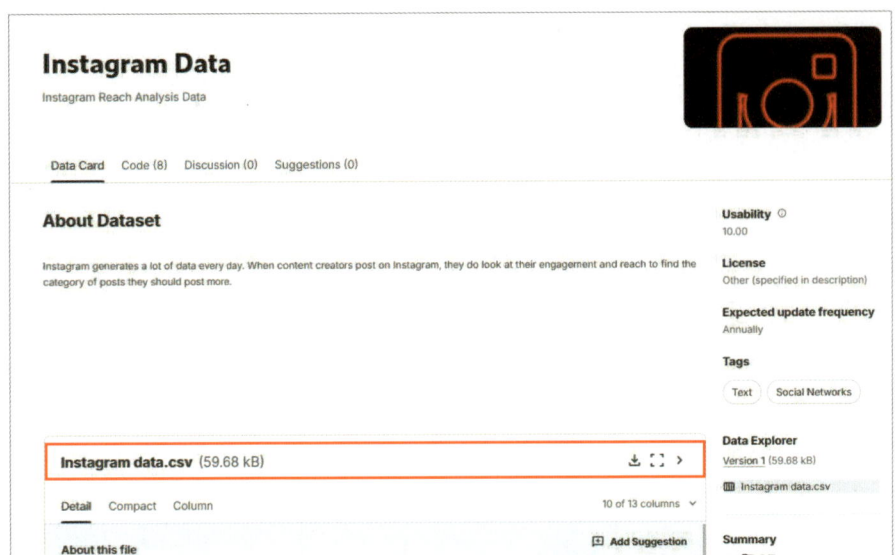

▶ 캐글(Kaggle) 사이트에서 검색창에 'Instagram Data'를 검색한 후 분류에서 'Datasets'를 누르면 인스타그램 데이터를 다운로드할 수 있다.

이 데이터세트의 속성(attribute)은 다음과 같다.

속성(Attribute)	데이터 타입 (Data type)	의미
Impressions	int	노출 수, 조회 수, 플랫폼에서 사용자에게 콘텐츠가 표시된 총 횟수
From Home	int	홈 탭에서, 팔로우하는 인스타그램 계정의 게시글과 스토리가 뜨는 공간
From Hashtags	int	해시태그에서
From Explore	int	탐색에서
From other	int	홈 탭, 해시태그, 탐색 이외의 경로에서
saves	int	게시글 저장 수
Comments	int	댓글 수
Shares	int	공유 수
Likes	int	좋아요 수

Profile Visits	int	프로필 방문자 수
Follows	int	팔로워 수
Caption	object	캡션(글, 설명 문구)
Hashtags	object	해시태그

인스타그램 데이터(Instagram Data)는 우리에게 영향을 미치는, 인스타그램 속 게시물의 접근 범위를 나타낸다. 인스타그램 데이터의 속성을 통해 인스타그램을 이용하는 사람들이 게시물을 어떻게 접하는지 알아볼 것이다.

인스타그램 데이터에 대한 빅데이터 분석을 통해 인스타그램 콘텐츠 제작자는 자신의 게시물이 사람들에게 어떻게 노출되는지 확인할 수 있다. 이러한 데이터 분석은 비즈니스 홍보, 포트폴리오 구축, 블로그 작성, 다양한 인스타 콘텐츠 활용에 사용될 수 있다.

3. 데이터 불러오기와 전처리하기

데이터 불러오기

코랩(Colab)에서 인스타그램 데이터를 불러오고 전처리하는 과정은 다음과 같이 진행된다. 우선, 데이터 분석에 필요한 데이터를 업로드하기 위해서 구글 드라이브 마운트(Mount)를 해야 한다. 구글 드라이브 마운트란 코랩에서 구글 드라이브와 연동하여 스토리지 공간을 사용하는 것이다. 코랩에는 영구적인 스토리지 공간이 없기 때문에 구글 드라이브와의 연결이 필요하다.

먼저 코랩의 왼쪽 배너에 있는 파일 버튼을 클릭한다. 이후, 캐글 사이트에서 다운로드했던 'Instagram data.csv' 파일을 업로드한다.

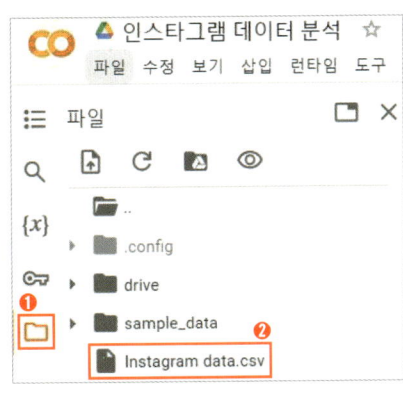

▶ 코랩의 왼쪽 폴더에 'Instagram data.csv' 파일을 업로드한다.

내장 모듈 가져오기

```
1  import pandas as pd    # 데이터 처리 및 CSV 파일 입출력을 위한 pandas 라이브러리 가져오기
2  import numpy as np     # 선형대수 및 수치 계산을 위한 numpy 라이브러리 가져오기
3  import matplotlib.pyplot as plt  # 데이터 시각화를 위한 matplotlib 라이브러리의 pyplot
   모듈 가져오기
4  import seaborn as sns  # 통계적 데이터 시각화를 위한 seaborn 라이브러리 가져오기
5  import plotly.express as px  # 대화형 데이터 시각화를 위한 plotly의 express 모듈 가져오기
6  from wordcloud import WordCloud, STOPWORDS, ImageColorGenerator  # 단어 구름 생성을
   위한 WordCloud 클래스 및 관련 모듈 가져오기
7  from sklearn.model_selection import train_test_split  # 데이터세트를 훈련 세트와 테스
   트 세트로 나누기 위한 train_test_split 함수 가져오기
8  from sklearn.linear_model import PassiveAggressiveRegressor  # 회귀 분석을 위한
   PassiveAggressiveRegressor 모델 가져오기
```

3행의 import matplotlib.pyplot as plt는 파이썬의 데이터 시각화 라이브러리인 matplotlib의 pyplot 모듈을 가져오는 코드이다. matplotlib은 데이터 시각화를 위한 강력한 라이브러리로, 다양한 유형의 그래프를 생성할 수 있도록 도와준다. pyplot은 matplotlib의 서브모듈로, 그래프를 쉽게 그릴 수 있게 해준다.

4행의 import seaborn as sns는 파이썬의 데이터 시각화 라이브러리인 seaborn을 가져오는 코드이다. seaborn은 matplotlib을 기반으로 하여 더 세련되고, 통계적 데이터 시각화를 쉽게 할 수 있도록 도와주는 라이브러리이다.

통계적 데이터 시각화

```
 1  import seaborn as sns
 2  import matplotlib.pyplot as plt
 3
 4  # 데이터 준비
 5  df = sns.load_dataset("iris")  # 예시 데이터세트
 6
 7  # 정적 산점도 그리기
 8  sns.scatterplot(data=df, x='sepal_width', y='sepal_length', hue='species')
 9  plt.show()  # 정적 그래프 표시
10
```

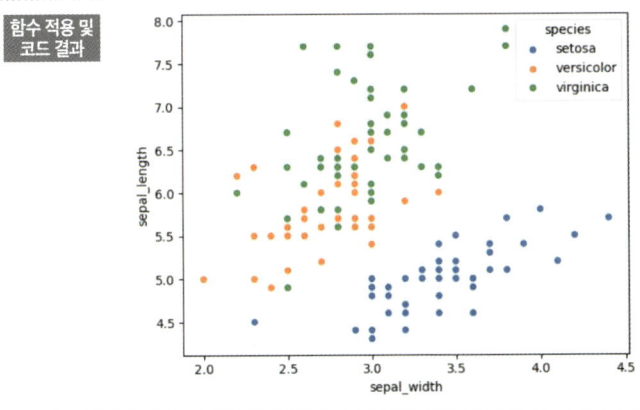

plotly는 대화형 데이터 시각화를 위한 라이브러리이다. 복잡한 대화형 그래프를 쉽게 생성할 수 있도록 도와준다.

대화형 데이터 시각화

```
1  import plotly.express as px
2
3  # 데이터 준비
4  df = px.data.iris()  # 예시 데이터세트
5
6  # 대화형 산점도 그리기
7  fig = px.scatter(df, x='sepal_width', y='sepal_length', color='species')
8  fig.show()  # 대화형 그래프 표시
9
```

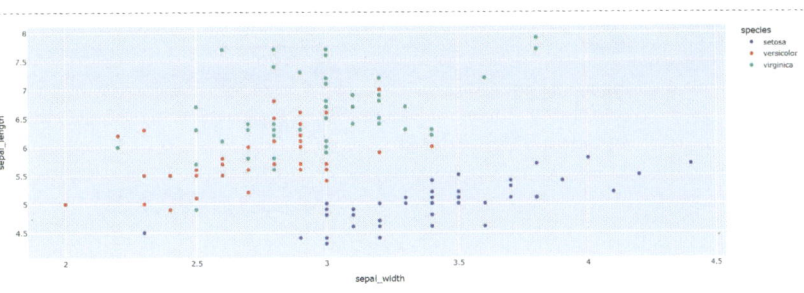

아래는 plotly.express와 seaborn의 주요 차이점을 정리한 표이다.

plotly express와 seaborn의 주요 차이점

	plotly express	seaborn
주요 목적	대화형 시각화	통계적 데이터 시각화
사용 용이성	간단한 API로 빠른 시각화가 가능	고급 통계 시각화에 적합
기능	대화형 그래프(사용자가 그래프와 상호 작용할 수 있다. 즉 확대, 축소 데이터 포인트에 대한 정보 표시가 가능하다.)	정적 그래프(사용자가 그래프와 상호작용 할 수 없다.)
기본 스타일	현대적이고 세련된 디자인	통계적 시각화에 적합한 스타일
그래프 종류	다양한 대화형 그래프(산점도, 선 그래프)	다양한 통계적 그래프(박스플롯, 히트맵)
사용처	대화형 대시보드, 웹 애플리케이션	데이터 분석 리포트, 연구 논문 시각화

구글 드라이브 속 데이터 파일 접근하기

 코드

```
1  from google.colab import drive   # 구글 드라이브(Google Drive) 접근 허용
2  drive.mount('/content/drive')
```

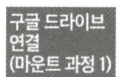 구글 드라이브 연결 (마운트 과정 1)

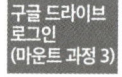 계정 선택 (마운트 과정 2)

 구글 드라이브 로그인 (마운트 과정 3)

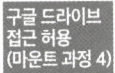
구글 드라이브
접근 허용
(마운트 과정 4)

코드 결과 Mounted at /content/drive

구글 드라이브와 코랩 연결(마운트)이 완료되었다는 내용이다.

구글 드라이브에 업로드한 'Instagram data.csv' 코랩에서 읽기

코드
```
1  ddata = pd.read_csv("/content/Instagram data.csv", encoding = 'latin1')
   # 인스타그램(Instagram).csv 데이터 업로드
```

데이터 개요 확인하기

데이터 속성들의 자료형 확인하기

코드
```
1  data.info()  # 데이터 속성(column)들의 정보
```

코드 결과
```
<class 'pandas.core.frame.DataFrame'>
RangeIndex: 119 entries, 0 to 118
Data columns (total 13 columns):
 #   Column          Non-Null Count  Dtype
---  ------          --------------  -----
 0   Impressions     119 non-null    int64
 1   From Home       119 non-null    int64
 2   From Hashtags   119 non-null    int64
 3   From Explore    119 non-null    int64
 4   From Other      119 non-null    int64
 5   Saves           119 non-null    int64
 6   Comments        119 non-null    int64
 7   Shares          119 non-null    int64
 8   Likes           119 non-null    int64
 9   Profile Visits  119 non-null    int64
 10  Follows         119 non-null    int64
 11  Caption         119 non-null    object
 12  Hashtags        119 non-null    object
dtypes: int64(11), object(2)
memory usage: 12.2+ KB
```
인스타그램 데이터는 13개의 속성으로 이루어져 있는 것을 확인할 수 있다.

데이터 상위 5개 행 출력

| 코드 | 1 data.head() # 데이터 상위 5개 출력 |

코드 결과

	Impressions	From Home	From Hashtags	From Explore	From Other	Saves	Comments	Shares	Likes	Profile Visits	Follows	Caption	Hashtags
0	3920	2586	1028	619	56	98	9	5	162	35	2	Here are some of the most important data visua...	#finance #money #business #investing #investme...
1	5394	2727	1838	1174	78	194	7	14	224	48	10	Here are some of the best data science project...	#healthcare #health #covid #data #datascience ...
2	4021	2085	1188	0	533	41	11	1	131	62	12	Learn how to train a machine learning model an...	#data #datascience #dataanalysis #dataanalytic...
3	4528	2700	621	932	73	172	10	7	213	23	8	Here's how you can write a Python program to d...	#python #pythonprogramming #pythonprojects #py...
4	2518	1704	255	279	37	96	5	4	123	8	0	Plotting annotations while visualizing your da...	#datavisualization #datascience #data #dataana...

인스타그램 데이터(Instagram Data)의 상위 5개 데이터의 속성값들이 어떻게 구성되었는지 확인할 수 있다.

행(튜플)의 수, 속성(열, 애튜리뷰트)의 수 출력

| 코드 | 1 data.shape # 튜플(행)의 수, 애트리뷰트(열)의 수 |

코드 결과

(119, 13)

행(튜플)은 119개, 속성(열, 애트리뷰트)은 13개이다.

Tip

차수: 데이터 테이블 안에 있는 속성(열, 애트리뷰트)의 수
카디널리티란: 행(튜플, 레코드)의 수

		차수	
학번	이름	전화번호	주소
10102	김철수	010-1234-7777	서울 노원구
10308	김진혁	010-1234-2222	서울 도봉구
20103	조원빈	010-1234-7779	서울 동작구
20507	허예슬	010-1234-7780	부산 해운대구
		차수	4
		카디널리티	4

(카디널리티: 왼쪽 행 영역)

코랩에서 데이터 분석을 하려면 데이터 개요 및 데이터 내용은 필수다. 데이터를 불러오고 데이터 속성을 파악해야 한다. 필요에 의해 속성들을 분리해야 하는 경우가 생기기 때문이다. 또한 수치화를 통해 데이터를 정렬하기 위해 속성들을 문자열이나 범주형 데이터를 수치형 데이터로 전환해야 하는 경우가 생기기도 한다. 여기 인스타그램 데이터는 데이터 분석을 하기 위해 사용되는 속성들이 정수형(int64)이기 때문에 따로 속성들을 수정할 필요는 없다.

데이터 전처리하기

결측치 확인

`코드` 1 `data.isnull().sum()` # 결측치 확인 데이터(데이터세트에 null 값이 포함되어 있는지 확인)

```
코드 결과                    0
        Impressions       0
         From Home        0
      From Hashtags       0
       From Explore       0
         From Other       0
              Saves       0
           Comments       0
             Shares       0
              Likes       0
      Profile Visits      0
            Follows       0
            Caption       0
           Hashtags       0
dtype: int64
```

결측치 확인 결과 모든 속성에서의 결측치가 0이다. 즉 비어 있는 값은 없다.

결측치란 말 그대로 데이터에 값이 없는 것을 뜻한다. 결측치로 판명되면 속성값 옆에 'NA' 또는 'null'이라고 출력된다. 결측치는 데이터 분석 과정에서 큰 방해가 된다.

▶ 결측치(null 값)는 비어 있는 칠판과도 같다. 수업을 하기 위해서 빈 칠판에 내용을 적어야 하듯이 데이터 분석을 정확하게 하기 위해서는 빈칸을 채워야 한다.

> **Tip** 결측치를 삭제해 보자.

결측치가 있는 표(데이터 프레임)를 만들고 삭제를 해보자.

데이터 프레임 생성

코드
```
1  df = pd.DataFrame({'프로그램': ['흑뱅요리사', '엄마친구딸', '스와트홈2'],
2                    '출연진': ['백종원', '정하인', None],
3                    '조회수': [1,2, None]})
                     # df라는 데이터프레임(Data Frame) 만들기
4  print(df)   # df라는 데이터프레임(Data Frame) 출력하기
```

코드 결과
```
    프로그램    출연진    조회수
0   흑뱅요리사   백종원    1.0
1   엄마친구딸   정하인    2.0
2   스와트홈2   None     NaN
```

세 번째 행(인덱스 2)의 '출연진' 속성값과 '조회 수' 속성값이 없는 데이터 프레임(df)을 생성하고 출력한다.

결측치 확인

코드
```
1  df.isnull.sum()  # 결측치 확인 데이터(데이터세트에 null 값이 포함되어 있는지 확인)
```

코드 결과
```
            0
프로그램    0
출연진      1
조회수      1

dtype: int64
```

결측치 확인 결과 '출연진' 속성에서 1개, '조회 수' 속성에서 1개의 결측치를 발견했다.

결측치가 들어 있는 행 삭제

코드
```
1  df.dropna(axis=0)  # 결측치가 들어 있는 행 전체 삭제
```

코드 결과
```
    프로그램    출연진    조회수
0   흑뱅요리사   백종원    1.0
1   엄마친구딸   정하인    2.0
```

'출연진' 속성에서 1개, '조회 수' 속성에서 1개의 결측치가 있는 행인 세 번째 행(인덱스 2)을 삭제한다. 참고로, 결측치가 들어 있는 열 전체를 삭제하는 명령어는 df.dropna(axis=1)이다.

4. 데이터 시각화

데이터 시각화하기

데이터 시각화는 데이터를 쉽게 이해할 수 있도록 점, 선, 막대, 색상, 도형의 크기 등으로 시각적으로 표현하고 전달하는 방법이다. 데이터 시각화를 통해 많은 양의 데이터를 한눈에 파악할 수 있으며, 데이터 분석에 대한 전문 지식이 없어도 데이터에 대한 통찰력을 얻을 수 있다.

데이터 시각화가 필요한 이유를 구체적으로 설명하면 다음과 같다.

첫째, 데이터 시각화는 전주의적 속성(Pre-attentive Attributes)을 잘 나타내기 때문이다. 전주의적 속성이란 어떤 것을 보자마자 뇌에서 바로 알아차릴 수 있도록 강조하기 위한 시각화 속성을 뜻한다. 인간은 정보를 받아들일 때 대부분 눈을 거친다. 따라서 눈에 잘 들어오는 그래프를 통해 그 데이터를 좀 더 폭넓게 이해할 수 있다.

전주의적 속성(Pre-attentive Attributes)

56146807431345038465	56146807431345038465
35273848697968587447	35273848697968587447
38272427175768685838	38272427175768685838
37802737475676878483	37802737475676878483
83828227374757718452	83828227374757718452
60926429698049262641	60926429698049262641
86984516471395767463	86984516471395767463
63180243071569701786	63180243071569701786

▶ 숫자 4를 찾을 때 사람들은 왼쪽 이미지처럼 나열된 숫자 모임에서보다 오른쪽 이미지처럼 나열된 숫자 모임에서 4를 더 잘 찾는다. 그 이유는 오른쪽 이미지가 바로 뇌에서 받아들일 수 있는 전주의적 속성을 잘 나타냈기 때문이다. 즉 오른쪽 이미지의 숫자 나열이 왼쪽 이미지의 숫자 나열보다 4를 더 찾기가 쉽다. (이미지 출처: https://onlinedegrees.sandiego.edu/)

둘째, 정보 전달의 효율성이다. 강조하는 부분을 그래프로 나타내는 추상화 과정을 통해 핵심 내용의 데이터만 보려는 사람에게 잘 전달된다. 예를 들어, 데이터를 그래프로 시각화함으로써 군더더기는 최소화하고 드러내고 싶은 정보를 최대한 강조해 데이터를 보는 사람들에게 효율적으로 전달한다.

▶ 자전거만 통행하는 길이라는 표지판을 길목에 세우려고 한다. 왼쪽 그림과 오른쪽 그림 중 어느 그림이 더 의미를 잘 나타낼까? 오른쪽 그림이 자전거 길이라는 의미를 더 잘 나타낸다. 그 이유는 자전거의 핵심 요소만 추상적으로 그렸기 때문이다. 데이터 시각화 역시 핵심 요소만 나타냄으로써 그 데이터가 가지는 의미를 드러낸다.

이제 인스타그램 데이터 파일(instagram data.csv)을 시각화해 보자.

히스토그램으로 데이터 시각화하기

코드
```
1  data.hist(figsize=(15, 15))  # 히스토그램으로 표현하기
```

코드 결과

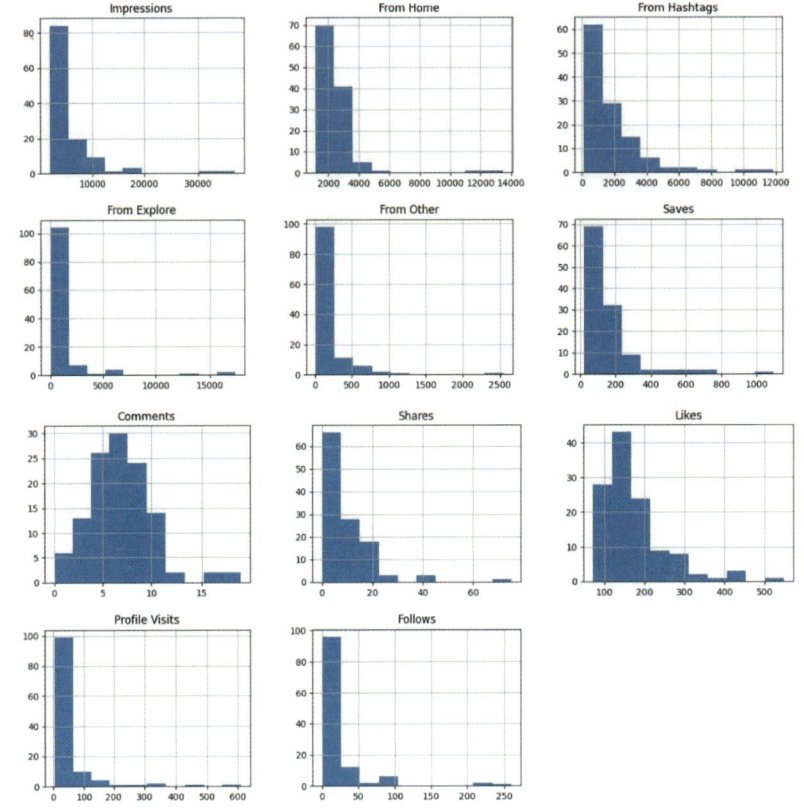

데이터 시각화를 통해 속성별 데이터 수가 출력된다.

속성별 히스토그램을 출력했다. 인스타그램의 노출 경로를 좀 더 자세히 살펴보기 위해 특정 속성을 선정하고 x축에 표시해 보자.

'From Home' 속성의 그래프 시각화

코드
```
1  # matplotlib 라이브러리에서 figure 함수를 사용하여 그래프를 생성
2
3  plt.figure(figsize=(10, 8))  # 그래프의 크기를 가로 10인치, 세로 8인치로 설정
4  plt.style.use('fivethirtyeight')  # seaborn 스타일을 'fivethirtyeight'로 설정하여
   그래프의 시각적 스타일을 변경
5  plt.title("Distribution of Impressions From Home")  # 그래프 제목 : 홈 탭에서의 게시글
   노출
6  sns.distplot(data['From Home'])  # 인스타 그램 데이터에서 'From Home'이라는 열을 선택
7  plt.show()  # 생성한 그래프를 화면에 표시
```

코드 결과

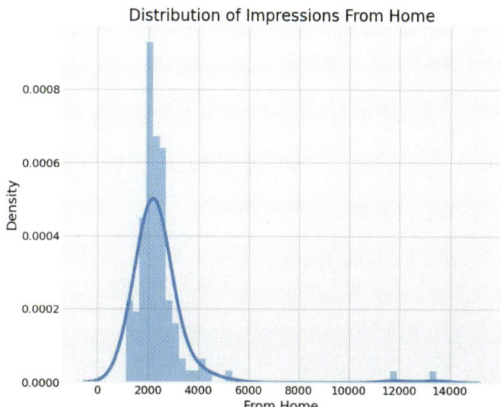

팔로우하는 인스타그램 계정의 게시글과 스토리가 뜨는 공간인 홈 탭에서의 게시글 노출 수 분포이다. 홈 탭을 통해 인스타 게시글로 들어가는 경우가 2,000건 범위에 몰려 있는 것을 알 수 있다.

'From Home' 속성과 'From Hashtags' 속성의 히스토그램의 차이점을 살펴보자. 'From Home' 속성은 2,000건에 몰려 있는 반면 'From Hashtags' 속성은 2,000건 이상의 데이터도 존재한다. 즉 'From Hashtags' 속성 데이터의 표준편차가 넓다는 것을 알 수 있다.

'From Hashtags' 속성의 그래프 시각화

코드

```
1  # matplotlib 라이브러리에서 figure 함수를 사용하여 그래프를 생성
2
3  plt.figure(figsize=(10, 8)) # 그래프의 크기를 가로 10인치, 세로 8인치로 설정
4  plt.title("Distribution of Impressions from Hashtags") # 그래프 제목 : 해시태그를 통한 게시글 노출
5  sns.distplot(data['From Hashtags']) # 인스타그램 데이터에서 'From Hashtags(해시태그를 통한 게시글 노출 수)'라는 열을 선택하여 분포를 나타냄
6  plt.show() # 생성한 그래프를 화면에 출력
```

코드 결과

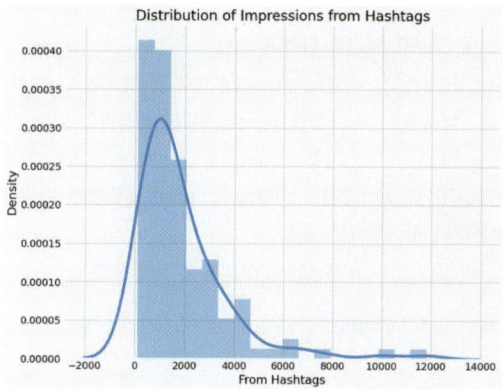

해시태그에서의 게시글 노출 수 분포이다. 인스타그램 사용자들은 해시태그를 통해 인스타 게시글에 들어가는 경우가 0에서 2,000건 범위에 몰려 있는 것을 알 수 있다.

'From Explore' 속성의 그래프 시각화

코드
```
1  plt.figure(figsize=(10, 8))  # 그래프의 크기를 가로 10인치, 세로 8인치로 설정
2  plt.title("Distribution of Impressions from Explore")  # 그래프 제목 : 탐색을
   통한 게시글 노출
3  sns.distplot(data['From Explore'])  # 탐색을 통한 게시글 노출 수 분포
4  plt.show()  # 그래프를 화면에 출력
```

코드 결과

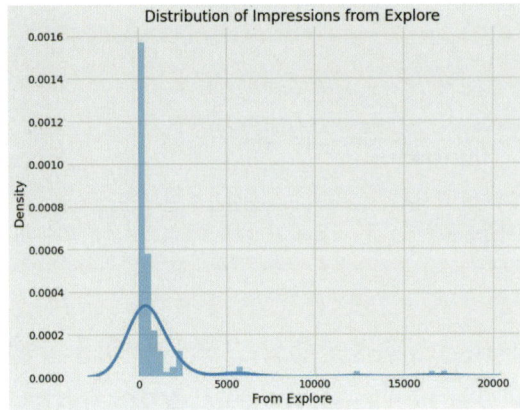

탐색 및 검색에서의 게시글 접근 분포는 2,000건 미만에 몰려 있다.

인스타그램 게시글 접근 경로 비교

코드
```
1   # 인스타그램 게시(노출) 경로 비교
2
3   import matplotlib.pyplot as plt  # Matplotlib(저수준low-level 그래프 시각화 라
    이브러리) 활용하기
4   import seaborn as sns  # seaborn(고수준high-level 통계적 데이터 시각화를 위한 라
    이브러리) 활용하기
5
6   dist_arr = ["From Home", "From Hashtags", "From Explore", "From Other"]
    # 인스타그램 게시글 노출 경로를 저장한 리스트 생성
7   for i in range(len(dist_arr)):  # dist_arr 리스트의 각 요소에 대해 반복
8       plt.figure()              # 그림(figure) 객체를 생성하기 위해 사용되는 명령어
9       plt.title(dist_arr[i])    # 제목 : for문 통해 반복 중인 노출 경로 이름
10      sns.histplot(data[dist_arr[i]])  # data 데이터 프레임에서 현재 노출 경로에
        해당하는 열을 선택하여 히스토그램 생성
11      plt.show()                # 생성한 그래프를 화면에 출력
```

코드 결과

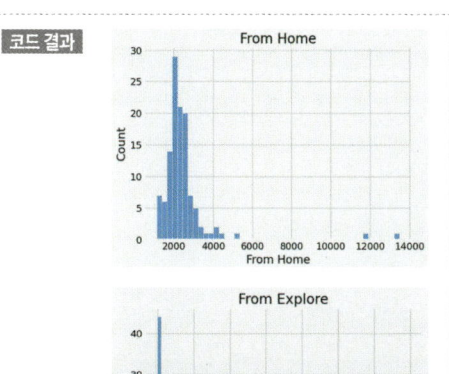
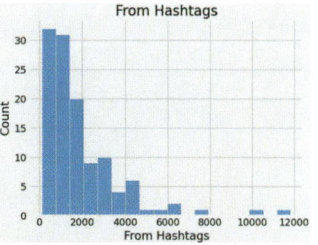
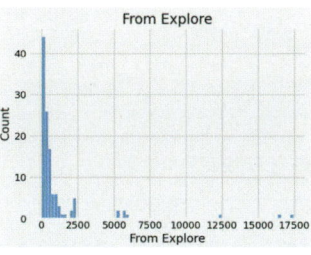
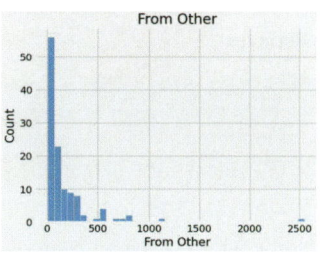

인스타그램 게시글 접근 경로 4가지에 따른 그래프를 출력한다.

'From Home' 속성과 'From Hashtags' 속성, 'From Explore' 속성과 그 밖의 'From Other' 속성의 히스토그램을 한꺼번에 나타내 보았다. 하지만 각 개별 속성의 분포는 알 수 있지만 속성별 어느 경로가 제일 많이 인스타그램 게시글에 접근하는지는 알 수 없다. 원그래프를 통해 어느 경로에서 제일 많이 인스타그램 게시글이 노출되는지 비교해 보자.

인스타그램 게시글 접근 경로(속성)들을 원그래프로 나타내기

코드

```
1  from_home = data["From Home"].sum()    # "From Home(속성)" 레이블에 해당하는 데이터의 합계를 계산
2  from_hashtags = data["From Hashtags"].sum()   # "From Hashtags(속성)" 레이블에 해당하는 데이터의 합계를 계산
3  from_explore = data["From Explore"].sum()   # "From Explore(속성)" 레이블에 해당하는 데이터의 합계를 계산
4  from_other = data["From Other"].sum()    # "From Other(속성)" 레이블에 해당하는 데이터의 합계를 계산
5
6  labels = ["From Home", "From Hashtags", "From Explore", "From Other"]
   # 각 노출 경로에 대한 레이블을 리스트로 정의
   # 원그래프를 그릴때, 표시되는 데이터 레이블(labels) 명칭임.
7  values = [from_home, from_hashtags, from_explore, from_other]   # 각 노출 경로의 합계를 values 리스트에 저장
8
9  plt.figure()   # 새로운 그림(figure) 객체를 생성하여 원그래프를 그릴 준비
10 plt.pie(values, labels=labels, autopct="%.2f%%")  # values를 기반으로 원그래프(파이차트, Pie chart)를 그리며, 각 조각에 레이블을 붙이고 비율을 소수점 두 자리까지 표시
11 plt.show()   # 원그래프를 화면에 표시
```

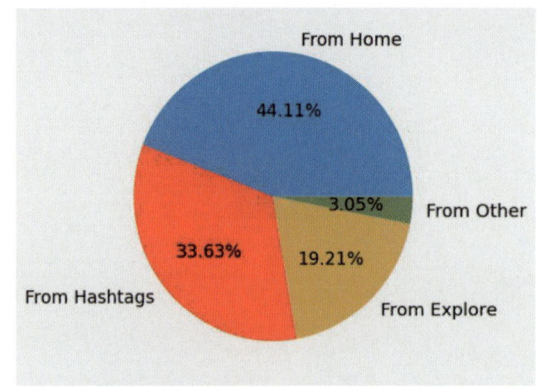

인스타그램 게시글 접근 경로 4가지에 따른 결과를 원그래프로 출력했다.

원그래프를 통해 전체 인스타그램 사용자의 게시글 접근 경로를 비교할 수 있다. 'From Home' 속성은 44.11%를 차지한다. 이는 팔로우하는 인스타그램 계정의 게시글이 담긴 홈 탭에서 게시글을 접하는 비율이 44.11%라는 뜻이다. 'From Hashtags' 속성은 33.63%로, 해시태그를 통해 게시글을 접근하는 비율을 나타낸다. 'From Explore' 속성은 19.21%를 차지하는데, 이는 검색 및 탐색을 통해서 게시글을 접근하는 비율을 의미한다. 그 밖의 'From Other' 속성의 비율은 전체에서 3.05%를 차지한다.

5. 마무리

마지막 원그래프를 통해서 어느 속성이 제일 많은 부분을 차지하는지를 한눈에 알 수 있다. 'From Home' 속성이 44.11%를 차지함으로써 전체 속성 중에서 제일 비율이 크다. 즉 인스타그램 사용자들은 자신이 팔로우하는 인스타그램 계정에 직접 들어가서 인스타그램 게시글을 본다는 의미이다. 두 번째 접근 경로는 'From Hashtags' 속성으로, 33.63%의 이용자들이 해시태그를 통해 인스타그램 게시글을 접하게 된다.

Tip 알면 좋은 기초 내용! 그래프의 종류

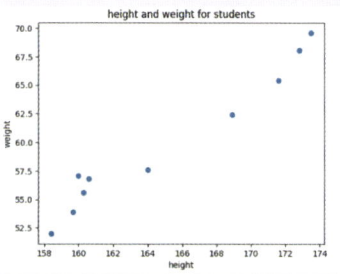

점그래프(Scatter plot)
- 데이터들의 분포를 점을 통해 나타냄
(예시: 우리 반 학생들의 키와 몸무게)

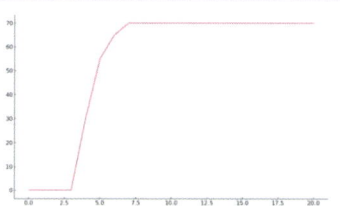

선 그래프(Line plot)
- 데이터의 지속적인 변화를 나타낼 때 사용
(예시: 시간에 따른 배터리 충전량)

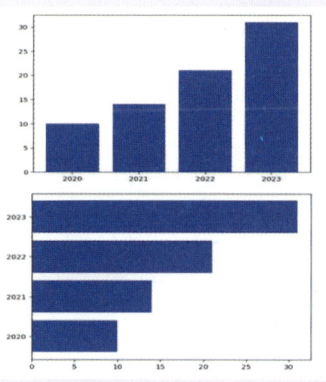

막대그래프(Column/Bar plot)
- 수량의 많고 적음의 비교를 막대의 길이로 표현하는 그래프
- column 그래프는 위아래로 표현되는 막대그래프
- bar 그래프는 좌우로 표현되는 막대그래프
(예시: 연도에 따른 수출량 증가)

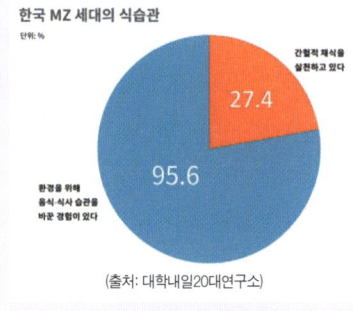

원그래프(Pie chart)
- 전체(100%)를 원 모양으로 나타내고, 그 안을 여러 조각으로 나누어 각 항목이 전체에서 차지하는 비율을 시각화한 그래프
- 전체(100%) 대비 구성비를 직관적으로 보여 줌.
(예시: 특정 세대의 식습관 비율, 한달 지출 비용)

| CHAPTER 3 |

머신러닝

머신러닝 이해하기

지도 학습, 비지도 학습, 강화 학습

📽 시작하기

고등학교 입학을 앞둔 중평이는 중학교 졸업 선물로 최신 핸드폰을 어머니께 받았다. 중평이가 가진 최신 핸드폰에는 이전 핸드폰과 다르게 여러 가지 기능이 있었다. 중평이가 최신 핸드폰에서 제일 놀란 기능은 얼굴인식이다. 손이 두꺼워서 핸드폰 패턴 암호를 잘 못 풀었던 중평이에게는 최신 핸드폰의 얼굴인식 잠금 해제 기능이 너무나도 편리했다. 중평이가 최신 핸드폰에서 제일 놀라웠던 기능인 얼굴인식 기능은 어떻게 구현되는 것일까?

1. 알고 가기

머신러닝의 의미

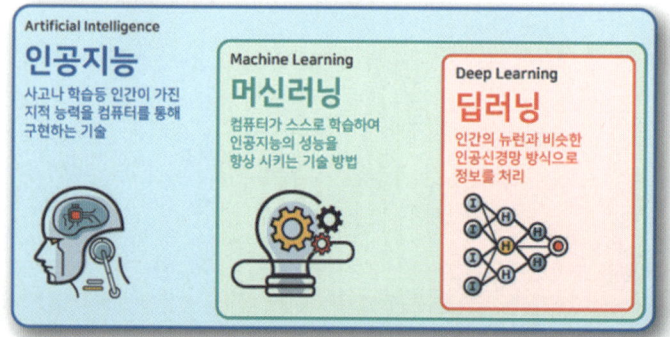

▶ (이미지 출처 : Hyeon's DevLog)

머신러닝(Machine learning, 기계학습)은 인공지능의 한 유형으로, 사용자의 명령 없이 컴퓨터가 스스로 학습하는 것을 말한다. 머신러닝은 다음과 같은 장점이 있다.

- **자동화**: 반복적이고 시간이 많이 소요되는 작업을 자동화하여 효율성을 높인다.
- **데이터 분석**: 대량의 데이터를 신속하게 분석하여 사람에게 유용한 데이터 분석 결과를 알려 준다.
- **예측**: 과거 데이터를 기반으로 미래의 결과를 예측하여 의사 결정에 도움을 준다.
- **개인화**: 사용자 행동을 분석하여 맞춤형 추천이나 서비스를 제공한다.
- **문제 해결**: 복잡한 문제를 해결하는 데 도움을 주며, 다양한 산업 분야에서 혁신을 이끌어 낸다.
- **지속적인 학습**: 인공지능 모델이 새로운 데이터를 학습해 지속적으로 개선하고 적응하며 학습한 데이터를 인간에게 제공한다.

머신러닝의 종류

머신러닝은 지도 학습, 비지도 학습, 강화 학습으로 나눌 수 있다.

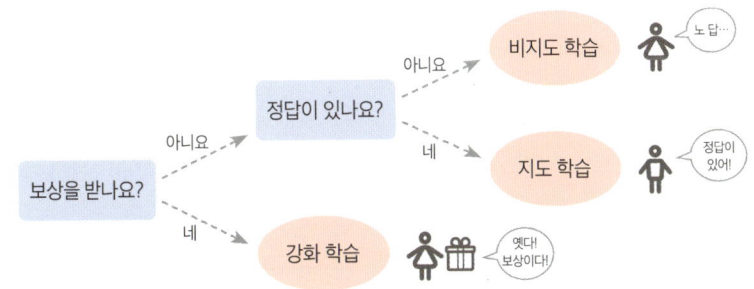

지도 학습(Supervised Learning)

입력 데이터와 그에 대한 정답(레이블)이 주어지며, 모델이 이를 학습하여 새로운 데이터에 대한 예측을 한다. (예: 얼굴 이미지 인식, 스팸 이메일 분류)

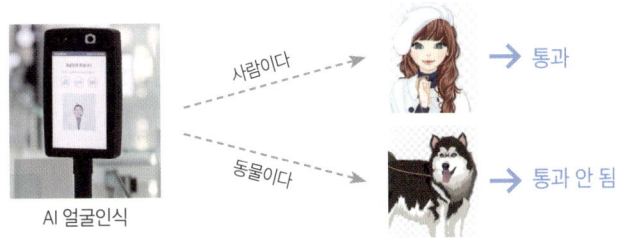

▶ 공항 검색대에서의 안면인식 과정이다. 안면인식은 사람 얼굴의 특징을 추출하여 학습한 결과이다. 즉 안면인식 기계는 이전에 많은 사람의 이미지를 학습하여 사람인지 아닌지를 판단할 수 있다. 인식 결과 사람 얼굴이면 정답이므로 통과하고, 동물 얼굴이면 정답이 아니기 때문에 검색대를 통과할 수 없다.

지도 학습은 예측과 분류로 나누어 볼 수 있다.

예측
예측(Regression)은 연속적인 값을 예측하는 알고리즘이다. 주어진 입력 데이터에 대해 특정한 수치적 결과를 도출하는 것을 목표로 한다. (예: 주택의 면적, 위치, 방 개수 등의 특성을 기반으로 주택 가격을 예측하는 모델)

분류
분류(Classification)는 주어진 데이터를 특정 집단으로 분류하는 것이다. 이를 군집화라고 하는데, 입력 데이터가 어떤 카테고리에 속하는지를 판단한다. (예: 이메일의 내용을 분석하여 해당 이메일이 스팸인지 아닌지를 분류하는 스팸 이메일 분류 모델)

예측은 연속적인 값을 다루며, 분류는 이산적인 값을 다룬다는 점에서 차이가 있다. 데이터 시각화를 적용한 모습도 다르다. 예측은 수치적 결과를 목표로 데이터 시각화를 진행하고, 분류는 데이터를 특정 그룹으로 나누기 위해서 데이터 시각화를 진행한다.

비지도 학습(Unsupervised Learning)
정답이 없는 데이터에서 패턴이나 군집을 찾아내는 방식이다. (예: 고객 세분화, 영화 추천)

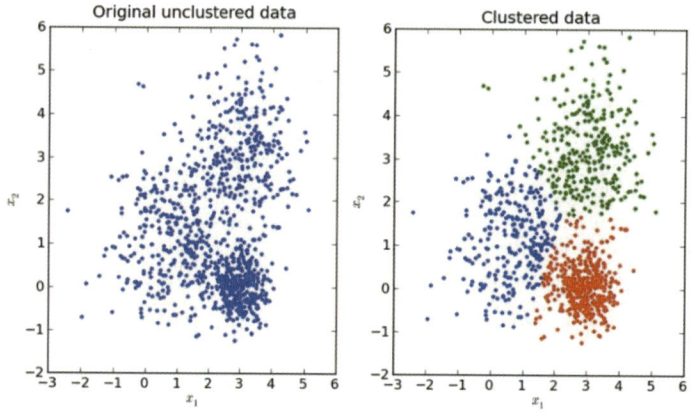

▶ 수많은 데이터에서 특징(features)에 따라 같은 군집으로 묶을 수 있다. 영화 스트리밍 사이트에서는 같은 장르를 여러 번 본 사용자들의 성향을 묶어서 비슷한 영화를 추천해 준다. (이미지 출처: Fast campus Media)

비지도 학습은 군집화와 차원 축소로 나누어 볼 수 있다.

군집화

군집화(Clustering)는 비슷한 특성을 가진 데이터를 묶어 같은 그룹(클러스터)으로 나누는 과정이다. 대표적으로 K-평균(K-Means) 알고리즘이 있다. K-평균 알고리즘은 군집 중심점(centroid)이라는 특정한 임의의 지점을 선택해 해당 중심에 가장 가까운 포인트들을 선택하는 군집화 기법이다.

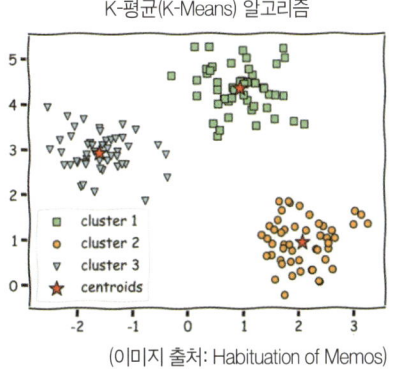

(이미지 출처: Habituation of Memos)

차원 축소

차원 축소(Dimensionality Reduction)는 복잡한 고차원 데이터를 더 작은 수의 중요한 특성으로 줄이는 방법이다. 이는 복잡한 데이터를 단순하게 만들어 시각화하거나, 다른 학습 모델의 효율을 높이는 데 사용된다.

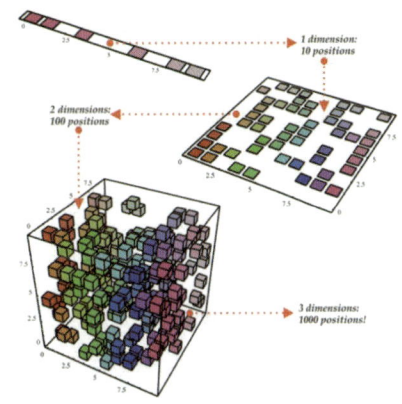

(이미지 출처: https://chulhongsung.github.io/ml/차원의저주/)

차원 축소의 예시

학번	키	주소	몸무게	취미	소속 학교
1101	160	용인시	70	독서	○○중
1325	170	서울시	65	게임	△△중
1501	178	고양시	59	달리기	□□고

특성 선택

학번	키	몸무게
1101	160	70
1325	170	65
1501	178	59

특성 추출

학번	BMI
1101	27.3
1325	22.5
1501	18.6

- **특성 선택**: 위의 표와 같이 데이터의 여러 특성 중 일부만 선택하여 분석에 사용하는 방법을 '특성 선택'이라고 한다. 예를 들어, 학생의 신체 정보를 분석할 때 학번, 키, 주소, 몸무게, 취미, 소속 학교 등의 여러 특성 중에서 '키'와 '몸무게'만 선택하는 것이 특성 선택에 해당한다.
- **특성 추출**: 한편, 기존의 여러 특성을 조합하여 새로운 특성을 만들어 내는 방법을 '특성 추출'이라고 한다. 예를 들어, '키'와 '몸무게'를 이용해 '비만도(BMI)'라는 새로운 특성을 만드는 것이 이에 해당한다.

강화 학습(Reinforcement Learning)

에이전트가 환경과 상호작용하며 보상을 최대화하도록 학습하는 방법이다. (예: 게임 AI)

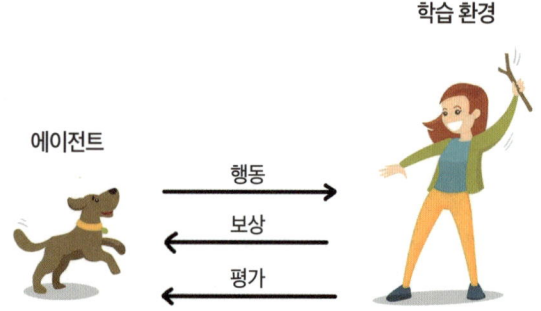

▶ 강화 학습은 강아지 훈련과도 같다. 강아지가 특정 행동을 하면 보상을 주듯이, 강화 학습 알고리즘에서도 인공지능이 인간이 원하는 행동을 하면 잘했다는 피드백을 준다. (이미지 출처: MathWorks)

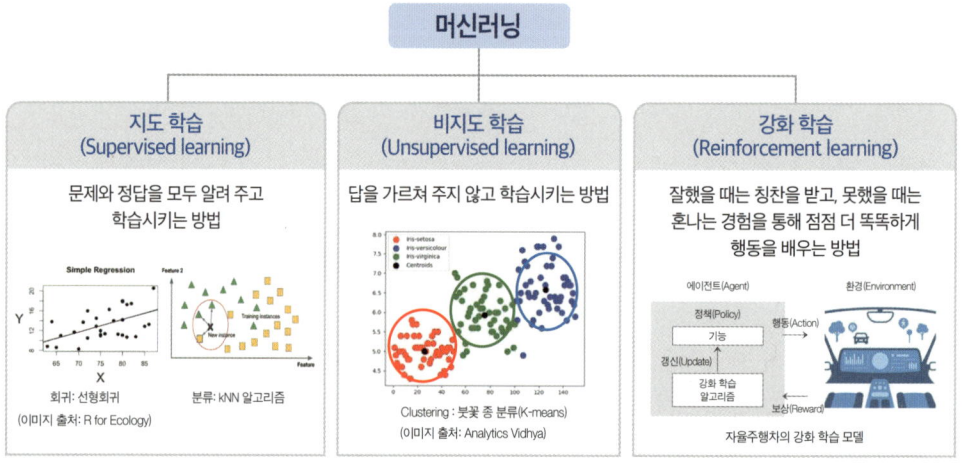

머신러닝 알아보기

선형회귀, 랜덤 포레스트, 앙상블 학습

📋 시작하기

인공지능 동아리에서 활동 중인 성주는 동아리 친구들과 함께 캐글 경진대회(Kaggle competitions)에 참여하기로 했다. 성주는 어느 캐글 경진대회를 나갈까 고민하다가, 친구들과 함께 실생활과 관련된 데이터를 다루는 경진대회에 참여하기로 의견을 모았다. 그중에서도 성주는 홍수 데이터를 다루는 경진대회에 나가자고 제안했다. 왜냐하면 최근에 홍수 때문에 불편함을 겪었기 때문이다. 성주는 매일 아침 자전거를 타고 강변 산책로를 따라서 학교에 등교한다. 하지만 여름 장마철이 되면 성주는 자전거를 탈 수 없다. 여름철 비가 많이 내리면 강이 범람하여 산책로를 이용할 수 없기 때문이다. 성주와 동아리 친구들이 캐글 경진대회에서 홍수 가능성을 예측하는 데이터를 만들려면 어떠한 머신러닝 알고리즘이 필요할까?

1. 알고 가기

선형회귀(Linear regression)

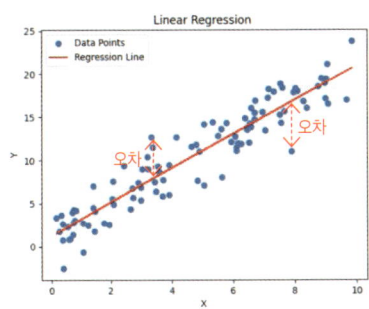

▶ 선형회귀는 선으로 이루어진 일차함수를 이용한 예측 모델로, 정답(레이블, Label)을 가장 잘 예측해 주는 최적의 선을 찾는 과정이다. 산점도에 점으로 표시되어 있는 개별 데이터들과 직선의 거리가 오차이다.

선형회귀(Linear regression)는 직선을 활용한 예측 모델이다. 머신러닝의 지도 학습은 예측과 분류로 나뉘는데, 선형회귀는 지도 학습에서 예측으로 분류되는 모델이다. 예측 모델은 다양한 변수(Feature)가 독립변수가 되고, 예측하려는 레이블(Label)이 종속변수가 된다. 즉 일차함수인 직선의 방정식에 적용한다면 변수가 x의 값, 예측 목표인 레이블이 y의 값이 된다. 즉 선형회귀란 x값인 독립변수가 y값인 종속변수에 미치는 영향을 직선으로 모델링한 것이다. 산점도의 점들과 직선으로 표현된 선형회귀 사이의 거리가 오차이다. 오차를 줄여 나가는 것이 레이블을 완벽하게 예측할 수 있는 선형회귀를 만드는 것이다.

앙상블 학습(Ensemble Learning)

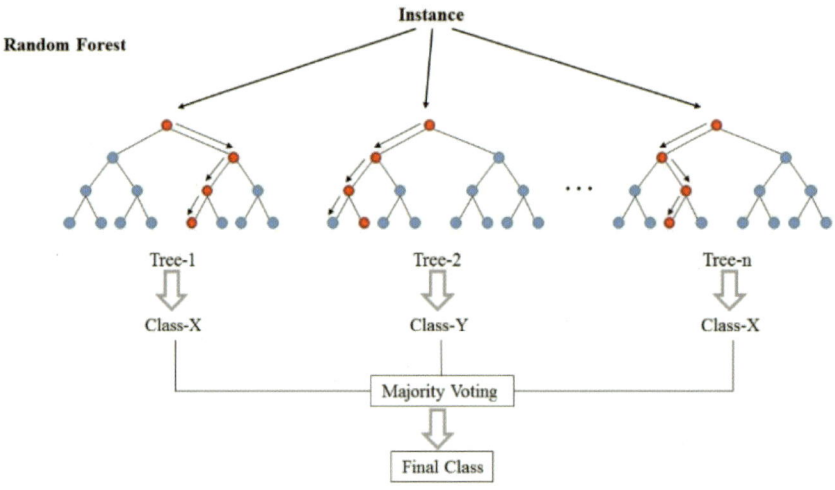

▶ 여러 개의 의사결정 트리(Decision tree)가 각각 예측을 한 뒤 그 결과를 모아 다수결(Majority voting)로 최종 예측을 결정한다. 이렇게 약한 모델들을 모아 강력한 모델을 만드는 것이 앙상블 학습의 핵심이다. (이미지 출처: Codelog)

앙상블 학습(Ensemble learning)은 여러 개의 모델을 결합하여 더 나은 예측 성능을 얻는 머신러닝 기법이다. 학습 데이터(Train-set)를 기반으로 개별 모델들이 서로 다른 예측을 하더라도 개별 모델들을 조합함으로써 더 정확하고 안정적인 예측을 한다. 앙상블 학습의 특징은 다음과 같다.

첫째, 모델 결합이다. 여러 개의 기본 모델이 있다고 가정하자. 이 기본 모델들은 개별적으로 보았을 때 예측 정확도가 덜한 모델(Weak learners)이다. 앙상블 학습은 이 약한 모델들을 결합하여 강력한 모델(Strong learner)을 만든다.

둘째, 예측 향상이다. 개별 모델들이 서로 다른 오류를 발생시키기 때문에 이들을 결합하면 전체적으로 오류가 줄어든다.

앙상블 학습 방법으로 배깅(Bagging), 부스팅(Boosting), 스태킹(Stacking)이 있다.

특징	의미
배깅 (Bagging)	부트스트랩 집계(Bootstrap aggregating)의 줄임말이다. 전체 데이터에서 중복을 허용해 무작위로 여러 번 샘플링(부트스트랩)하여 각 모델을 독립적으로 학습시키고, 그 결과를 평균이나 투표로 합친다. 즉 여러 모델을 학습시키고, 그 예측을 평균거나 투표하여 최종 예측을 진행한다. (이미지 출처 : tyami's study blog) 주어진 데이터세트로부터 랜덤 추출(Random sampling)을 통해 각 의사결정 트리를 만들기 위한 부분 데이터세트(subset)를 생성한다. 이때 데이터 추출 시 중복해서 추출하는 것을 허용한다. (이미지 출처 : tyami's study blog) 부트스트랩(Bootstrap)을 통해 의사결정 트리를 구성한다. (예: 랜덤 포레스트(Random forest))
부스팅 (Boosting)	약한 학습기를 순차적으로 학습시키며, 이전 모델이 틀린 데이터를 더 중요하게 다루어 점점 정확한 모델을 만들어 나가는 방법이다. (이미지 출처 : 오렌지3로 시작하는 융합데이터 과학, 채상미·김세희 외) 초기 약한 분류기(Weak classifier)로 데이터를 분류한다. 이후 분류하는 과정에서 강한 분류기(Strong classifier)를 만든다. 강한 분류기는 더 정확하게 데이터를 분류하고 예측한다. (예: 에이다부스트(AdaBoost), 그래디언트 부스팅(Gradient boosting), XG부스트(XGBoost))

스태킹 (Stacking)	여러 개의 모델이 각각 예측한 결과를 새로운 입력 데이터로 사용하여 또 다른 모델이 최종 예측을 수행하는 방법이다. 즉 개별 모델들이 한 번 예측한 결과를 모아, 이를 다시 학습 데이터(Train-set)와 테스트 데이터(Test-set)로 나눈 뒤 최종 모델이 다시 예측을 수행하는 과정이다. 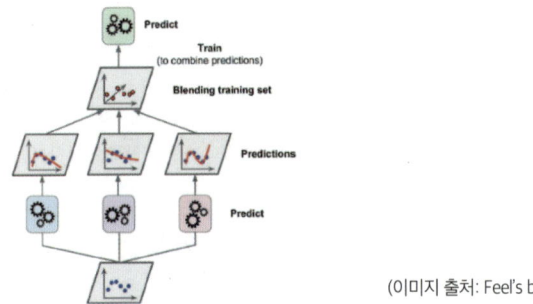 (이미지 출처: Feel's blog) 여러 모델이 예측한 예측 데이터를 새로운 학습 데이터로 사용해서 또 다른 모델이 최종 예측을 하는 방법이다.

랜덤 포레스트(Random Forest)

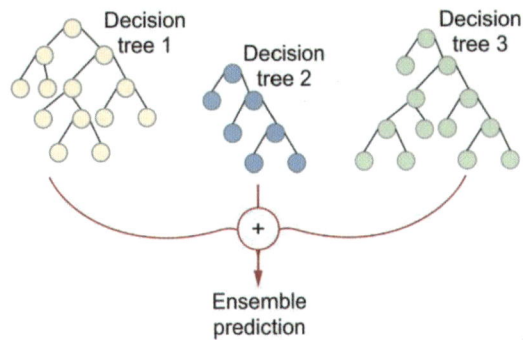

▶ 여러 트리가 각자 답을 내고, 그 답들을 합쳐 최종 답을 정하는 것이 랜덤 포레스트이다. (이미지 출처: Ensemble Methods for Machine Learning)

랜덤 포레스트(Random forest)는 결정 트리(Decision tree)를 기반으로 한 앙상블 학습 기법으로, 여러 개의 결정 트리를 조합하여 예측 성능을 향상시키는 방법이다. 랜덤 포레스트의 특징은 다음과 같다.

랜덤 포레스트 특징

- **앙상블 방법**: 여러 개의 결정 트리를 생성하고, 각 트리의 예측 결과를 평균하거나 예측을 제일 잘하는 트리를 투표하여 최종 예측을 하는 방법이다. 이를 통해 모델의 안정성을 높이고 과적합(Overfitting)을 줄인다.

- **부트스트랩 샘플링**: 데이터에서 중복을 허용해 무작위로 샘플을 여러 번 추출하는 방식이다. 각 결정 트리는 데이터의 무작위 샘플을 사용하여 학습된다. 아래 그림을 보면 3개의 행이 있는 데이터 테이블에 대해서 복원 추출을 3회 실행하고 이 작업을 계속 반복한다.

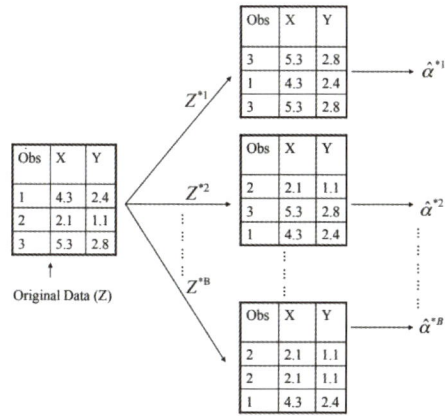

(이미지 출처: 모던매뉴얼)

- **특정 선택의 무작위성**: 각 노드를 분할할 때 사용할 일부 특성을 무작위로 선택해 트리를 다양하게 만든다. 이로 인해 서로 다른 트리가 생성되고, 모델의 다양성이 증가한다.
- **강력한 예측 성능**: 랜덤 포레스트는 일반적으로 정확도가 높으며, 분류(classification)와 회귀(regression) 문제 모두에 사용될 수 있다.
- **특성 중요도 평가**: 랜덤 포레스트는 각 특성이 예측에 얼마나 중요한지를 평가하는 기능을 제공한다. 이를 통해 데이터 분석 시 각 특성이 예측 결과에 얼마나 기여했는지를 알 수 있다.

> **Tip**
>
> 머신러닝 학습 모델 알고리즘을 만들 때는 과소적합(Under-fitting)과 과대적합(Over-fitting, 과적합)을 지양해야 한다.
>
>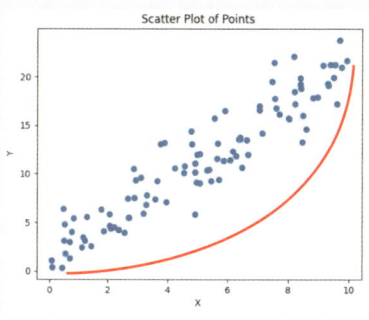
>
> - **과소적합(Under-fitting)**: 머신러닝 모델이 충분히 학습하지 못하여 최적화가 되지 않은 상태이다. 과대적합의 반대개념으로, 학습 데이터의 구조나 패턴을 정확히 반영하지 못한 것이다.

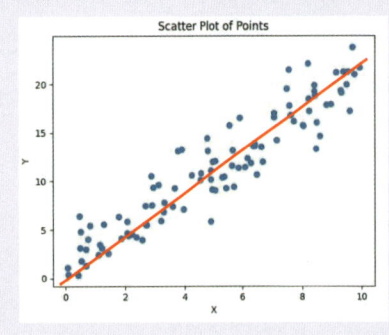

- **적합(Good-fitting)**: 머신러닝 모델이 충분히 학습함으로써 최적화된 상태이다. 적합 모델은 적은 오차 범위 내에서 데이터를 정확하게 예측한다.

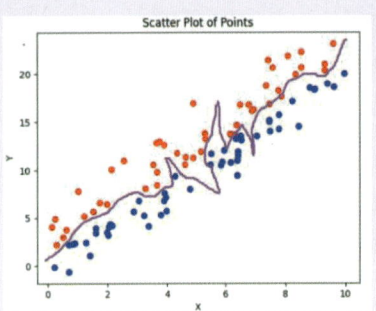

- **과대적합(Over-fitting)**: 과적합이라고도 불리며, 너무 과하게 모델이 최적화된 상태를 말한다. 훈련 데이터(Train-set)에서는 정확도가 매우 높게 나오지만 테스트 데이터(Test-set)에서는 낮은 정확도가 나오는 모델을 말한다. 범용성이 떨어지기 때문에 새 데이터에 대해서는 오류를 야기한다.

선형회귀로 홍수 예측하기

EDA 과정, 선형회귀 활용, 머신러닝 예측

> **시작하기**
>
> 철수는 등교하다가 당황스러운 일을 겪었다. 비가 너무 많이 내리는 바람에 등교를 위해 타는 버스의 노선이 바뀐 것이다. 알고 보니, 학교 앞 버스 정류장이 물에 잠겨서 어쩔 수 없이 버스 노선이 바뀐 것이었다. 그 영향으로 철수는 평소보다 학교에서 먼 정류장에서 내려 걸어가야 했고 결국 학교에 지각하게 되었다. 만약 철수가 미리 학교 부근의 홍수 발생을 예측하고 집에서 좀 더 일찍 나섰더라면 지각하는 일은 없었을 것이다. 홍수 발생을 예측하는 데 필요한 지역의 특성에는 어떠한 것이 있을까?

1. 알고 가기

캐글(Kaggle) 데이터 분석 대회 소개하기

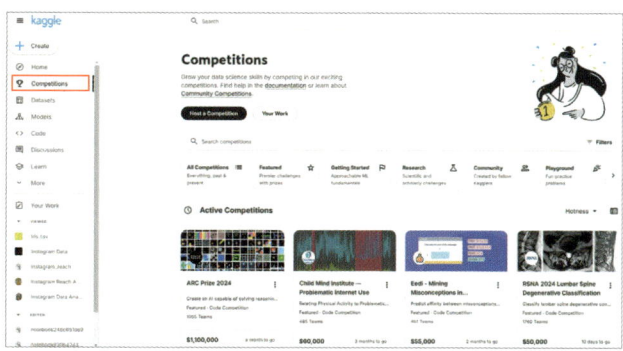

▶ 캐글(Kaggle) 사이트에 접속하면 왼쪽 배너에 경진대회(Competitions) 시스템이 있다.

캐글은 2010년에 설립된 예측 모델 및 분석 대회 플랫폼이다. 기업 및 단체에서 데이터와 해결 과제를 등록하고 캐글 이용자들은 이를 해결한다. 즉 캐글은 기업과 단체에서 올린 데이터를 통해 문제를 해결하는 모델을 개별하고 사용자들끼리 경쟁하는 플랫폼이다.

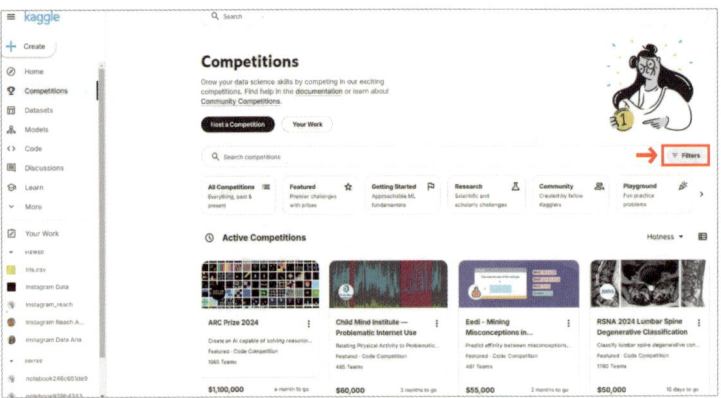

▶ 캐글(Kaggle) 사이트에서 필터(Filters)를 통해 경진대회 유형을 선택할 수 있다.

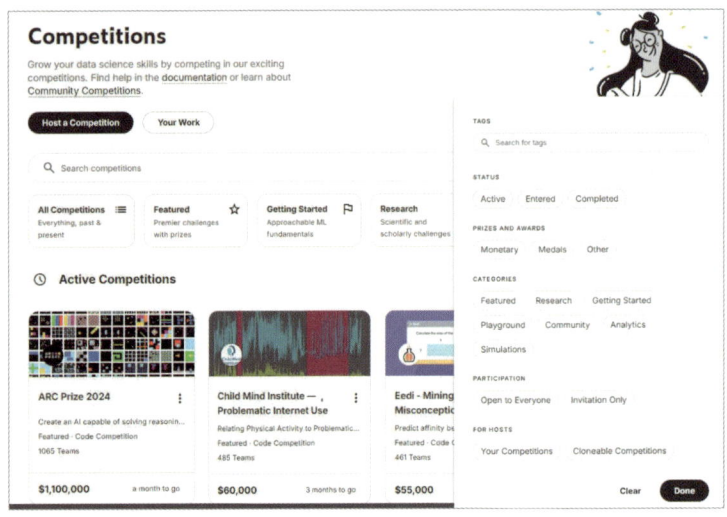

▶ 캐글(Kaggle) 사이트에서 필터(Filters)를 누른 결과이다. 카테고리별로 경진대회의 유형을 선택할 수 있다.

캐글 사이트에서 선택할 수 있는 경진대회 유형

경진대회 유형	내용
Featured	캐글에서 제일 유명한 대회 유형이다. 상업적 목적의 예측 문제를 야기하는 머신러닝 과제이다. 상금이 높기 때문에 가장 상위의 전문가들이 참여한다. 현업에서 사용되는 최고의 머신러닝 알고리즘을 배울 수 있다. (예: 아메리칸 익스프레스 카드 이용자 중에서 카드 청구 금액을 갚을 수 있는지 예측, 패션 회사 H&M의 맞춤형 패션 추천, 트위터 감정 추출 등)

Research	Featured 유형보다 실험적인 문제를 다룬다. Featured보다 덜 경쟁적인 환경에서, 명확하지 않고 쉬운 해결책이 없는 문제들을 다룬다. (예: Microsoft 악성코드 예측, 구글 랜드마크 검색, 고래와 돌고래 식별 등)
Getting Started	캐글에서 입문자가 참여하기 좋은 대회이다. 모델을 생성하고 새로운 기술을 익힐 수 있다. (예: 주택 가격-고급 회귀 기술, 숫자 인식기 분류, 타이태닉-재해로부터의 머신러닝 등)
Playground	Getting Started 유형보다는 어렵지만 흥미를 이끄는 유형이다. 상금이 없거나 상금이 적지만 새로운 유형의 문제를 연습하기에 좋은 유형이다. (예: 자전거 공유 수요, 뉴욕시 택시비 예측, 홍수 예측 데이터세트를 사용한 회귀 등. 이 챕터에서 '홍수 예측 데이터세트'를 통해 그래프의 시각화를 할 것이다.)
Community	사용자가 학생이나 직장동료, 친구 등 다양한 사람들과 같이 캐글 경진대회를 직접 만드는 것이다. 누구나 캐글의 커뮤니티 경진대회 플랫폼을 사용하여 머신러닝 경진대회를 열 수 있다.
Analytics	데이터 분석 경진대회이다. 일종의 해커톤 대회로, 평상적인 환경에서의 문제 해결을 다룬다.
Simulations	캐글 시뮬레이션 경진대회는 기존의 지도 학습 머신러닝 과제에 대한 변형이다. 일반적으로 예측을 하도록 모델을 훈련시키고, 이러한 예측은 점수에 대한 평가 지표를 통해 실제 결과에 대해 점수를 매긴다. 시뮬레이션 경진대회에서는 사전 설정된 규칙에 따라 시뮬레이션된 환경(종종 다른 에이전트와 경쟁)에서 경쟁할 에이전트를 제출한다.

캐글 데이터 분석 대회에서 제공하는 데이터의 종류

데이터세트 종류	의미
train	학습용 데이터세트, 데이터의 특징(feature)과 정답값이라고 할 수 있는 레이블(label) 값이 같이 제공된다.
test	예측용 데이터세트, 정답값이 빠진 데이터의 특징(features)들만 제공된다. 즉 train 데이터세트와 달리 정답값이 빠진 데이터의 묶음이다. test 데이터세트의 특징(features)을 활용하여 정답값을 찾는 예측을 진행한다.
submission	정답 제출용 데이터세트이다. 캐글에서 주어진 형식에 맞춰 정답값(label)을 기입하고 제출한다.

EDA 과정이란?

EDA(Exploratory Data Analysis)는 탐색적 데이터 분석이다. 즉 수집한 데이터를 다양한 시각에서 관찰하고 이해하는 과정을 뜻한다. 머신러닝을 통해 예측 또는 분류를 진행하기 위해서는 수집한 데이터의 이해가 필수적이다. 이때 필요한 과정이 EDA이다.

▶ EDA 과정은 시장에서 채소를 고르는 것이라고 보면 된다. 신선한 채소를 골라야 더 맛있고 건강한 음식을 만들 수 있다. 즉 올바른 EDA 과정을 거쳐야 그 데이터를 올바르게 탐색하고 이해할 수 있다.

EDA를 잘하기 위한 조건 3가지

- **원본 데이터에 대한 이해**: 데이터 테이블의 속성(열, 애트리뷰트)과 행(튜플)을 이해할 수 있어야 한다. 인공지능을 활용한 예측을 진행한다고 했을 때, 예측하려는 정답(label)이 어느 특성과 연관이 되어 있는지 그래프를 통해 확인해 보아야 한다.

학생 ID	이름	나이	전공
1	홍길동	20	컴퓨터공학
2	김영희	22	화학
3	이철수	21	경영학
4	박지민	23	디자인

▶ 이 테이블의 속성(열, 애튜리뷰트)은 학생 ID, 이름, 나이, 전공이다. 행(튜플)의 첫 번째는 '1, 홍길동, 20, 컴퓨터공학'이다.

- **결측치 처리 및 데이터 변환**: 데이터를 분석하기 위해서는 결측치를 적절히 처리해야 한다. 또한 분석에 필요한 데이터가 범주형 데이터로 이루어져 있다면 이를 수치형 데이터로 변환하여 계산에 활용할 수 있도록 해야 한다. 추가로, datetime(날짜 표현) 형식의 데이터는 경우에 따라 연도, 월, 일, 시간, 분, 초로 나눠야 할 수 있다.

데이터 변환의 예시: 자전거 수요 예측 대회에서의 시간(datetime) 속성 분리

기존 데이터 테이블

	datetime	season	holiday	workingday	weather	temp	atemp	humidity	windspeed	casual	registered	count
0	2011-01-01 00:00:00	1	0	0	1	9.84	14.395	81	0.0	3	13	16
1	2011-01-01 01:00:00	1	0	0	1	9.02	13.635	80	0.0	8	32	40
2	2011-01-01 02:00:00	1	0	0	1	9.02	13.635	80	0.0	5	27	32
3	2011-01-01 03:00:00	1	0	0	1	9.84	14.395	75	0.0	3	10	13
4	2011-01-01 04:00:00	1	0	0	1	9.84	14.395	75	0.0	0	1	1

코드

```python
1  # 연도(year), 월(month), 일(day), 요일(day of week), 분기(quarter), 시(hour),
   #  분(minute), 초(second) 칼럼 생성
2  # 생성된 칼럼에 datetime 칼럼으로부터 정보를 추출하여 대입
3  # train 데이터세트
4  train['year'] = train['datetime'].dt.year
5  train['month'] = train['datetime'].dt.month
6  train['day'] = train['datetime'].dt.day
7  train['dayofweek'] = train['datetime'].dt.dayofweek
8  train['quarter'] = train['datetime'].dt.quarter
9  train['hour'] = train['datetime'].dt.hour
10 train['minute'] = train['datetime'].dt.minute
11 train['second'] = train['datetime'].dt.second
```

코드 결과 바뀐 데이터 테이블

```python
1  # 연도(year), 월(month), 일(day), 요일(day of week), 분기(quarter), 시(hour),
   #  분(minute), 초(second) 칼럼 상위 5개 행 출력
2  # train 데이터세트
3  train[['year', 'month', 'day', 'dayofweek','quarter','hour','minute','second']].head()
```

	year	month	day	dayofweek	quarter	hour	minute	second
0	2011	1	1	5	1	0	1	0
1	2011	1	1	5	1	1	1	0
2	2011	1	1	5	1	2	1	0
3	2011	1	1	5	1	3	1	0
4	2011	1	1	5	1	4	1	0

시간(datetime) 속성이 연도(year), 월(month), 일(day), 요일(dayofweek), 분기(quarter), 시(hour), 분(minute), 초(second)로 나뉘는 것을 알 수 있다. 이를 통해 연도별 혹은 월별로 데이터를 묶어서 데이트를 분석할 수 있다.

- **추상화를 거친 데이터의 시각화**: 추상화는 핵심 내용을 추출하여 문제를 이해하기 쉽게 바꾸는 것이다. 이 추상화를 통해 나온 속성들의 그래프를 만들면 데이터를 이해하기 더 쉽다.

인스타그램 게시글 접근 경로 비교

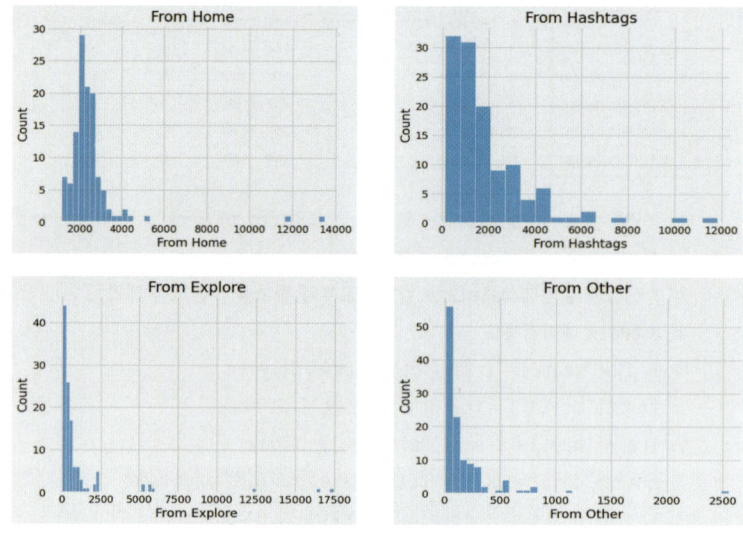

인스타그램 게시글 접근 경로 4가지에 따른 그래프를 같이 나타냈다.

▶ chapter 2의 인스타그램 데이터 분석 내용에서 인스타그램 데이터의 속성들을 개별적으로 히스토그램으로 나타낸 것이다.

인스타그램 게시글 접근 경로(속성)들을 원그래프로 나타내기

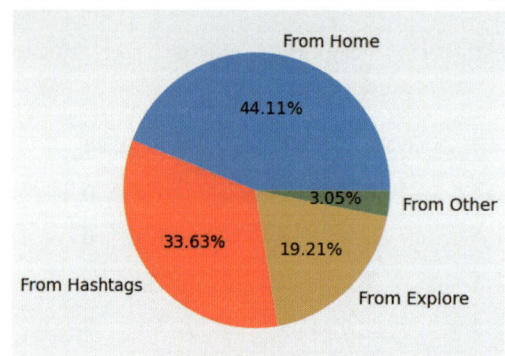

인스타그램 게시글 접근 경로 4가지에 따른 그래프를 같이 나타냈다.

▶ chapter 2의 인스타그램 데이터 분석 내용에서 인스타그램 데이터의 속성들을 원그래프로 나타낸 것이다.

위처럼 데이터 속성들을 히스토그램으로 나타낸다면 전체에서 각 속성들이 차지하는 비율을 알 수 없다. 하지만 속성들을 같이 묶어서 원그래프로 나타낸다면 전체 인스타그램 게시글 접근 경로 중에서 각 속성이 차지하는 비율을 알 수 있다.

2. 데이터 준비하기

캐글 사이트에 가면 다양한 요인을 바탕으로 지역의 홍수 확률을 예측하는 데 사용되는 데이터 'Regression with a Flood Prediction Dataset'을 다운로드할 수 있다.

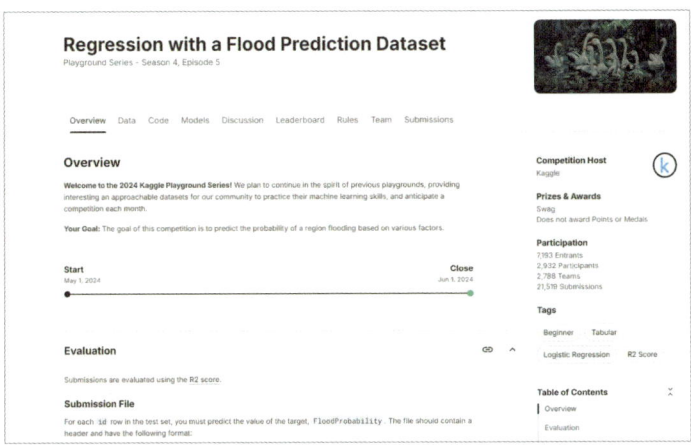

▶ 캐글 사이트에서 'Regression with a Flood Prediction Dataset'을 검색하고 분류에서 'Competitions'을 누르면 홍수 예측에 필요한 데이터를 다운로드할 수 있다.

이 데이터세트의 속성(attribute)은 다음과 같다.

속성(attribute)	데이터 타입 (data type)	의미	값의 범위
MonsoonIntensity	int (정수형)	몬순 강도: 특정 지역의 몬순 비의 강도를 나타낸다.	0~16
Topography Drainage	int	지형과 배수: 지형은 지역의 표면 특징을 나타내고, 배수는 강, 하천 및 배수로를 포함한 물 흐름 시스템을 나타낸다.	0~18
River Management	int	하천 관리: 홍수 조절 조치, 댐 운영 또는 하천 수로 수리와 같이 강을 따라 구현된 관리 관행을 나타낸다.	0~16
Deforestation	int	삼림 벌채: 해당 지역의 삼림 벌채 정도를 반영한다. 삼림 벌채 속성은 자연적인 물순환과 토양 안정성에 영향을 미치고 침식과 홍수의 위험을 증가시킨다.	0~18
Urbanization	int	도시화: 도시 지역에 인구가 집중되고 도시 토지 이용이 확대되는 과정을 말한다.	0~17
Climate Change	int	기후변화: 강수 패턴의 변화, 온도 변동성 또는 기상 이변 등 기후변화와 관련된 요소를 나타낸다.	0~17
DamsQuality	int	댐의 품질: 해당 지역의 댐 상태나 품질을 나타낸다. 댐은 홍수 조절, 물 공급, 수력발전 등 물 관리에 중요한 역할을 한다.	0~16

Siltation	int	침전: 강, 호수, 저수지 등 수역에 퇴적물(미사, 모래, 점토 입자)이 축적되는 것을 말한다.	0~16
Agricultural-Practices	int	농업 방식: 해당 지역의 농업 관행과 토지 이용 패턴을 나타낸다. 농업 활동은 토양 침식, 물 침투 및 유출에 영향을 주어 홍수 위험에 영향을 줄 수 있다.	0~16
Encroachments	int	침해: 범람원이나 강둑의 불법 건축 등 공공 또는 사유지에 대한 무단 점유 또는 개발을 의미한다.	0~16
Ineffective Disaster Preparedness	int	비효과적 재난 대비: 해당 지역의 재난 대비 조치의 효율성 또는 준비 수준을 나타낸다.	0~16
Drainage Systems	int	배수 시스템: 해당 지역의 배수 시스템 상태나 효율성을 나타낸다. 지표수 유출을 관리하고 홍수 위험을 줄이기 위해 설계된 자연 및 인공 시스템이 모두 포함된다.	0~17
Coastal Vulnerability	int	해안 취약성: 홍수, 폭풍해일, 해수면 상승 또는 침식과 같은 기타 해안 위험에 대한 해안 지역의 취약성을 나타낸다.	0~17
Landslides	int	산사태: 해당 지역에서 발생하는 산사태의 민감성 또는 빈도를 반영한다.	0~16
Watersheds	int	유역: 해당 지역 내 유역의 특성이나 상태를 나타낸다. 유역은 모든 물이 공통 지점으로 배수되는 토지 영역이다.	0~16
Deteriorating Infrastructure	int	인프라 악화: 도로, 교량, 배수 시스템과 같은 인프라의 상태나 품질을 나타낸다. 악화된 인프라는 기상 이변이 발생했을 때 장애가 발생하기 쉽고 홍수 영향을 더욱 악화시킬 수 있다.	0~17
Population Score	int	인구 점수: 해당 지역 내 인구 밀도 또는 인구 분포의 측정값을 나타낸다. 홍수가 발생하기 쉬운 지역의 높은 인구 밀도는 홍수 위험에 대한 지역사회의 취약성을 증가시킬 수 있다.	0~18
WetlandLoss	int	습지 손실: 해당 지역 내 습지 손실의 정도나 비율을 반영한다. 습지는 홍수 조절, 수질 정화, 생물 다양성을 위한 서식지 등 귀중한 생태계 서비스를 제공한다.	0~19
Inadequate Planning	int	부적절한 계획: 홍수 위험 증가에 기여하는 도시 또는 토지 이용 계획 관행의 결함이나 단점을 나타낸다.	0~16
Political Factors	int	정치적 요인: 홍수 위험 관리 및 완화 노력에 영향을 미치는 정치적 또는 거버넌스 관련 요소를 나타낸다.	0~16
Flood Probability	float (실수형)	홍수 가능성: 해당 지역에서 홍수가 발생할 가능성을 나타낸다. 예측 목표인 target 속성이다.	0.28~0.72

'Regression with a Flood Prediction Dataset(홍수 예측 데이터세트를 사용한 회귀)'는 지역의 여러 환경을 사용하여 그 지역의 홍수 가능성을 예측하는 데이터이다. 데이터를 폭넓게 이해하기 위해서 이의 여러 속성을 활용하여 데이터 시각화를 할 것이다.

3. 데이터 불러오기와 전처리하기

데이터 불러오기

코랩에서 'Regression with a Flood Prediction Dataset' 데이터를 불러오고 전처리하는 과정은 다음과 같이 진행된다.

우선, 데이터 분석에 필요한 데이터를 업로드하기 위해서 다운로드했던 'Regression with a Flood Prediction Dataset' 데이터의 압축을 푼다.

▶ 'Regression with a Flood Prediction Dataset'을 다운로드하고 압축을 푼 결과이다.

압축을 풀면 train.csv 파일, test.csv 파일, sample_submission.csv 파일이 나온다. train.csv 파일을 통해 데이터 시각화 및 머신러닝을 수행할 것이다. 머신러닝 결과 이를 test.csv 파일에 적용하여 target 값을 예측하고, 예측한 값이 실제 train.csv 파일의 target 값과 일치하는지 확인할 것이다. 예측이 맞으면 sample_submission.csv에 target 값을 적용하여 sample_submission.csv 파일을 캐글 데이터 분석 대회에 제출하면 된다.

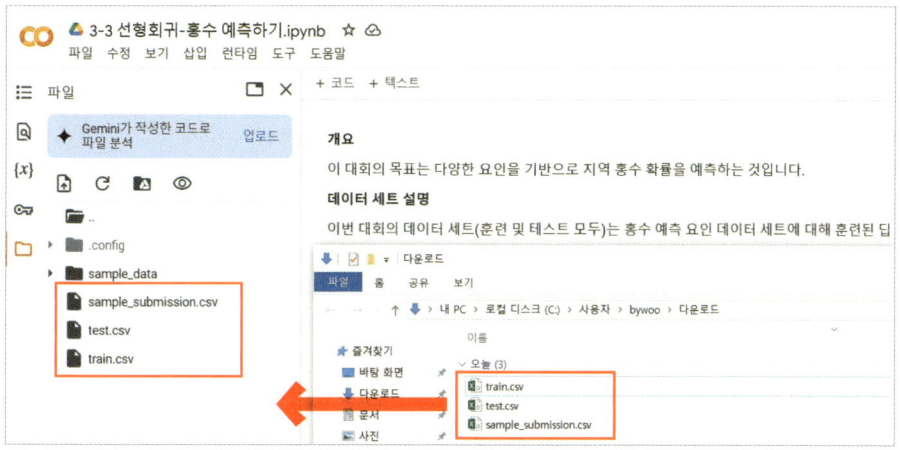

▶ 코랩의 왼쪽 폴더에 train.csv 파일, test.csv 파일, sample_submission.csv 파일을 업로드한다.

내장 모듈 가져오기

```python
import pandas as pd  # 데이터 처리 및 CSV 파일 입출력을 위한 pandas 라이브러리 가져오기
import numpy as np  # 선형대수(linear algebra) 및 수치 계산을 위한 numpy 라이브러리 가져오기
import matplotlib.pyplot as plt  # 데이터 시각화를 위한 matplotlib 라이브러리의 pyplot 모듈
import seaborn as sns  # 통계적 데이터 시각화를 위한 seaborn 라이브러리 가져오기
import datetime  # 날짜 및 시간 처리를 위한 datetime 모듈 가져오기
import os  # 운영 체제와 상호작용하기 위한 os 모듈 가져오기
from scipy import stats  # 과학적 계산 및 통계 분석을 위한 scipy 라이브러리의 stats 모듈 가져오기

# Jupyter Notebook에서 그래프를 인라인으로 표시하기 위한 설정
# 코랩에서는 %matplotlib inline이 자동으로 설정되어 있기 때문에, 별도로 이 코드를 작성할 필요는 없음
# 즉 그래프가 자동으로 코드 셀 아래에 표시됨
%matplotlib inline
# Data 경로 설정
DATA_DIR = ""
```

구글 드라이브에 업로드한 train.csv 파일, test.csv 파일을 코랩에서 읽기

```python
# train 데이터세트 로드(train.csv)
train = pd.read_csv(os.path.join(DATA_DIR, 'train.csv'))
# test 데이터세트 로드(test.csv)
test = pd.read_csv(os.path.join(DATA_DIR, 'test.csv'))
```

데이터 개요 확인하기

train 데이터의 상위 5개 행 출력

```python
# train 앞 부분 5개 행 출력
train.head()
```

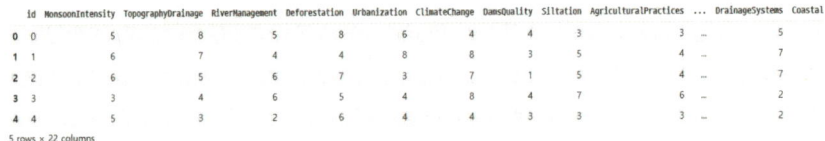

train.csv 파일의 상위 5개 데이터의 속성값들이 어떻게 구성되었는지 확인할 수 있다.

test 데이터의 상위 5개 행 출력

코드
```
1  # test 앞부분 5개 행 출력
2  test.head()
```

코드 결과

	id	MonsoonIntensity	TopographyDrainage	RiverManagement	Deforestation	Urbanization	ClimateChange	DamsQuality	Siltation	AgriculturalPractices	...	IneffectiveDisaste
0	1117957	4	6	3	5	6	7	8	7	8	...	
1	1117958	4	4	2	9	5	5	4	7	5	...	
2	1117959	1	3	6	5	7	2	4	6	4	...	
3	1117960	2	4	4	6	4	5	4	3	4	...	
4	1117961	6	3	2	4	6	4	5	5	3	...	

5 rows × 21 columns

test.csv 파일의 상위 5개 데이터의 속성값들이 어떻게 구성되었는지 확인할 수 있다.

train 데이터와 test 데이터의 행(튜플)의 수, 속성(열, 애튜리뷰트)의 수 출력

코드
```
1  # train, test 의 shape 확인. 즉 튜플(행)의 갯수, 애트리뷰트(열)의 갯수 확인
2  train.shape, test.shape
```

코드 결과

((1117957, 22), (745305, 21))

train 데이터의 행(튜플)은 1,117,957개, 속성(열, 애트리뷰트)은 22개이다. test 데이터의 행(튜플)은 745,305개, 속성(열, 애트리뷰트)의 수는 target 속성인 '홍수 가능성(FloodProbability)' 속성이 빠진 21개이다.

train 데이터 속성들(열, 애트리뷰트) 확인

코드
```
1  # train 데이터세트 속성들(columns) 확인
2  train.columns
```

코드 결과

Index(['id', 'MonsoonIntensity', 'TopographyDrainage', 'RiverManagement',
       'Deforestation', 'Urbanization', 'ClimateChange', 'DamsQuality',
       'Siltation', 'AgriculturalPractices', 'Encroachments',
       'IneffectiveDisasterPreparedness', 'DrainageSystems',
       'CoastalVulnerability', 'Landslides', 'Watersheds',
       'DeterioratingInfrastructure', 'PopulationScore', 'WetlandLoss',
       'InadequatePlanning', 'PoliticalFactors', 'FloodProbability'],
      dtype='object')

train 데이터의 속성들을 나열한 결과이다.

train 데이터 속성들의 자료형 확인하기

코드
```
1  # train 데이터세트 세부 사항
2  train.info()
```

코드 결과

<class 'pandas.core.frame.DataFrame'>
RangeIndex: 1117957 entries, 0 to 1117956
Data columns (total 22 columns):

```
 #   Column                          Non-Null Count    Dtype
---  ------                          --------------    -----
 0   id                              1117957 non-null  int64
 1   MonsoonIntensity                1117957 non-null  int64
 2   TopographyDrainage              1117957 non-null  int64
 3   RiverManagement                 1117957 non-null  int64
 4   Deforestation                   1117957 non-null  int64
 5   Urbanization                    1117957 non-null  int64
 6   ClimateChange                   1117957 non-null  int64
 7   DamsQuality                     1117957 non-null  int64
 8   Siltation                       1117957 non-null  int64
 9   AgriculturalPractices           1117957 non-null  int64
10   Encroachments                   1117957 non-null  int64
11   IneffectiveDisasterPreparedness 1117957 non-null  int64
12   DrainageSystems                 1117957 non-null  int64
13   CoastalVulnerability            1117957 non-null  int64
14   Landslides                      1117957 non-null  int64
15   Watersheds                      1117957 non-null  int64
16   DeterioratingInfrastructure     1117957 non-null  int64
17   PopulationScore                 1117957 non-null  int64
18   WetlandLoss                     1117957 non-null  int64
19   InadequatePlanning              1117957 non-null  int64
20   PoliticalFactors                1117957 non-null  int64
21   FloodProbability                1117957 non-null  float64
dtypes: float64(1), int64(21)
memory usage: 187.6 MB
```

'Regression with a Flood Prediction Dataset'의 train 데이터는 22개 속성으로 이루어져 있는 것을 확인할 수 있다.

'Regression with a Flood Prediction Dataset'의 train 데이터는 데이터 분석에 사용되는 속성들이 정수형(int64)이기 때문에 따로 속성들을 수정할 필요가 없다.

데이터 전처리하기

train 데이터의 결측치 확인

코드
```
1  # train 테이블 전체에서 결측치 확인
2  train.isnull()
```

코드 결과

	id	MonsoonIntensity	TopographyDrainage	RiverManagement	Deforestation	Urbanization	ClimateChange	DamsQuality	Siltation	AgriculturalPractices	...	DrainageSystems
0	False	False	False	False	False	False	False	False	False	False	...	False
1	False	False	False	False	False	False	False	False	False	False	...	False
2	False	False	False	False	False	False	False	False	False	False	...	False
3	False	False	False	False	False	False	False	False	False	False	...	False
4	False	False	False	False	False	False	False	False	False	False	...	False
...												

1117952	False	False	False	False	False	False	False	False	False	...	Fal:
1117953	False	False	False	False	False	False	False	False	False	...	Fal:
1117954	False	False	False	False	False	False	False	False	False	...	Fal:
1117955	False	False	False	False	False	False	False	False	False	...	Fal:
1117956	False	False	False	False	False	False	False	False	False	...	Fal:

1117957 rows × 22 columns

결측치 확인 결과, 모니터에 보이는 속성값들은 False임을 알 수 있다. 이는 비어 있는 값(null 값)이 있느냐는 물음이 담긴 명령어에 대해서 아닌 값들이 있다는 것이다. 즉 비어 있는 값이 없다. 하지만 속성별로 비어 있는 값을 한눈에 보기는 어렵다.

속성별로 결측치를 한눈에 알아보기 위해서는 다른 명령어가 필요하다. 합계를 내주는 sum() 명령어를 활용하여 속성별로 결측치가 있는지 확인한다. sum() 명령어를 통해 데이터 테이블에서 결측치를 일일이 확인하는 것이 아닌, 속성별로 결측치를 쉽게 확인할 수 있다.

train 데이터의 속성(열, 애트리뷰트)별 결측치 확인

코드
```
1 # train 결측치 확인
2 train.isnull().sum()
```

코드 결과

```
                              0
id                            0
MonsoonIntensity              0
TopographyDrainage            0
RiverManagement               0
Deforestation                 0
Urbanization                  0
ClimateChange                 0
DamsQuality                   0
Siltation                     0
AgriculturalPractices         0
Encroachments                 0
IneffectiveDisasterPreparedness  0
DrainageSystems               0
CoastalVulnerability          0
Landslides                    0
Watersheds                    0
DeterioratingInfrastructure   0
PopulationScore               0
WetlandLoss                   0
InadequatePlanning            0
PoliticalFactors              0
FloodProbability              0
dtype: int64
```

결측치 확인 결과, 모든 속성에서의 결측치가 0이다. 즉 비어 있는 값은 없다.

train 데이터 테이블을 기준으로 속성값이 비어 있는 null 값이 없기 때문에 따로 비어 있는 속성값이 있는 행이나 열을 삭제할 필요가 없다.

test 데이터의 속성(열, 애트리뷰트)별 결측치 확인

코드
```
1  # test 결측치 확인
2  test.isnull().sum()
```

코드 결과
```
id                              0
MonsoonIntensity                0
TopographyDrainage              0
RiverManagement                 0
Deforestation                   0
Urbanization                    0
ClimateChange                   0
DamsQuality                     0
Siltation                       0
AgriculturalPractices           0
Encroachments                   0
IneffectiveDisasterPreparedness 0
DrainageSystems                 0
CoastalVulnerability            0
Landslides                      0
Watersheds                      0
DeterioratingInfrastructure     0
PopulationScore                 0
WetlandLoss                     0
InadequatePlanning              0
PoliticalFactors                0
dtype: int64
```

결측치 확인 결과, 모든 속성에서의 결측치가 0이다. 즉 비어 있는 값은 없다.

test 데이터 역시 데이터 테이블을 기준으로 속성값이 비어 있는 null 값이 없기 때문에 따로 비어 있는 속성값이 있는 행이나 열을 삭제할 필요가 없다.

train 데이터와 test 데이터의 중복된 값이 있는지 확인해 보자.

train 데이터의 중복된 값 확인

코드
```
1  # train 데이터세트 중복된 값 확인
2  train.duplicated().sum()
```

코드 결과
```
0
```

'Regression with a Flood Prediction Dataset'의 train 데이터의 중복된 값은 없다.

test 데이터의 중복된 값 확인

 코드
```
1  # test 데이터세트 중복된 값 확인
2  test.duplicated().sum()
```

코드 결과 0

'Regression with a Flood Prediction Dataset'의 test 데이터 역시 중복된 값은 없다.

데이터 통곗값(최대/최소/평균/개수/분포) 다루기

train 데이터 통곗값 확인

코드
```
1  # train 데이터세트 설명
2  train.describe()
```

코드 결과

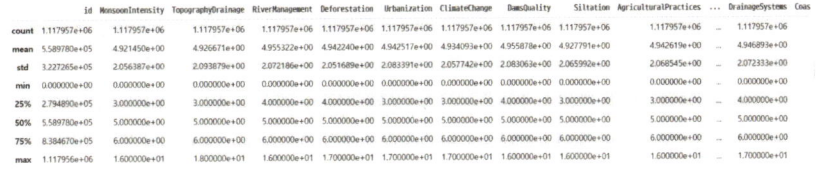

'Regression with a Flood Prediction Dataset'의 train 데이터의 통곗값을 확인할 수 있다.

train 데이터 통곗값 출력 방식 설정

 코드
```
1  pd.set_option('float_format', '{:.2f}'.format)  # pandas의 float_format 옵션
   을 설정하여, 모든 부동소수점수를 소수점 이하 2자리까지 표시하도록 설정
2  train.describe()  # train 데이터 프레임의 기초 통계량을 계산하고 출력 # describe()
   메서드는 수치형 열에 대한 통계 정보를 제공
```

코드 결과

	id	MonsoonIntensity	TopographyDrainage	RiverManagement	Deforestation	Urbanization	ClimateChange	DamsQuality	Siltation	AgriculturalPractices	...	DrainageSystems	CoastalVulner
count	1117957.00	1117957.00	1117957.00	1117957.00	1117957.00	1117957.00	1117957.00	1117957.00	1117957.00	1117957.00	...	1117957.00	11
mean	558978.00	4.92	4.93	4.96	4.94	4.94	4.93	4.96	4.93	4.94	...	4.95	
std	322726.53	2.06	2.09	2.07	2.05	2.08	2.06	2.08	2.07	2.07	...	2.07	
min	0.00	0.00	0.00	0.00	0.00	0.00	0.00	0.00	0.00	0.00	...	0.00	
25%	279489.00	3.00	3.00	4.00	4.00	3.00	3.00	4.00	3.00	3.00	...	4.00	
50%	558978.00	5.00	5.00	5.00	5.00	5.00	5.00	5.00	5.00	5.00	...	5.00	
75%	838467.00	6.00	6.00	6.00	6.00	6.00	6.00	6.00	6.00	6.00	...	6.00	
max	1117956.00	16.00	18.00	16.00	17.00	17.00	17.00	16.00	16.00	16.00	...	17.00	

8 rows × 22 columns

'1.xxxe+숫자' 형식이 아닌 전체 숫자가 보기 좋게 출력된다.

train 데이터 통곗값 확인 (행/열 전환)

 코드
```
1  # train 데이터세트 설명, desscribe()에서 행열 전환
2  train.describe().T
```

코드 결과

	count	mean	std	min	25%	50%	75%	max
id	1117957.0	558978.000000	322726.531782	0.000	279489.00	558978.000	838467.00	1117956.000
MonsoonIntensity	1117957.0	4.921450	2.056387	0.000	3.00	5.000	6.00	16.000
TopographyDrainage	1117957.0	4.926671	2.093879	0.000	3.00	5.000	6.00	18.000
RiverManagement	1117957.0	4.955322	2.072186	0.000	4.00	5.000	6.00	16.000
Deforestation	1117957.0	4.942240	2.051689	0.000	4.00	5.000	6.00	17.000
Urbanization	1117957.0	4.942517	2.083391	0.000	3.00	5.000	6.00	17.000
ClimateChange	1117957.0	4.934093	2.057742	0.000	3.00	5.000	6.00	17.000
DamsQuality	1117957.0	4.955878	2.083063	0.000	4.00	5.000	6.00	16.000
Siltation	1117957.0	4.927791	2.065992	0.000	3.00	5.000	6.00	16.000
AgriculturalPractices	1117957.0	4.942619	2.068545	0.000	3.00	5.000	6.00	16.000
Encroachments	1117957.0	4.949230	2.083324	0.000	4.00	5.000	6.00	18.000
IneffectiveDisasterPreparedness	1117957.0	4.945239	2.078141	0.000	3.00	5.000	6.00	16.000
DrainageSystems	1117957.0	4.946893	2.072333	0.000	4.00	5.000	6.00	17.000
CoastalVulnerability	1117957.0	4.953999	2.088899	0.000	3.00	5.000	6.00	17.000
Landslides	1117957.0	4.931376	2.078287	0.000	3.00	5.000	6.00	16.000
Watersheds	1117957.0	4.929032	2.082395	0.000	3.00	5.000	6.00	16.000
DeterioratingInfrastructure	1117957.0	4.925907	2.064813	0.000	3.00	5.000	6.00	17.000
PopulationScore	1117957.0	4.927520	2.074176	0.000	3.00	5.000	6.00	18.000
WetlandLoss	1117957.0	4.950859	2.068696	0.000	4.00	5.000	6.00	19.000
InadequatePlanning	1117957.0	4.940587	2.081123	0.000	3.00	5.000	6.00	16.000
PoliticalFactors	1117957.0	4.939004	2.090350	0.000	3.00	5.000	6.00	16.000
FloodProbability	1117957.0	0.504480	0.051026	0.285	0.47	0.505	0.54	0.725

'Regression with a Flood Prediction Dataset'의 train 데이터에서 속성과 통곗값의 행렬을 전환시킨 모습이다.

4. 데이터 시각화

데이터 시각화하기

train 데이터의 히스토그램 분포

코드
```
1   # 그리드(grid)의 행과 열의 수를 정의
2   nrows = (len(train.columns) + 2) // 3   # 행당 3개의 그래프
3   ncols = min(len(train.columns), 3)      # 열 수는 데이터프레임의 열 수와 3 중 작은
        값으로 설정
4
5   fig, axes = plt.subplots(nrows=nrows, ncols=ncols, figsize=(15, 5 * nrows))
        # 서브플롯을 생성
6
7   # 필요한 경우 축을 편평하게 만듦
8   if nrows == 1:
9       axes = [axes]
10
11  # 각 변수(feature)에 대한 플롯 분포
```

```
12  for i, col in enumerate(train.columns):  # 현재 변수의 인덱스에 따라 행과 열의 인
    덱스를 계산
13      row_index = i // ncols              # 현재 변수의 행 인덱스 계산
14      col_index = i % ncols               # 현재 변수의 열 인덱스 계산
15      ax = axes[row_index][col_index]    # 해당 위치의 서브플롯을 가져옴
16      sns.histplot(train[col],bins=40, kde=True, ax=ax)  # seaborn의 histplot
        을 사용하여 히스토그램 생성, # bins는 히스토그램의 구간 수를 설정하고,
        kde=True는 커널 밀도 추정선을 추가
17      ax.set_title(col + 'Distribution')  # 제목 : "속성"별 분포
18      ax.set_ylabel('Frequency')  # y축 이름 'Frequency'
19      ax.set_xlabel(col)  # x축 이름 'col'(속성 중 1개 선택)
20
21  # 만일 ncols * nrows > 변수의 개수(number of features)이라면 빈 서브플랏들(sub-
    plots) 제거
22  # 즉 만일 ncols * nrows가 변수의 개수보다 크다면, 남는 빈 서브플롯을 제거
23  if nrows * ncols > len(train.columns):
24      for i in range(len(train.columns), nrows * ncols):
25          fig.delaxes(axes.flatten()[i])  # 불필요한 서브플롯을 제거
26
27  plt.tight_layout()  # 서브플롯 간의 간격을 조정하여 레이아웃을 깔끔하게 만듦
28  plt.show();          # 최종적으로 생성된 플롯을 화면에 표시
```

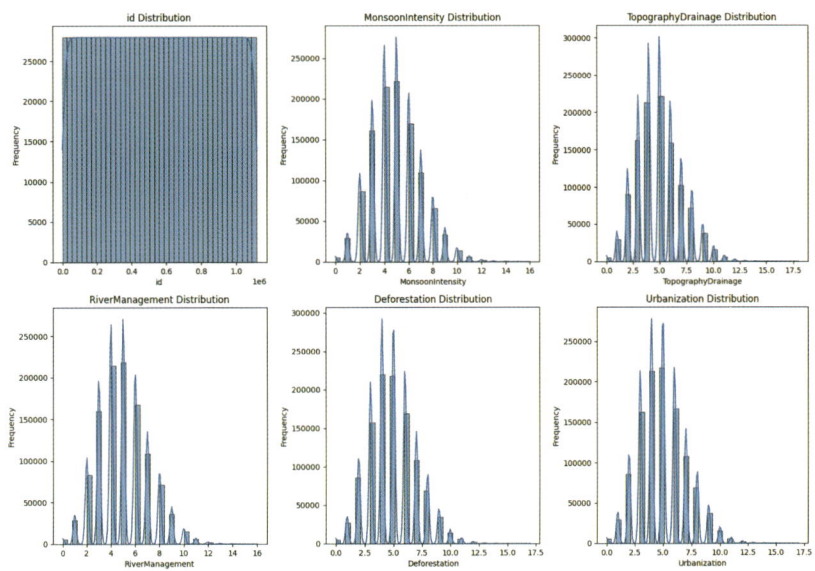

'Regression with a Flood Prediction Dataset'의 train 데이터에서 속성별 데이터 수의 분포를 나타낸다. fig, axes=plt.subplots(nrows=nrows, ncols=ncols, figsize=(15, 5*nrows))에서 사용되는 plt.subplots() 함수는 여러 개의 서브플롯을 한 번에 생성하는 데 사용된다. fig는 전체 그림(figure) 객체로, 튜플 형태인 (너비, 높이)로 그림(그래프) 크기를 정한다. 여기서 그림의 너비는 15, 높이는 nrows에 따라 5배로 설정한다. nrows는 생성할 서브플롯의 행(row) 수를 지정하고, ncols는 생성할 서브플롯의 열(column) 수를 지정한다. axes는 실제 데이터가 그려지는 영역을 말한다.

train 데이터의 속성별 속성값 분포를 히스토그램을 통해 살펴보았다. 여기서 첫 번째 그래프인 ID 속성은 각자가 1개의 유일한 데이터 값을 가지기 때문에 그래프 시각화를 할 필요가 없다.

각 속성값의 데이터 분포를 히스토그램을 통해 알게 되었지만 우리가 원하는 홍수 발생 가능성(FloodProbability)과 다른 속성 간의 관계를 알 수는 없다. 'Regression with a Flood Prediction Dataset' 속 train 데이터의 다른 속성들과 예측 목푯값(target)인 홍수 발생 가능성(FloodProbability)의 관계를 알기 위해서는 더 많은 코드가 필요하다. 지도 학습을 활용하여 예측 목푯값(target)의 설정을 통해 다른 속성들과 홍수 가능성의 연관성을 살펴보도록 하자.

> **Tip**
>
> Matplotlib에서 그래프를 그릴 때 중요한 두 가지 개념인 figure와 axes에 대해 알아보자.
>
> - **Figure(그림)**: figure는 전체 플롯을 감싸는 큰 컨테이너이다. 하나의 figure 안에는 여러 개의 axes가 포함될 수 있다. figure는 그래프의 크기, 배경, 제목 등을 설정하는 역할을 한다. 즉 전체 레이아웃과 디자인을 관리한다.
> - **Axes(축)**: axes는 실제 데이터가 그려지는 영역이다. 각 axes는 x축과 y축을 가지고 있으며, 데이터 포인트, 선, 막대 등 다양한 시각적 요소를 포함할 수 있다. axes는 데이터의 시각화를 담당한다. 여러 개의 axes를 사용하여 서브플롯을 만들 수 있으며, 각 서브플롯은 독립적으로 데이터를 표시할 수 있다. 예를 들어, 2행 2열의 서브플롯을 만들면 하나의 figure 안에 4개의 axes가 존재한다.
>
>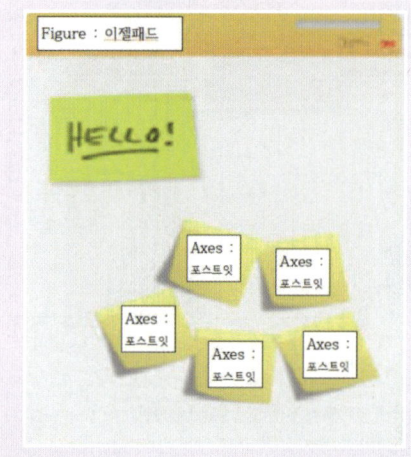
>
> ▶ Figure를 이젤패드라고 한다면 Axes는 포스트잇이다. 즉 Figure라는 큰 프레임 안에 그림을 그릴 수 있는 공간이 Axes다. (이미지 출처 : 옥션)

속성 간의 관계 시각화하기

홍수 가능성(FloodProbability)과 다른 속성들 간의 관계

```
1   # 타겟 칼럼(target column) 정의
2   target_column = 'FloodProbability'
3
4   # 그리드(grid)의 행과 열의 수를 정의
5   nrows = (len(train.columns) - 1 + 2) // 3  # 행당 3개의 그래프
6   ncols = min(len(train.columns) - 1, 3)  # 열 수는 (데이터 프레임의 열 수-1)와 3 중 작은 값으로 설정
7
8   fig, axes = plt.subplots(nrows=nrows, ncols=ncols, figsize=(15, 5 * nrows))
    # 서브플롯을 생성하고 크기를 설정
9
10  # 필요한 경우 축을 편평하게 만듦
11  if nrows == 1:
12      axes = [axes]
13
14  # 타겟 칼럼(target column)과 각각의 변수(feature)들의 산점도(scatter plot)
15  for i, col in enumerate(train.columns):
16      if col == target_column:  # 자신과의 비교를 제외하기 위해 타겟 칼럼 (FloodProbability)은 제외
17          continue
18      row_index = i // ncols
19      col_index = i % ncols
20      ax = axes[row_index][col_index]
21      sns.scatterplot(x = train[col], y = train[target_column],ax=ax)
        # 산점도 그리기
22      ax.set_title(f'{col} vs {target_column}')
23      ax.set_xlabel(col)
24      ax.set_ylabel(target_column)
25
26  # 만일 ncols * nrows > 변수의 개수(number of features)라면 빈 서브플롯들(sub-plots) 제거
27  if nrows * ncols > len(train.columns) - 1:
28      for i in range(len(train.columns) - 1, nrows * ncols):
29          fig.delaxes(axes.flatten()[i])
30
31  plt.tight_layout()
32  plt.show();
```

목표 속성(target_column)을 홍수 가능성(FloodProbability)으로 설정한다. 목표 속성과 다른 속성들 간의 관계를 산점도로 표현한다.

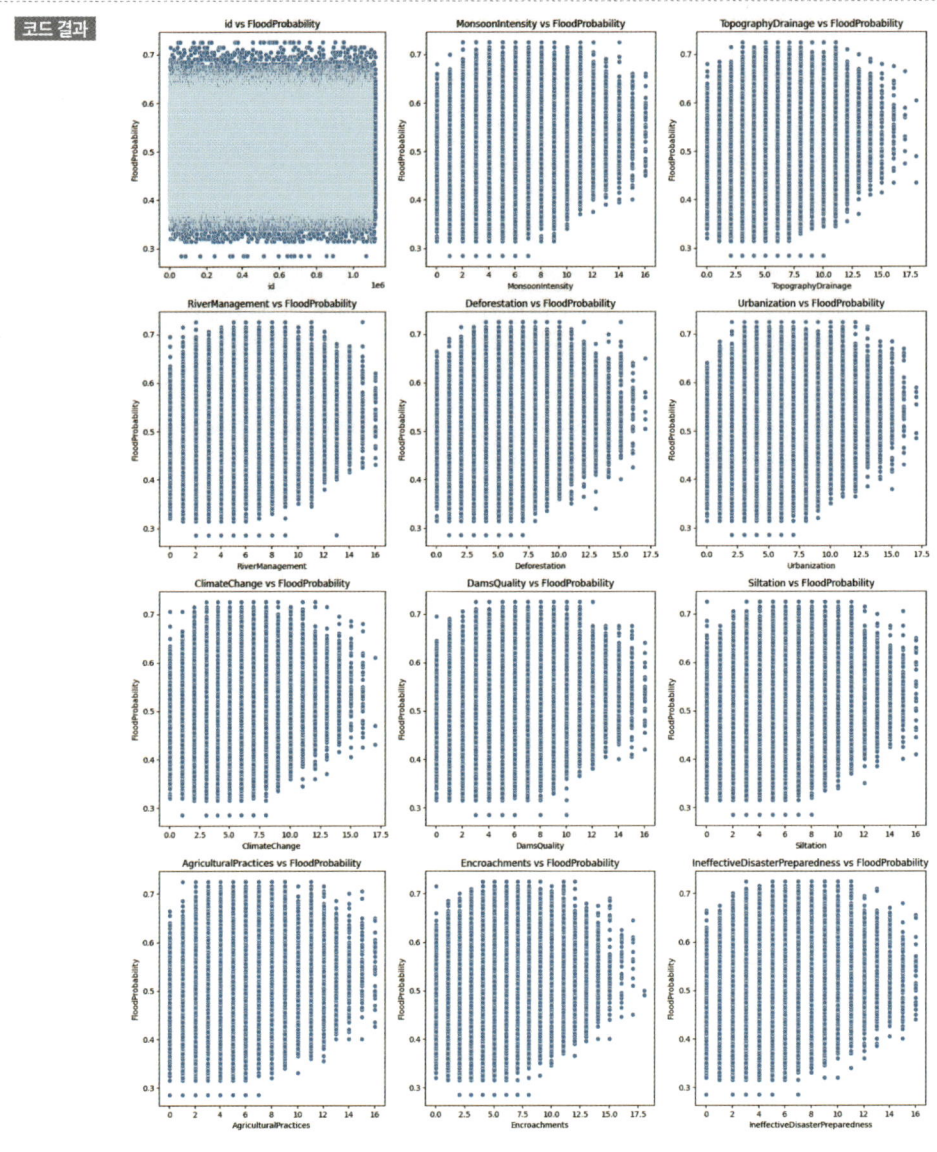

목표 속성(target_column)인 홍수 가능성(FloodProbability)과 다른 속성 그래프 간의 관계가 산점도로 표현된 모습. 속성의 개수만큼 산점도 그래프가 형성된다.

목표 속성인 홍수 가능성과 다른 속성들 간의 관계가 표현된 산점도로 보았을 때는 연관성을 면밀히 파악하기 어렵다. 따라서 상관관계 분석을 나타내는 상관관계 히트맵(correlation heatmap)을 통해 속성들 간의 관계를 파악해 볼 것이다.

속성들 간의 상관관계 히트맵(Correlation heatmap)

코드

```
1  # train 데이터세트의 모든 칼럼에 대한 상관관계 시각화(heatmap)
2  # annot=True 옵션 적용 : 각 셀에 상관계숫값을 표시
3  # cmap='coolwarm': 히트맵의 색상 맵을 'coolwarm'으로 설정
4
5  plt.figure(figsize=(15, 10))    # 히트맵을 그리기 위한 그림 크기 설정
6
7  sns.heatmap(train.corr(),        # train 데이터세트의 상관관계 행렬
8              annot=True,          # cell의 값 표기 유무, 각 셀에 상관계숫값을 표시
9              fmt='.2f',           # 상관계숫값을 소수점 둘째 자리까지 포맷
10             cmap='coolwarm',     # 색상 맵 설정 (차가운 색에서 따뜻한 색으로)
11             vmax=1,              # 색상 맵의 최댓값 설정 (1)
12             vmin=-1)             # 색상 맵의 최솟값 설정 (-1)
13 plt.xticks(rotation=45)          # x축의 레이블을 45도 회전하여 가독성 향상
14 plt.yticks(rotation=0)           # y축의 레이블을 수평으로 설정
15 plt.title("Correlation Heatmap") # 그래프 제목 설정
16 plt.show()                       # 그래프 표시
```

sns.heatmap은 파이썬의 seaborn 라이브러리에서 제공하는 함수로, 데이터의 2차원 배열을 시각화하여 색상으로 값을 표현하는 히트맵(heatmap)을 생성하는 데 사용되는 명령어이다.

코드 결과

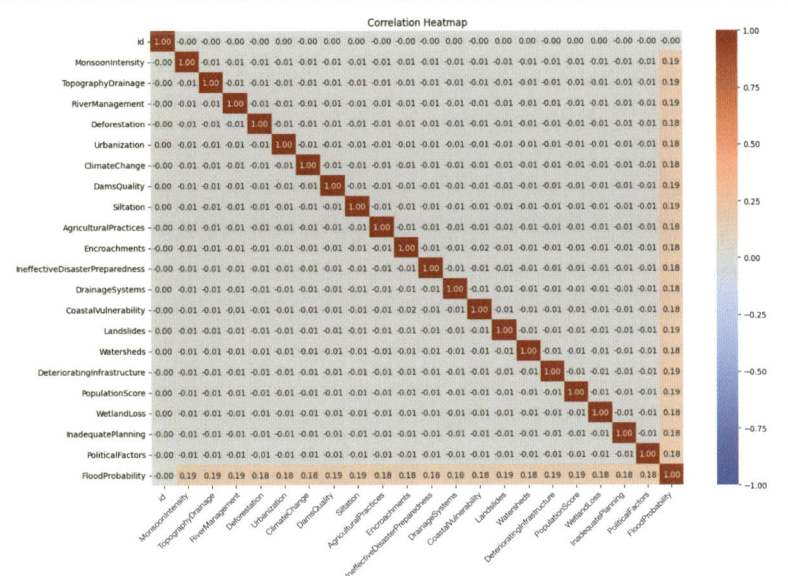

목표 속성(target_column)인 홍수 가능성(FloodProbability)과 다른 속성들 간의 상관관계가 히트맵(heatmap)으로 표현된 모습이다.

히트맵을 보면 맨 오른쪽 열이 붉은색으로 색칠된 모습을 확인할 수 있다. 맨 오른쪽의 열은 홍수 가능성(FloodProbability)과 다른 속성 간의 상관관계를 표시한 것이다. 상관관계 분석 결과 수치의 의미는 다음과 같다.

상관관계 분석 결과 수치	의미
양의 상관관계	두 변인이 정비례 관계에 있다.
음의 상관관계	두 변인이 반비례 관계에 있다.
0	두 변인 간에 관계가 없다.

상관관계를 음수와 양수가 아닌 절대치만 보고 싶다면 절댓값을 씌운 상관관계 히트맵을 출력하면 된다. 상관관계의 절댓값만 비교하고 싶다면 다음과 같이 히트맵을 만들면 된다.

속성들 간의 절댓값 상관관계 히트맵(Correlation heatmap)

코드

```
1  # train 데이터세트의 모든 칼럼에 대한 상관관계 시각화(heatmap)
2  # annot=True 옵션 적용
3  # cmap='coolwarm'
4  # train 데이터세트
5
6  plt.figure(figsize=(15, 10))   # 히트맵을 그리기 위한 그림 크기 설정
7  sns.heatmap(abs(train.corr()),  # train 데이터세트의 상관관계에 절댓값 붙이는 행렬
8              annot=True,         # cell의 값 표기 유무, 각 셀에 상관계숫값을 표시
9              fmt='.2f',          # 상관계숫값을 소수점 둘째 자리까지 포맷
10             cmap='coolwarm',    # 색상 맵 설정 (차가운 색에서 따뜻한 색으로)
11             vmax=1,             # 색상 맵의 최댓값 설정 (1)
12             vmin=-1)            # 색상 맵의 최솟값 설정 (-1)
13 plt.xticks(rotation=45)   # x축의 레이블을 45도 회전하여 가독성 향상
14 plt.yticks(rotation=0)    # y축의 레이블을 수평으로 설정
15 plt.title("Correlation Heatmap")  # 그래프 제목 설정
16 plt.show()   # 그래프 표시
```

abs() 명령어를 사용한다면 상관관계의 절댓값을 붙인 결과가 나온다.

코드 결과

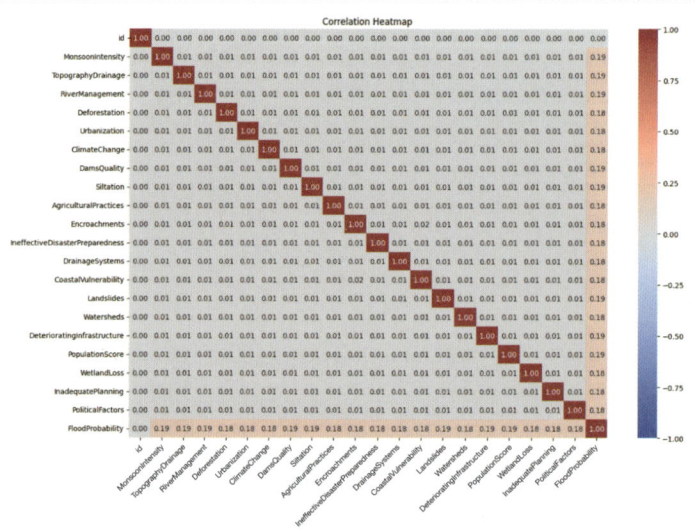

목표 속성(target_column)인 홍수 가능성(FloodProbability)과 다른 속성들 간의 상관관계가 절댓값으로 나타난 히트맵(heatmap)으로 표현된 모습이다.

속성 간의 상관관계 분석하기

홍수 가능성(FloodProbability)과 다른 속성들 간의 관계만 표로 정리한 내용을 출력해 보자.

홍수 가능성(FloodProbability)과 다른 속성들 간의 상관관계

코드
```
1  # FloodProbability 칼럼에 대한 상관관계 출력 (내림차순 정렬)
2  # 상관계수 절댓값 (abs)
3  # train 데이터세트
4  pd.DataFrame(abs(train.corr()['FloodProbability'])).sort_values
   (by='FloodProbability', ascending=False)  # ascending = False는 내림차순 정렬
```

sns.heatmap은 파이썬의 seaborn 라이브러리에서 제공하는 함수로, 데이터의 2차원 배열을 시각화 하여 색상으로 값을 표현하는 히트맵(heatmap)을 생성하는 데 사용되는 명령어이다.

코드 결과

	FloodProbability
FloodProbability	1.00
DeterioratingInfrastructure	0.19
MonsoonIntensity	0.19
DamsQuality	0.19
TopographyDrainage	0.19
RiverManagement	0.19
Siltation	0.19
PopulationScore	0.19
Landslides	0.19
ClimateChange	0.18
Deforestation	0.18
WetlandLoss	0.18
AgriculturalPractices	0.18
IneffectiveDisasterPreparedness	0.18
PoliticalFactors	0.18
Watersheds	0.18
InadequatePlanning	0.18
Urbanization	0.18
DrainageSystems	0.18
Encroachments	0.18
CoastalVulnerability	0.18
id	0.00

홍수 가능성(FloodProbability)과 다른 속성들 간의 상관관계를 표로 표시한 것이다. 여기서는 상관관 계가 비슷하게 나왔지만, 다른 데이터 분석 결과 목표 속성과 상관관계가 높은 속성에 추가 분석이나 모델 개발을 위해 우선순위를 부여할 수 있다.

5. 모델링(모델 생성)

모듈 적용하기

내장 모듈 가져오기

```
1  # train_test_split 모듈을 임포트하여 데이터세트를 훈련 세트와 테스트 세트로 나누기
   위한 함수 사용
2  from sklearn.model_selection import train_test_split
3
4  # LinearRegression 클래스를 임포트하여 선형회귀 모델을 생성하기 위한 준비
5  from sklearn.linear_model import LinearRegression
```

훈련 데이터(train) 학습 준비

train 데이터에서 target 값인 홍수 가능성(Flood Probability) 분리

```
1  # train 데이터세트에서 feature (x) 와 target 값인 'Flood probability' (y) 분리
2  x= train.drop('FloodProbability', axis=1)  # 'Flood probability'를 제외한
   모든 열 (feature)
3  y= train['FloodProbability']  # 'Flood probability' 열만 선택 (target)
```

train 데이터와 test 데이터 분할

```
1  # 데이터를 훈련 세트와 테스트(검증) 세트로 분할 (ex- 훈련 데이터 80%/ 테스트(검증) 데
   이터 20%)
2  X_train, X_val, y_train, y_val = train_test_split(x, y, test_size=0.2, ran-
   dom_state=42)
```

train_test_split 명령어는 훈련 데이터와 테스트 데이터를 나누는 기능을 한다. 명령어의 인수 test_size 는 훈련 데이터와 테스트 테이터의 비율을 결정한다.

훈련 데이터(train) 학습하기

선형회귀(Linear Regression) 모델을 적용한 학습

```
1  # Linear Regression 모델로 연습 및 생성
2  lin_reg = LinearRegression()    #선형회귀 적용
3  lin_reg.fit(X_train, y_train)
4
5  # 검증 세트에 대해 예측하기
6  y_pred_lin = lin_reg.predict(X_val)
```

선형회귀 명령어를 간략하게 lin_reg로 사용한다. 훈련 데이터와 테스트 데이터에 선형회귀 모델을 적용했다.

모델 검증(오차범위 확인)

선형회귀 모델 적용 결과 MSE 값 도출하기

코드
```
1  # mean_squared_error 함수를 임포트하여 평균제곱오차(MSE)를 계산하기 위한 준비
2  from sklearn.metrics import mean_squared_error
3
4  # 선형회귀 모델의 예측 결과와 실제 값 간의 평균제곱오차(MSE)를 계산
5  mse_lin = mean_squared_error(y_val, y_pred_lin)
6
7  # 계산된 MSE 값을 출력하여 선형회귀 모델의 성능을 확인
8  print(f"Linear Regression MSE: {mse_lin}")
```

코드 결과
Linear Regression MSE: 0.0004032065305121672

적용한 선형회귀 모델의 평균제곱오차(MSE) 값을 확인할 수 있다.

> **Tip**
>
> • 평균제곱오차(MSE): 회귀 분석에서 모델의 예측 성능을 평가하는 데 사용되는 지표이다. MSE는 실제 값과 예측값 간의 차이를 제곱하여 평균한 값이다. MSE는 회귀 모델을 비교하는 데 유용하며, 값이 낮을수록 모델의 예측 성능이 좋음을 의미한다.
>
> $$\frac{1}{n} \sum_{i=1}^{n} \left[y^{(i)} - H(x^{(i)}) \right]^2$$
>
> ▶ y는 실제 값, 예측하는 값이 H(x)라고 본다면 오차의 제곱에서 데이터의 총 개수인 n을 나눈 것이다. 즉 오차의 제곱을 평균 내는 방식이다. (이미지 출처: https://wikidocs.net/21670)

6. 예측하기

선형회귀 모델을 통해 목푯값 예측하기

선형회귀(Linear regression) 모델을 적용하여 목푯값 예측하기

코드
```
1  # test 데이터를 선형회귀 모델을 활용해서 예측하기
2  y_pred_lin_test = lin_reg.predict(test)
```

test 데이터에 선형회귀 모델을 적용했다. 목푯값을 y_pred_lin_test 변수에 저장했다.

예측한 목푯값이 있는 데이터를 sample_submission.csv 파일에 저장하기

대회 제출 자료인 sample_submission.csv 파일에 예측값 저장하기

코드
```
1  # submission file을 위해 DataFrame 생성 ('id'가 test.csv의 ID 열이라고 가정)
2  # 모델 중 하나를 선택하거나 결합 / 예측 결과를 소수점 1자리까지 반올림
3  # 'FloodProbability' 열은 y_pred_lin_test의 예측 결과를 사용하여 생성
4  submission = pd.DataFrame({'id': test['id'], 'FloodProbability': y_pred_lin_
   test.round(1)})
5
6  # submission file을 저장한다. ('submission.csv'를 원하는 이름으로 바꾸기)
7  submission.to_csv('sample_submission.csv', index=False)
```

캐글 경진대회 제출 자료인 sample_submission.csv 파일에 맞춰서 목푯값인 홍수(Flood) 발생 확률을 저장한다.

7. 검증하기

선형회귀 모델 오차 지표 확인하기

적용한 선형회귀 모델 오차 지표(MSE, MAE) 계산하기

코드
```
1   from sklearn.metrics import mean_squared_error, r2_score, mean_absolute_error
2
3   # Mean Squared Error(MSE) 계산
4   # y_val: 실제 값, y_pred_lin: 예측값
5   mse_lin = mean_squared_error(y_val, y_pred_lin)
6
7   # R-squared (R²) 계산
8   r2_lin = r2_score(y_val, y_pred_lin)
9
10  # Mean Absolute Error(MAE) 계산
11  # MAE는 예측값과 실제 값 간의 절대오차의 평균
12  mae_lin = mean_absolute_error(y_val, y_pred_lin)
13
14  # 계산된 MSE, R², MAE 값을 출력
15  print(f"Linear Regression Mean Squared Error (MSE): {mse_lin}")
16  print(f"Linear Regression R-squared (R^2): {r2_lin}")
17  print(f"Linear Regression Mean Absolute Error (MAE): {mae_lin}")
```

코드 결과
Linear Regression Mean Squared Error (MSE): 0.0004032065305121672
Linear Regression R-squared (R^2): 0.8448773580510154
Linear Regression Mean Absolute Error (MAE): 0.015792470799283403

예측에 활용한 선형회귀 모델의 오차 지표인 MSE, R^2, MAE의 결괏값

> **Tip**

- 평균절대오차(MAE): 예측값과 실제 값 간의 차이를 측정하는 지표이다. 즉 모든 절대오차의 평균이다.

$$\text{MAE} = \frac{1}{n} \sum_{i=1}^{n} |y_i - \hat{y}_i|$$

▶ n은 데이터의 수, y_i는 실제 값, $\hat{y}_i$는 예측값이다. 각 오차의 절댓값에 평균을 내는 방식이다.

> **Tip**

- R^2: 모델이 데이터를 얼마나 잘 설명하는지를 나타내는 지표이다. 쉽게 말해, R^2는 '내 모델이 실제 데이터의 변동성을 얼마나 잘 잡아내고 있나?'를 보여 준다.
- **1에 가까운 값**: 모델이 데이터의 변동성을 거의 완벽하게 설명한다는 뜻이다. 예를 들어, (R^2=0.9)라면 모델이 90%의 변동성을 나타낸다는 것이다.
- **0에 가까운 값**: 모델이 데이터의 변동성을 거의 설명하지 못한다는 뜻이다. 예를 들어, (R^2=0.1)이라면 모델이 10%의 변동성만 나타낸다는 것이다.

선형회귀의 오차확률로 표현하기

싸이킷-런(sklearn)에서의 평균절대백분율오차(MAPE)를 도출하는 모듈 적용하기

코드
```
1  # 필요한 라이브러리에서 Mean Absolute Percentage Error(MAPE) 지표를 가져오기
2  from sklearn.metrics import mean_absolute_percentage_error
```

Mean Absolute Percentage Error(MAPE)는 평균절대백분율오차로, 예측 모델의 정확성을 평가하는 데 사용되는 지표이다.

선형회귀 모델에서의 평균절대백분율오차(MAPE)

코드
```
1  # y_val과 y_pred_lin을 사용하여 Mean Absolute Percentage Error(MAPE)를 계산
2  mape = mean_absolute_percentage_error(y_val,y_pred_lin)
3
4  # 선형회귀 모델의 MAPE를 백분율로 출력
5  print("Error of Linear Regression Model = %.2f"%(mape*100),'%')
6
7  # 선형회귀 모델의 정확도를 계산하고 백분율로 출력
8  print("Accuracy of Linear Regression Model = %.2f"%((1 - mape)*100),'%')
```

코드 결과
Error of Linear Regression Model = 3.19 %
Accuracy of Linear Regression Model = 96.81 %

예측에 활용한 선형회귀 모델의 오차 확률은 3.19%이고, 정확하게 예측할 확률은 반대로 96.81%이다.

선형회귀 모델에서의 R^2 값

코드
```
1  # y_val: 실제 값 (검증 데이터의 실제 타깃값)
2  # y_pred_lin: 선형회귀 모델의 예측값
3  # r2_score: R² 점수를 계산하는 함수
4
5  # R² 점수를 계산하여 r2 변수에 저장
6  r2 = r2_score(y_val,y_pred_lin)
7
8  # R² 점수를 소수점 두 자리까지 포맷하여 출력
9  print("R2 score of Linear Regression = %.2f"%(r2))
```

코드 결과 R2 score of Linear Regression = 0.84

> R^2의 값이 1에 가까울수록 좋은데, 여기서 적용된 선형회귀는 0.84이다. 즉 데이터의 변동성을 거의 완벽하게 반영하는 모델이다.

Tip

- **평균절대백분율오차(MAPE)**: 예측 모델의 성능을 평가하는 지표 중 하나로, 예측값과 실제 값의 차이를 백분율로 나타내는 방법이다.

MAPE 계산 방법

1. **오차 계산**: 각 데이터에 대해 예측값과 실제 값의 차이를 계산한다.
   예를 들어, 실제 값이 [100, 200]이고 예측값이 [90, 210]이라면 오차는 100-90=10, 200-210=-10이다.

2. **백분율로 변환**: 각 오차를 실제 값으로 나누고, 그 결과에 100을 곱하여 백분율로 변환한다.
   $\frac{오차}{100} \times 100\%$
   예를 들어, 오차가 10, -10인 경우 $\frac{10}{100} \times 100 = 10\%$, $\frac{-10}{200} \times 100 = -5\%$이다.

3. **절댓값 구하기**: 각 데이터에서 백분율 오차의 절댓값을 구한다.
   예를 들어, 백분율 오차가 10%, -5%라면 |10%| = 10%, |-5%| = 5%이다.

4. **평균 계산**: 모든 데이터의 백분율 오차의 평균을 구한다.
   예를 들어, 실제 값이 [100, 200]이고 예측값이 [90, 210]인 MAPE 계산식은 다음과 같다.
   $MAPE = \frac{10 + 5}{2} = \frac{15}{2} = 7.5\%$

랜덤 포레스트로 손글씨 분류하기

교차 검증, cross_val_predict 함수, 랜덤 포레스트

시작하기

철수는 같은 반 친구들과 함께 교내 과학 한마당에서 체험 부스를 운영하기로 했다. 평소 인공지능에 관심이 많았던 철수와 친구들은 학생들에게 인공지능이 어떻게 활용되는지를 알리고 싶었다. 그래서 손글씨 인식 기술을 활용하여 학생들이 손으로 쓴 노트를 디지털화하는 애플리케이션을 선보이기로 했다. 이 손글씨 인식 앱은 디지털 학습 도구로서, 학생들이 수업 중 필기한 내용을 쉽게 핸드폰에 저장하고 검색할 수 있도록 돕는다. 철수와 친구들은 체험 부스에서 손글씨 인식 기술을 설명하기로 했다. 손글씨 인식 기술에는 어떤 인공지능 알고리즘이 사용될까?

1. 알고 가기

모델의 성능 평가하기

보통 분류 모델을 만든 후에 교차 검증을 통해 예측값을 생성한다. 데이터 분류 과정을 이해하기 위해 손글씨 분류하기 단원에서 사용할 교차 검증과, 교차 검증에서 사용되는 cross_val_predict 함수에 대해 알아보자.

교차 검증

교차 검증(Cross-validation)은 모델의 일반화 성능을 평가하기 위한 기법이다. 데이터 세트를 여러 개의 부분으로 나누고, 각 부분을 검증 세트로 사용하여 모델을 평가한다.

일반적으로 K겹 교차 검증(K-fold cross-validation)이 많이 사용된다.

이 방법에서는 데이터세트를 K개의 부분으로 나누고, K번의 훈련과 검증을 수행한다. 각 평가마다 하나의 부분을 검증 세트로 사용하고, 나머지 K-1개의 부분을 훈련 세트로 사용한다.

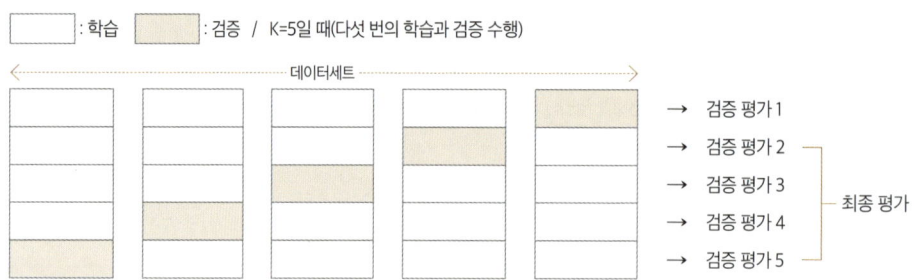

예를 들어, K가 5일 경우 다섯 번의 훈련과 검증을 수행한다. 이후 각 검증 평가(검증 평가 1~5)의 평균을 낸 것이 최종 검증 평가이다.

cross_val_predict 함수

cross_val_predict 함수는 주어진 모델을 사용하여 교차 검증을 수행하고, 각 샘플에 대한 예측값을 반환한다. 이 함수의 주요 특징은 다음과 같다.

- **모델 훈련**: 각 교차 검증 반복에서 훈련 세트로 모델을 학습한다.
- **예측 생성**: 검증 세트에 대해 예측을 수행하고, 이 예측값을 반환한다.
- **재사용 방지**: 각 샘플은 훈련에 다시 사용되지 않으므로 예측값은 모델의 일반화 성능을 더 잘 반영한다.

2. 데이터 준비하기

이번 단원에서는 MNIST 데이터세트를 사용한다. MNIST 데이터세트는 손글씨 숫자 이미지 데이터세트로, 머신러닝 및 딥러닝 모델을 학습하고 평가하는 데 사용된다. MNIST 데이터세트는 고등학생과 미국 인구 조사국 직원들이 손으로 쓴 70,000개의 작은 숫자 이미지로 이루어져 있다. MNIST 데이터세트는 다양한 데이터세트를 공유하고 관리하는 플랫폼인 OpenML에 등록되어 있다. scikit-learn과 같은 라이브러리에서는 fetch_openml 함수를 사용하여 OpenML에서 MNIST 데이터를 쉽게 다운로드하고 사용할 수 있다. 즉 MNIST는 OpenML에 저장된 데이터세트 중 하나로, 연구자와 개발자들이 손쉽게 접근하여 머신러닝 모델을 학습시키고 성능을 평가하는 데 활용할 수 있다.

▶ MNIST란 숫자 0부터 9까지의 이미지로 구성된 손글씨 데이터 집합이다. (이미지 출처: 위키백과)

3. 데이터 불러오기와 전처리하기

데이터 불러오기

Openml에서 MNIST 데이터세트 다운로드하기

```
1  from sklearn.datasets import fetch_openml  # sklearn.datasets 모듈에서 fetch_
                                                openml 함수를 가져옴
2
3  # OpenML에서 MNIST 데이터세트를 가져오기
4  # 'mnist_784'는 MNIST 데이터세트의 이름으로, 784는 각 이미지가 28x28 픽셀로 구성되
     어 있음을 나타냄
5  mnist = fetch_openml('mnist_784', as_frame=False)  # as_frame=False는 데이터세
                                                       트를 pandas DataFrame 형식이 아닌 NumPy 배열 형식으로 반환하도록 설정
```

fetch_* 함수를 통해 실제 MNIST 데이터세트를 다운로드받을 수 있다.

OpenML은 머신러닝 연구자와 개발자들이 데이터세트, 알고리즘 및 실험을 공유하고 협업하도록 만든 개방형(오픈소스, opensource) 플랫폼이다. 우리는 OpenML에 있는 MNIST 데이터세트를 다운로드받고 데이터 분류 모델을 만들 것이다.

데이터 개요 확인하기

데이터를 다운로드했으면 DBA 과정을 통해 MNIST 데이터의 구성을 살펴보자. 0부터 9까지의 숫자로 이루어진 데이터의 개수와 속성을 확인해 보자.

MNIST 데이터세트의 데이터 확인하기

코드
```
1  X, y =mnist.data, mnist.target  # mnist 데이터세트에서 특징(feature)을 포함한 입
                                    력 데이터(X)와 타깃(target) 데이터(y)로 분리
2  X                                # 특징(feature)을 포함한 입력 데이터(X)를 출력
```

코드 결과
```
array([[0, 0, 0, ... , 0,0,0],
       [0, 0, 0, ... , 0, 0, 0],
       [0, 0, 0, ... , 0, 0, 0],
       ... ,
       [0, 0, 0, ... , 0, 0,0],
       [0, 0, 0, ... , 0, 0, 0],
       [0, 0, 0, ... , 0, 0, 0]])
```

> 특징(feature)을 포함한 입력 데이터(x)를 학습함으로써 타깃(target) 데이터(y)를 분류할 수 있다.

특징(Feature)을 포함한 입력 데이터의 크기 확인하기

코드
```
1  X.shape  # 이미지가 70,000개 있고 각 이미지에는 784개의 특성이 존재(이미지가 28X28
             픽셀이기 때문)
```

코드 결과
```
(70000, 784)
```

> 이미지가 70,000개 있고 각 이미지에는 784개의 특성이 있다. 784개는 이미지가 28x28픽셀로 이루어져 있기 때문에 그 곱한 결과가 특성으로 나온다.

타깃(target) 데이터 확인하기

코드
```
1  y  # 타깃 데이터(y)의 형태를 출력. y는 70,000개의 레이블로 구성되어 있으며, 각 레이
       블은 0부터 9까지의 숫자를 나타냄.
```

코드 결과
```
array(['5', '0', '4', ..., '4', '5', '6'], dtype=object)
```

> 분류할 대상인 이미지를 타깃(target) 데이터인 y에 저장한 것이다. 이는 0~9까지의 이미지 파일을 0~9의 데이터로 분류한 것이다.

타깃(target) 데이터의 크기 확인하기

코드
```
1  y.shape  # 타깃 데이터(y)의 크기 출력
```

코드 결과
```
(70000,)
```

데이터세트의 0번째 데이터를 확인해 보자.

입력 데이터의 0번째 배열의 이미지 파일 출력

코드
```
1  import matplotlib.pyplot as plt  # matplotlib 라이브러리에서 pyplot 모듈을 임폴트
2
3  def plot_digit(image_data) :
4      image = image_data.reshape(28, 28) # 주어진 이미지 데이터를 28x28 형태로 재
                                           구성, 샘플의 특성 벡터를 추출해서 28x28 배열로 크기를 바꿈
5      plt.imshow(image, cmap="binary")   #이미지를 이진 색상 맵으로 표시함.
6      plt.axis("off")   #축을 숨김
7
8  some_digit = X[0]   # X 배열에서 첫 번째 숫자 데이터를 선택
9  plot_digit(some_digit)   # 선택한 숫자 이미지를 plot_digit을통해서 변환
10 plt.show()
```

코드 결과

입력 데이터의 특징(Feature)을 통해 0번째 배열인 X[0]의 값을 시각화한 내용이다.

타깃 데이터의 0번째 배열의 값

코드
```
1  y[0]   # 위의 5로 보이는 글자가 실제 레이블 확인 결과 5
```

코드 결과 '5'

타깃 데이터의 0번째 배열인 y[0]의 값을 출력한 내용이다.

입력 데이터의 특징을 통해 시각화한 그림이 '5'를 나타내고 있다. 타깃 데이터의 0번째 값과 동일하다.

이제 데이터를 학습하고 분류하기 위해 MNIST 데이터세트를 학습할 훈련 데이터와 테스트 데이터로 나누는 과정이다.

훈련 세트와 테스트 세트로 나누기

코드
```
1  # 데이터세트를 훈련 세트와 테스트 세트로 나눔
2
3  # 총 데이터세트(70,000개) 중에서 훈련 세트(앞쪽 60,000개 이미지)와 테스트 세트(뒤쪽
     10,000개 이미지)로 나눔
4  X_train, X_test, y_train, y_test = X[:60000], X[60000:], y[:60000], y[60000:]
```

4. 모델링(모델 생성)

이진분류기 만들기

이진분류기인 '5-감지기'를 통해서 '5'와 '5 아님' 두 개의 클래스로 구분해 보자. 랜덤 포레스트 알고리즘을 적용하여 숫자가 5인지 5가 아닌지 구분하는 과정이다.

'5'인 훈련 세트와 테스트 세트로 나누기

```
1  y_train_5 = (y_train == '5')    # 5는 True고, 다른 숫자는 모두 False
2  y_test_5 = (y_test == '5')
```

y_train_5와 y_test_5는 각각 y_train과 y_test에서 5인 경우의 레이블을 True로, 아닌 경우는 False로 변환하여 저장한 것이다. 이로써 이진분류를 위한 변수를 선언하고, 모델 학습 및 평가를 위한 준비가 완료된다.

이제 숫자 5인지 5가 아닌지 분류하는 모델을 만들어 보자. 이 모델에서는 랜덤 포레스트 알고리즘을 적용하여 분류를 진행한다.

타깃 데이터의 0번째 배열의 값

```
1  from sklearn.ensemble import RandomForestClassifier  # RandomForestClassifier
   를 sklearn의 ensemble 모듈에서 임포트
2  from sklearn.model_selection import cross_val_predict  # cross_val_predict
   를 임포트
3
4  # RandomForestClassifier 객체 생성
5  # n_estimators: 사용할 결정 트리의 수 (여기서는 100)
6  # random_state: 결과의 재현성을 위해 난수 시드를 설정 (여기서는 42)
7  forest_clf = RandomForestClassifier(n_estimators=100, random_state=42)
8
9  # 훈련 데이터 X_train과 레이블 y_train_5를 사용하여 모델을 학습
10 forest_clf.fit(X_train, y_train_5)
11
12 # 교차 검증을 통해 예측값 생성
13 y_train_pred = cross_val_predict(forest_clf, X_train, y_train_5, cv=3)
   # 3겹 교차 검증을 통해 예측값 생성
```

랜덤 포레스트 모델인 forest_clf.fit(X_train, y_train_5)을 통해 5인지 아닌지를 학습하게 된다. 이렇게 학습된 forest_clf 모델은 새로운 이미지를 입력받으면 5인 경우 True를, 아니면 False를 반환한다.

13행에서 y_train_pred=cross_val_predict(forest_clf, X_train, y_train_5, cv=3)는 교

차 검증을 통해 모델의 예측값을 생성하는 코드이다. 특히 cross_val_predict 함수는 주어진 모델을 사용하여 교차 검증을 수행하고, 각 샘플에 대한 예측값을 반환한다. 다음은 교차 검증을 통해 예측값을 생성한 코드에 입력되는 값에 대한 설명이다.

- **forest_clf**: 예측을 수행할 RandomForestClassifier 모델이다.
- **X_train**: 훈련 데이터세트로, 모델이 학습할 특성(feature) 데이터를 포함한다.
- **y_train_5**: 훈련 데이터에 대한 레이블. 각 샘플이 특정 클래스(예: 5인지 아닌지)에 속하는지를 나타낸다.
- **cv=3**: 3겹 교차 검증을 수행하겠다는 의미이다. 데이터세트를 3개의 부분으로 나누고, 각 부분을 한 번씩 검증 세트로 사용한다.

5. 예측하기

모델로 예측하기

데이터세트의 0번째 값에 대한 분류

코드
```
1  # 예측을 위해 특정 샘플에 대해 예측 수행
2  some_digit = X[0]  # some_digit = X[0]로 설정
3  prediction = forest_clf.predict([some_digit])  # some_digit에 대한 예측 수행
4  prediction
```

코드 결과
```
array([ True])
```
0번째 배열의 레이블 값에 대해서 예측한 결과

x[0]인 값에 대해서 랜덤 포레스트 모델을 적용한 결과 True 값이 반환된다. 이는 x[0]의 값이 랜덤 포레스트 모델이 적용된 이진분류기에서 참의 결과가 나온 것이다. 이진분류기는 5인지 여부를 판단하므로 x[0]의 값은 '5'이다.

예측 확률 구하기

데이터세트의 0번째 값, 1번째 값에 대한 예측 확률

코드
```
1  # 예측 확률을 얻기 위해 cross_val_predict를 사용
2  y_probas_forest = cross_val_predict(forest_clf, X_train, y_train_5, cv=3,
     method="predict_proba")  # 각 클래스에 대한 예측 확률을 반환하는 메서드
3
4  y_probas_forest[:2]  # 0.89로 첫 번째 사진 양성 예측, 0.99로 두 번째 사진 음성 예측
```

```
코드 결과    array([[0.11, 0.89],
                [0.99, 0.01]])
```

> 데이터세트의 0번째 레이블 값에 대해서 예측한 결과와, 데이터세트의 1번째 레이블 값에 대해서 예측한 결과

데이터세트의 0번째 값, 1번째 값에 대해 예측한 결과이다. 5인지 여부를 확인하는 이진 분류기를 통해 데이터세트의 값이 5인지 5가 아닌지를 판단한 것이다. [0.11, 0.89] 같은 경우 데이터세트의 0번째 레이블 값이 5인 확률이 0.89이고 5가 아닌 확률은 0.11이라는 의미이다. 데이터세트의 1번째 레이블 값이 5가 아닌 확률은 0.99이다. 반대로, 5가 맞을 확률은 0.01이다.

6. 검증하기

오차행렬(Confusion matrix) 만들기

오차행렬을 통해서 5-이진분류기의 성능을 검증해 보자.

오차행렬(confusion matrix) 만들기

```
코드  1  from sklearn.metrics import confusion_matrix  # confusion_matrix를 임포트
      2  # 오차 행렬 생성
      3  conf_matrix = confusion_matrix(y_train_5, y_train_pred)  # 실제 레이블과 예측
         값을 사용하여 오차 행렬 생성
      4  conf_matrix
```

```
코드 결과    array([[54534,    45],
                [  725,  4696]])
```

> 5-이진분류기의 오차행렬 결과이다.

오차행렬 개념을 통해 좀 더 자세하게 위의 코드를 분석해 보자.

실제 (target) \ 예측	5 아님	5 맞음
5 아님	54534 (진짜 음성, True Negative)	45 (거짓 양성, False Positive)
5 맞음	725 (거짓 음성, False Negative)	4696 (진짜 양성, True Positive)

오차행렬의 첫 번째 행은 '5 아님' 이미지(음성, negative class)에 대한 것으로, 54,534개를 '5 아님'으로 정확하게 분류했다(진짜 음성, True Negative). 나머지 45개는 '5'라고 잘못 분류했다(거짓 양성, False Positive).

오차행렬의 두 번째 행은 '5' 이미지(양성, positive class)에 대한 것으로, 725개를 '5 아님'으로 잘못 분류했고(거짓 음성, False Negative), 나머지 4,696개는 정확히 '5'라고 분류했다(진짜 양성, True Positive).

MNIST 데이터세트를 랜덤 포레스트를 통해 글자를 분류하는 과정을 거쳤다. 이진분류기의 오차행렬을 통해 숫자 5를 어떻게 분류하는지 판단할 수 있었다. 숫자 분류가 제대로 이루어졌는지 확인하는 것은 앞으로 분류 모델의 성능을 파악하는 데 도움이 된다.

탐색과 딥러닝

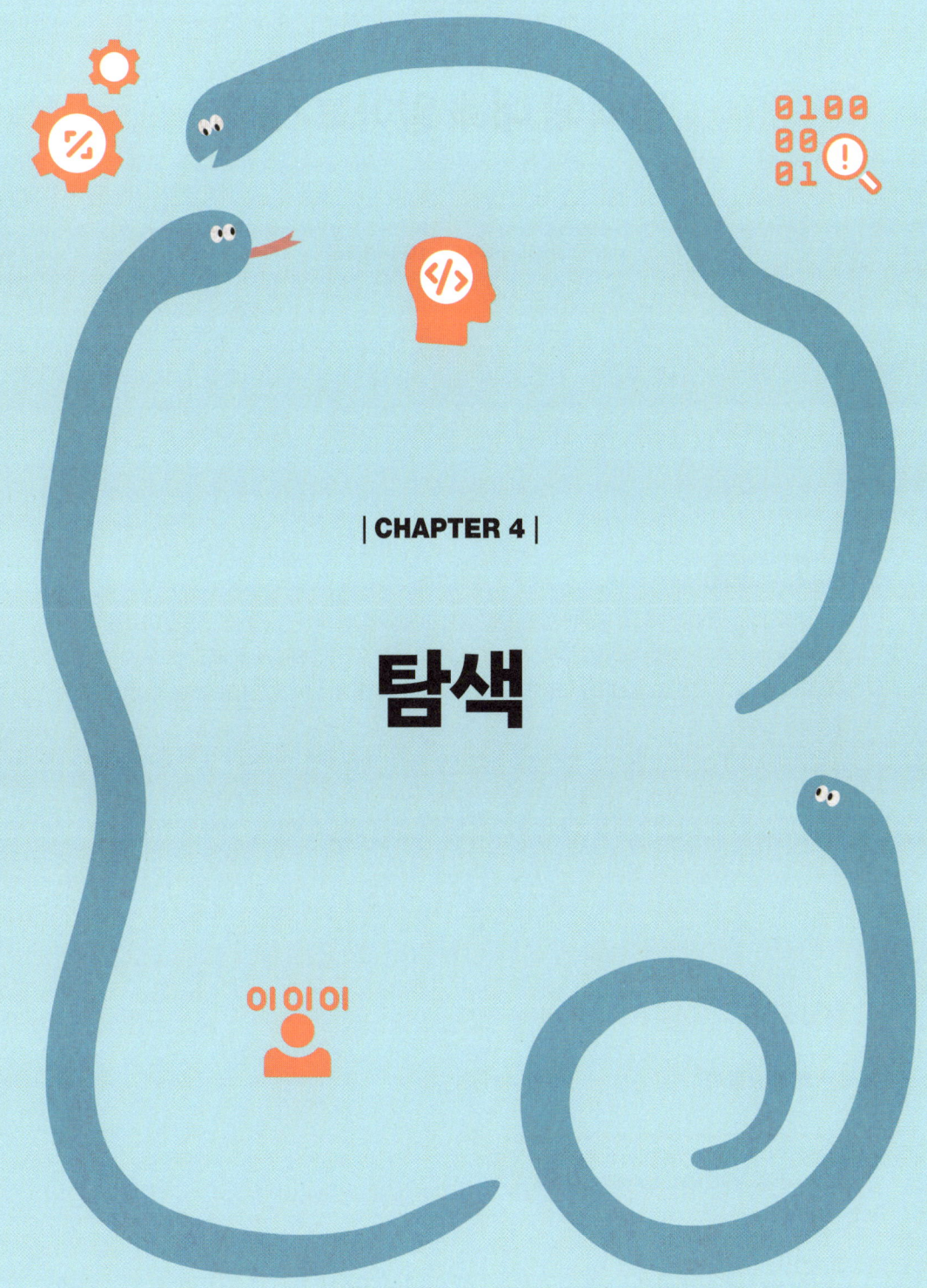

| CHAPTER 4 |

탐색

탐색에 대해 알아보기

탐색의 필요성, 탐색 예시, 탐색 알고리즘 종류

📋 시작하기

서하는 주말마다 친구들과 함께 온라인 게임을 즐긴다. 그런데 게임을 하던 중 몬스터가 좁은 미로를 따라 자신을 향해 오는 상황이 벌어졌다. 몬스터는 마치 길을 알고 있는 듯 빠르게 최적의 경로로 서하를 쫓아왔다. "어떻게 게임 속 몬스터가 이렇게 정확하게 나를 쫓아올 수 있지?" 서하는 놀라움과 동시에 궁금증을 느꼈다.

생각해 보니, 우리가 매일 사용하는 지도 앱도 목적지까지 가장 빠른 길을 알려 준다. 또 구글에서 검색어를 입력하면 수많은 웹페이지 중에서 관련 있는 결과를 금세 찾아 보여 준다. 그렇다면 컴퓨터와 인공지능은 어떻게 이렇게 많은 데이터 속에서 원하는 답을 빠르게 찾아낼 수 있을까? 그 비밀은 어디에 숨어 있을까?

1. 알고 가기

탐색은 왜 필요할까?

▶ 인터넷 검색 창

우리는 일상에서 컴퓨터를 자주 사용한다. 이제 인터넷에서 정보를 검색하거나 문서 속 특정 단어를 찾는 일은 너무 익숙해졌다. 그런데 컴퓨터가 어떻게 이런 작업들을 할 수 있을까? 때때로 컴퓨터는 신기한 마법처럼 보이지만, 사실 우리가 시키는 대로만 동작하는 기계일 뿐이다.

앞의 단원을 따라해 봤다면, 우리가 파이썬이라는 프로그래밍언어로 명령을 내렸을 때 컴퓨터는 그 명령을 그대로 수행해 주는 것을 확인했을 것이다. 즉 컴퓨터는 우리가 명령한 대로 결과를 도출할 뿐이다. 그렇다면 컴퓨터는 어떻게 인터넷에서 관련 문서를 찾거나, 문서 내에서 특정 단어를 검색할 수 있을까? 그 비결은 바로 탐색에 있다.

컴퓨터는 탐색을 통해 우리가 요청한 정보를 찾아낸다. 웹사이트에서 정보를 검색하거나 문서에서 특정 단어를 찾는 것은 모두 데이터 탐색의 일종이다. 탐색은 우리가 원하는 결과를 얻는 과정에서 중요한 역할을 한다.

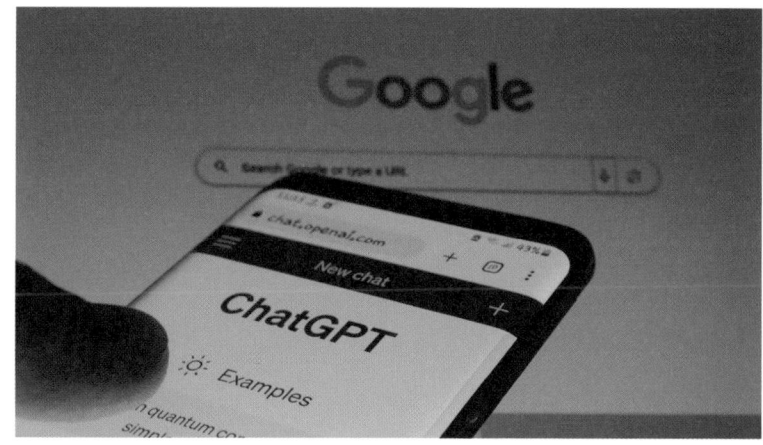

▶ 검색

예를 들어, 우리가 구글 홈페이지의 검색 창에 '최신 인공지능 기술'을 검색하면 구글은 수억 개의 웹페이지 중에서 우리가 찾고자 하는 정보를 빠르게 찾아 보여 준다. 또한 챗지피티(ChatGPT)와 같은 대화형 인공지능은 어떤 질문이든 방대한 데이터 속에서 관련 정보를 찾아내 자연스럽게 응답한다. 겉으로 보기엔 인공지능이 마치 스스로 판단하고 이해하는 것처럼 보이지만, 그 근본에는 효율적인 탐색 과정이 존재한다.

탐색은 단순히 정보를 '찾는 것'을 넘어 인공지능의 판단과 결정, 학습과 예측의 기반이 되는 핵심 과정이다. 아무리 뛰어난 인공지능이라도 필요한 정보를 제대로 찾아내지 못한다면 원하는 결과를 내놓을 수 없다. 그래서 탐색 알고리즘은 인공지능의 성능을 좌우하는 중요한 요소이며, 앞으로 배울 다양한 탐색 알고리즘들은 이런 고급 기술의 출발점이 된다. 이 단원을 통해 그 핵심 원리를 하나씩 이해해 보자.

2. 탐색이란 무엇일까?

탐색은 말 그대로 무엇인가를 찾는 과정이다. 우리가 일상에서 흔히 하는 일들도 사실은 탐색을 하는 과정이다. 냉장고에서 음식을 찾거나, 집에서 나갈 때 신발을 찾거나, 화장실에서 양치할 때 칫솔을 찾는 일이 그렇다. 이런 일들은 우리가 익숙하게 하는 탐색이기 때문에 우리는 어떻게 해야 찾을 수 있는지 직관적으로 알고 있다. 하지만 컴퓨터는 우리가 하는 탐색이 어려울 것이다. 컴퓨터는 추상적인 지시만으로는 작업을 수행할 수 없기 때문이다.

"냉장고에서 음식을 찾아."라고 명령을 내렸다고 가정해 보자. 이때 컴퓨터가 실제로 음식을 찾기 위해서는 냉장고 안을 어떻게 탐색할지에 대한 구체적인 방법이 필요하다. 예를 들어, 왼쪽에서 오른쪽으로 차례대로 찾을 것인지, 위에서 아래로 내려가며 찾다가 다음 열로 넘어가는 방식으로 진행할 것인지, 아니면 전혀 다른 방식으로 탐색할 것인지 등을 명확히 지시해야 한다. 즉 컴퓨터는 데이터를 어떻게 탐색할지에 대한 구체적인 방법을 명령받아야 한다.

탐색의 실생활 예시

그렇다면 실제로 탐색이 필요한 상황은 어떤 경우일까? 몇 가지 예시를 통해 살펴보자.

▶ 길 찾기

▶ 체스 게임

길 찾기

우리가 목적지에 가장 빨리 도달하려면 어디에서 시작해서 어떤 경로로 가야 할까? 우리는 이때 지도 앱에서의 '길 찾기' 기능을 활용한다. 이 길 찾기 기능에 탐색 알고리즘이 있다. 이 알고리즘이 다양한 경로 중에서 가장 빠르고 효율적인 길을 찾아 준다.

체스나 바둑과 같은 게임

체스나 바둑에서는 각자 다음 수를 생각하면서 게임을 진행한다. 이때 최적의 전략을 찾는 과정에서 탐색 알고리즘이 중요한 역할을 한다. 하지만 이게 쉽지 않다. 왜냐하면 가능한 경우의 수가 너무 많기 때문이다. 인공지능은 이런 탐색 알고리즘을 사용해서 빠르게 좋은 수를 선택할 수 있어 우리가 똑똑한 인공지능과 체스, 바둑을 둘 수 있는 것이다.

▶ 몬스터와의 전투 장면

▶ 자율주행차

전투 게임

전투 게임에서 몬스터가 플레이어를 공격하기 위해 쫓아오는 상황을 상상해 보자. 몬스터는 자신의 위치에서 플레이어의 위치까지 최적의 경로를 찾아야 한다. 이를 위해 탐색 알고리즘을 사용하여 경로를 계산하고, 플레이어는 몬스터의 추격을 피하거나 맞서 싸워야 한다. 이러한 경로 탐색은 게임의 재미와 긴장감을 더하는 중요한 요소이다.

자율주행

자율주행차는 주변 환경을 인식하고, 목적지까지 가는 가장 효율적인 경로를 선택해야 한다. 차선을 변경하거나 속도를 조절하는 등 복잡한 판단을 내려야 하는데, 이를 위해 탐색 알고리즘이 필요하다. 로봇 청소기도 비슷한 원리로, 벽을 피하고 장애물을 넘으며 목적지까지 가는 최적의 경로를 찾기 위해 탐색 알고리즘이 필요하다.

이제 탐색 알고리즘이 언제 어떻게 필요한지 알게 되었을 것이다. 탐색 알고리즘이 효율적일수록 컴퓨터는 우리가 알고 있는 스마트한 인공지능처럼 보이게 된다. 이러한 알고리즘이 잘 적용된 컴퓨터 및 인공지능은 복잡한 문제도 빠르게 해결할 수 있다. 따라서 탐색은 인공지능의 핵심적인 뼈대 역할을 하며, 문제를 해결하는 첫 번째 중요한 단계라고 할 수 있다.

탐색 알고리즘의 종류

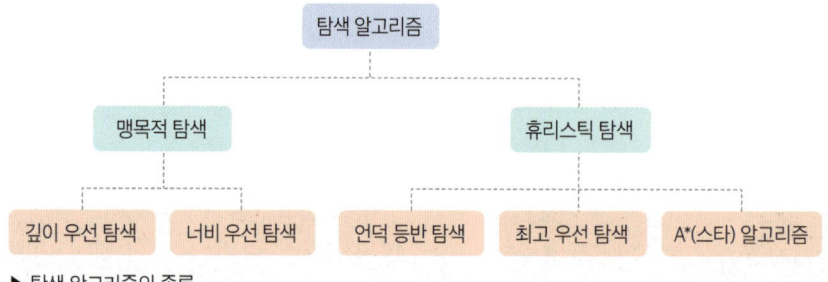

▶ 탐색 알고리즘의 종류

탐색 알고리즘은 크게 맹목적 탐색과 휴리스틱 탐색으로 나눌 수 있다. 이 두 가지 알고리즘은 탐색을 수행하는 방식에 따라 차이가 나는데, 여기서 중요한 점은 탐색이 이루어지는 상태공간을 어떻게 이해하느냐에 따라 알고리즘의 설계 방식과 효율성이 달라진다는 것이다.

탐색 알고리즘이란 우리가 해결하고자 하는 문제에서 현재 상태가 목표 상태에 도달할 수 있는 경로를 찾는 과정이다. 여기서 중요한 세 가지 개념이 등장하는데 상태공간, 경로, 목표 상태이다.

개념 알고 가기

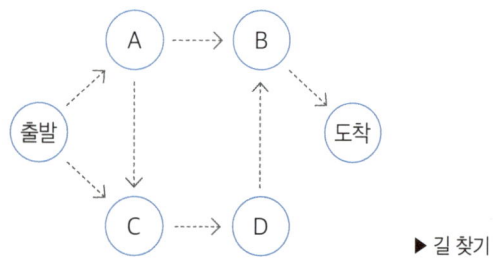

▶ 길 찾기

상태공간(State space)

상태공간은 우리가 해결하고자 하는 문제의 가능한 모든 상태의 집합이다. 여기서 '상태'란 문제를 해결하는 과정에서 어떤 특정한 지점이나 상황을 나타내는 개념이다. 위 그림에서 출발점, A지점, B지점 등이 바로 '상태'이다.

위 그림에서 상태공간은 '출발점'부터 '도착점'까지의 모든 경로다. 예를 들어, 출발 → A → B → 도착, 출발 → A → C → D → B → 도착, 출발 → C → D → B → 도착처럼 여러 가지 다른 경로들이 모두 상태공간에 포함된다. 그렇다면 왜 '상태공간'이라고 부를까? 여기서 '공간'은 여러 상태들이 모여 있는 영역을 의미한다. '방'을 생각해 보면 방 안에는 여러 가지 물건들이 있고 그 물건들이 자리를 차지하고 있다. 이처럼 상태공간도 여러 상태들이 모여 있는 영역이라고 볼 수 있다.

경로(Path)

경로는 상태공간 내에서 한 상태에서 다른 상태로 이동하는 연결된 길을 의미한다. 즉 출발점에서 도착점까지 이어지는 각기 다른 길들이 바로 경로이다.

목표 상태(Goal state)

목표 상태는 우리가 해결하고자 하는 문제의 최종 목표이다. 위 그림에서 우리가 도달해야 할 도착점이 목표 상태가 되며, 퍼즐 문제에서는 퍼즐의 완성된 상태가 목표 상태가 된다. 탐색 알고리즘은 이 목표 상태에 가장 빠르고 효율적으로 도달할 수 있는 경로를 찾아내는 과정을 담당한다.

현재 상태(Current state)

현재 상태는 우리가 문제를 해결하는 과정에서 현재 위치를 의미한다. 경로를 탐색하는 과정에서 현재 C에 있다면 현재 상태는 C인 것이다.

▶ 체스 게임

체스 게임으로 정리해 보자면 상태공간은 모든 체스판 배치의 집합, 경로는 한 상태에서 다른 상태로 이동하는 과정, 목표 상태는 상대 킹의 체크메이트 상태, 현재 상태는 게임 진행 중인 현재 체스판이라고 볼 수 있다.

맹목적 탐색

깊이 우선 탐색, 너비 우선 탐색

> **시작하기**
>
> 서하는 점심시간에 친구가 숨겨 둔 '보물찾기' 미션을 받았다. 단서는 단 하나, '교실 어딘가에 있다.'이다. 서하는 맨 앞줄 책상부터 차례대로 살펴보기 시작했다. 하나씩, 또 하나씩 같은 방식으로 확인해 나갔다. 중간에 창가 쪽이나 눈에 띄는 곳부터 볼까 고민도 했지만, 결국 서하는 처음 정한 순서를 그대로 반복하기로 했다. 그러다 문득 서하는 생각했다. "같은 방법을 계속 쓰더라도 더 빠르게 찾는 방법이 있지 않을까?"

1. 알고 가기

맹목적 탐색이란?

맹목적 탐색(Uniformed search)은 비휴리스틱 탐색(Non-heuristic search)이라고도 불리며, 목표 상태를 찾기 위한 추가 정보 없이 가능한 모든 경로를 탐색하는 방법이다. 이 방법은 문제를 해결하기 위한 방향성이나 우선순위를 두지 않고 단순히 모든 경로를 탐색하면서 목표 상태에 도달할 수 있는지 확인한다.

맹목적 탐색은 단순하기 때문에 구현하기 쉽고, 목표 상태에 대한 정보를 전혀 모를 때 사용하기 적합하다는 장점이 있다. 하지만 비효율적이고, 더 나은 경로를 선택할 수 없다는 것이 단점이다.

> **Tip**
>
> 휴리스틱(Heuristic)은 경험을 통해 얻은 간단하고 빠른 문제 해결 방법으로, 완전한 탐색을 하지 않고 경험에 의존하기에 최적의 해는 아닐 수 있지만 빠르게 결정할 수 있다.
>
> - **길 찾기**: 교차로에서 어디로 갈지 고민할 때, 이전에 갔던 길에서 빠르게 목적지에 도달한 경험이 있으면 이번에도 같은 길을 택하게 된다. 이처럼 과거의 경험을 바탕으로 결정을 내리는 것이 휴리스틱이다.
> - **쇼핑**: 모든 상품을 비교하지 않고, 자신이 선호하는 브랜드나 가격대, 또는 기존에 좋았던 경험을 바탕으로 선택하는 것이 휴리스틱이다.
> - **체스 게임**: 체스에서 왕을 보호하는 전략을 쓰면 유리했던 경험을 바탕으로 모든 가능한 수를 계산하지 않고 빠르게 결정을 내리는 것이 휴리스틱이다.
>
> 길 찾기에서 새로운 길을 시도하거나, 쇼핑에서 새로운 브랜드를 구입해 보거나, 체스에서 새로운 전략을 사용해 보면 휴리스틱 방식이 항상 최적의 결과를 보장하지 않는다는 점을 알 수 있다. 이처럼 휴리스틱 방식은 빠른 결정을 돕지만 완벽한 해결책을 찾는 방법은 아니다.

'맹목적 탐색'은 경로 기반 탐색을 의미하는데, 탐색의 원리를 이해하기 위해 가장 기본적인 탐색 알고리즘인 순차 탐색과 이진 탐색을 먼저 살펴보자.

2. 순차 탐색, 이진 탐색

순차 탐색

순차 탐색(Sequential search)은 데이터를 처음부터 끝까지 차례대로 탐색하여 목표를 찾는 방법이다. 예를 들어, 우리가 책에서 특정 페이지를 찾을 때 손으로 책을 잡고 처음부터 한 장씩 넘겨 가며 찾는 방법이 순차 탐색이다. 냉장고에서 특정 음료를 찾을 때 처음부터 차례대로 하나씩 확인하며 찾는 방법 역시 순차 탐색이다. 이 방법은 데이터가 정렬되지 않은 경우에는 유용하지만, 데이터가 많다면 시간이 오래 걸릴 수 있다.

▶ 특정 페이지 찾기

| 0 | 1 | 4 | 7 | 8 | 11 | 12 | 24 |

위 데이터에서 숫자 7을 순차 탐색으로 찾는다면 어떻게 해야 할까? 먼저 0과 비교해서 7과 다르면 다음 값으로 이동해 1과 4를 차례로 비교한다. 여전히 찾는 값이 아니므로 그 다음 숫자인 7과 비교한다. 찾고자 하는 값이므로 탐색이 성공하게 된다.

자, 그러면 이 알고리즘을 파이썬 코드로 설계해 보자.

순차 탐색 전체 코드

```python
# 순차 탐색 함수
def Sequential_search(data_list, target):
    # 리스트의 각 요소를 순차적으로 확인
    # range(len(data_list))로 리스트의 인덱스를 반복한다.
    for index in range(len(data_list)):
        # 만약 값이 찾고자 하는 값(target)과 같다면
        if data_list[index] == target:
            return index  # 해당 인덱스를 반환
    return -1  # 찾지 못하면 -1을 반환 (값이 없음)

# 예시 리스트와 찾고자 하는 값
data = [1, 7, 0, 4, 11, 8, 12, 24]
target = int(input("찾을 숫자를 입력하세요."))

# 함수 호출 및 결과 출력
result = Sequential_search(data, target)
if result != -1:
    print(f"{target}은(는) {result+1}번째에서 찾을 수 있습니다.")
else:
    print(f"{target}은(는) 리스트에 없습니다.")
```

이 코드가 어떻게 설계되는지 차근차근 따라해 보자.

① 함수 설계

함수 설계 ①-1

```python
# 순차 탐색 함수
def Sequential_search(data_list, target):
```

먼저, 함수의 이름을 Sequential_search로 정하고, 2개의 값으로 탐색할 리스트(data_list)와 찾고자 하는 값(target)을 매개변수로 받는다. 이렇게 받은 두 값은 함수 내에서 순차 탐색을 수행하는 데 사용된다.

함수 설계 ①-2

```
1   # 순차 탐색 함수
2   def Sequential_search(data_list, target):
3       # 리스트의 각 요소를 순차적으로 확인
4       # range(len(data_list))로 리스트의 인덱스를 반복한다.
5       for index in range(len(data_list)):
6           # 만약 값이 찾고자 하는 값(target)과 같다면
7           if data_list[index] == target:
8               return index  # 해당 인덱스를 반환
9       return -1  # 찾지 못하면 -1을 반환(값이 없음)
10
```

5행에서 len() 함수를 통해 데이터가 들어 있는 data_list의 길이만큼 반복문(for문)을 실행한다. 만약 데이터가 8개여서 len(data_list)가 8이라면, range(len(data_list))는 0부터 7까지의 값으로 반복문을 실행한다. 이때 index는 0부터 7까지 차례대로 값을 가지며, 리스트의 각 인덱스를 확인한다. 이 과정에서 data_list[index]==target 조건을 확인하는데, 예를 들어 data_list[0]==target, data_list[1]==target, …, data_list[7]==target과 같이 진행된다.

만약 data_list[index] 값이 target과 같다면, 그 값을 찾은 것이기 때문에 해당 인덱스인 위치를 반환한다. 그 외에는 -1이라는 특수한 숫자를 반환하게 한다. -1이라는 값은 데이터를 찾지 못했을 경우에 출력하기 위해 사용한다.

② 초깃값과 찾을 값 입력

함수 설계 ①-3

```
1   # 순차 탐색 함수
2   def Sequential_search(data_list, target):
3       # 리스트의 각 요소를 순차적으로 확인
4       # range(len(data_list))로 리스트의 인덱스를 반복한다.
5       for index in range(len(data_list)):
6           # 만약 값이 찾고자 하는 값(target)과 같다면
7           if data_list[index] == target:
8               return index  # 해당 인덱스를 반환
9       return -1  # 찾지 못하면 -1을 반환(값이 없음)
10
11  # 예시 리스트와 찾고자 하는 값
12  data = [1, 7, 0, 4, 11, 8, 12, 24]
13  target = int(input("찾을 숫자를 입력하세요."))
14
```

12행의 data 리스트에 데이터를 초기화한다. 그 후 13행의 target에는 사용자가 입력한 숫자를 받을 수 있도록 명령어를 작성한다.

③ 함수 호출 및 결과 출력

함수 설계 ①-4

```
15    # 함수 호출 및 결과 출력
16    result = Sequential_search(data, target)
17    if result != -1:
18        print(f"{target}은(는) {result+1}번째에서 찾을 수 있습니다.")
19    else:
20        print(f"{target}은(는) 리스트에 없습니다.")
```

> 찾을 숫자를 입력하세요.24
> 24은(는) 8번째에서 찾을 수 있습니다.

위에서 초기화한 data 리스트와 target 값을 인자에 넣어 Sequential_search 함수를 호출한다. 이때 함수에서는 탐색을 진행하고, 반환된 값을 result에 저장한다. result 값이 -1이 아니라면, 리스트에서 찾은 target의 위치를 출력하고, -1이라면 "리스트에 없습니다."라는 메시지를 출력한다. 이때 출력은 편의상 '1번째', '2번째'와 같은 형식으로 출력하도록 1을 더하자. 프로그래밍에서의 인덱스는 0부터 시작하지만, 사람의 직관에 맞게 1부터 시작하는 번호로 지정하여 보여 주기 위함이다.

즉 순차 탐색은 이처럼 데이터를 처음부터 끝까지 차례대로 확인하는 방법이다. 순차 탐색은 데이터를 찾기 위해 데이터를 모두 살펴봐야 하기 때문에 효율적이지 않다. 데이터가 적다면 큰 문제가 되지 않지만, 데이터가 많을 경우 시간이 오래 걸려 비효율적이다. 위 데이터 [1, 7, 0, 4, 11, 8, 12, 24]에서 여덟 번의 기회가 있다면 모든 숫자를 찾을 수 있지만, 100개의 데이터가 있다면 백 번 비교를 해야 할 수도 있다는 것이다.

이진 탐색

이진 탐색(Binary search)은 정렬된 데이터에만 사용할 수 있는 탐색 방법으로, 데이터를 반으로 나누고 계속해서 한쪽 절반을 찾는 방식이다. 예를 들어, 친구와 여러분이 각자 1부터 100까지의 숫자 중 하나를 생각하고, 서로 그 숫자를 맞추는 게임을 한다고 해 보자. 친구가 말한 숫자와 내가 생각한 숫자가 다르면 "크다." 혹은 "작다."라고 알려 줘야 한다. 이때 빨리 숫자를 맞추기 위해서는 어떻게 해야 할까?

- 가장 처음에 "50"을 말한다. 그리고 친구가 "작다."라고 말한다면, 이제 숫자 범위는 1부터 49까지로 좁혀진다. 그러면 그 범위의 중간인 "25"를 말한다.
- 다음 기회에서도 또 "작다."라고 말한다면 다시 그 범위의 중간인 "12"를 말한다. 이렇게 계속해서 범위를 반으로 줄여 가며 목표 숫자에 점점 더 가까워지는 것이다.

여기서 가장 중요한 점은 처음에 50을 말해야 하는 이유다. 그건, 가장 빠르게 절반씩 나눠서 범위를 줄일 수 있기 때문이다. 만약 다른 숫자부터 시작하면 더 많은 숫자를 확인하면서 시간이 오래 걸릴 수 있기 때문이다.

순차 탐색이 책에서 특정 페이지를 처음부터 끝까지 넘겨 가며 찾듯 데이터를 하나씩 모두 확인해야 하는 방법이라면, 이진 탐색은 책을 반으로 나누어 한 번에 절반씩 범위를 좁혀 가며 목표를 찾는 방법이다. 정렬된 데이터라면 이진 탐색이 훨씬 빠르고 효율적이다. 특히 데이터의 양이 많을수록 이진 탐색의 장점이 두드러진다. 예를 들어, 1부터 1,000,000까지의 숫자 중 하나를 찾는다면 이진 탐색을 사용할 때 최대 스무 번이면 찾지만, 순차 탐색은 최대 백만 번을 확인해야 할 수도 있다.

이진 탐색 전체 코드

```python
1   # 이진 탐색 함수
2   def Binary_search(data_list, target):
3       start = 0 # 시작 인덱스
4       end = len(data_list) - 1 # 끝 인덱스
5   
6       while start <= end:  # start가 end보다 작거나 같을 때만 반복
7           mid = (start + end) // 2  # 중간 인덱스 계산
8   
9           if data_list[mid] == target: # 중간값이 target과 같으면
10              return mid  # 중간값 인덱스 반환
11          elif data_list[mid] < target: # 중간값이 target보다 작으면
12              start = mid + 1  # 찾을 값은 오른쪽 절반에 있으므로 start를 mid + 1로 설정
13          else:  # 중간값이 target보다 크면
14              end = mid - 1  # 찾을 값은 왼쪽 절반에 있으므로 end를 mid - 1로 설정
15      return -1  # 값을 찾지 못하면 -1을 반환(값이 없음)
16   
17  # 예시 리스트 (정렬된 상태여야 함)
18  data = [0, 1, 4, 7, 8, 11, 12, 24]
19  target = int(input("찾을 숫자를 입력하세요."))
20   
21  # 함수 호출 및 결과 출력
```

```
22    result = Binary_search(data, target)
23    if result != -1:
24        print(f"{target}은(는) {result+1}번째에서 찾을 수 있습니다.")
25    else:
26        print(f"값 {target}은(는) 리스트에 없습니다.")
```

이전에 썼던 데이터를 오름차순으로 정렬하고, 함수를 이진 탐색 알고리즘으로 다시 설계해 보자.

① 함수 설계

함수 설계 ①-1

```
1    # 이진 탐색 함수
2    def Binary_search(data_list, target):
```

먼저, 함수의 이름을 Binary_search로 정하고, 2개의 값으로 탐색할 리스트(data_list)와 찾고자 하는 값(target)을 매개변수로 받는다. 이 값들은 함수 내에서 이진 탐색을 수행하는 데 사용된다.

함수 설계 ①-2

```
1    # 이진 탐색 함수
2    def Binary_search(data_list, target):
3        start = 0 # 시작 인덱스
4        end = len(data_list) - 1 # 끝 인덱스
```

이진 탐색 알고리즘에는 중간값을 찾기 위해 start(시작 위치)와 end(끝 위치)라는 두 변수가 사용된다. 처음에는 start=0, end=len(data_list)-1로 설정하여 리스트의 시작과 끝으로 지정한다.

함수 설계 ①-3

```
1    # 이진 탐색 함수
2    def Binary_search(data_list, target):
3        start = 0 # 시작 인덱스
4        end = len(data_list) - 1 # 끝 인덱스
5
6        while start <= end:  # start가 end보다 작거나 같을 때만 반복
7            mid = (start + end) // 2  # 중간 인덱스 계산
```

while문을 사용하여, start가 end보다 작거나 같을 때만 탐색을 진행한다. 이 조건이 참일 때마다 중간값을 계산하고 그 값과 비교한다. 탐색이 시작하면 7행에서 mid=(start + end)//2로 평균값을 계산한다. 이 값은 리스트의 중앙 인덱스를 가리키게 된다.

여기서 // 연산자를 사용하는 이유는 정수 나눗셈을 하기 위해서이다. 만약 / 연산자를 사용하면 결괏값이 소수로 나올 수 있다. 예를 들어, 5/2는 2.5가 되는데 인덱스는 항상 정수여야 하므로 // 연산자를 사용하게 되면 5//2는 2가 되어 인덱스에 사용할 수 있게 된다.

함수 설계 ①-4

```
6       while start <= end:  # start가 end보다 작거나 같을 때만 반복
7           mid = (start + end) // 2  # 중간 인덱스 계산
8
9           if data_list[mid] == target:  # 중간값이 target과 같으면
10              return mid  # 중간값 인덱스 반환
11          elif data_list[mid] < target:  # 중간값이 target보다 작으면
12              start = mid + 1  # 찾을 값은 오른쪽 절반에 있으므로 start를 mid + 1로 설정
13          else:  # 중간값이 target보다 크면
14              end = mid - 1  # 찾을 값은 왼쪽 절반에 있으므로 end를 mid - 1로 설정
15      return -1  # 값을 찾지 못하면 -1을 반환(값이 없음)
```

9행에서 먼저 data_list[mid]==target이라면, 목푯값을 찾은 것이므로 mid 값을 반환하고 함수를 종료하게 된다.

만약 11행에서 data_list[mid]<target이라면, 목푯값은 중간값보다 크므로 탐색 범위를 오른쪽 절반으로 좁히고 start를 mid + 1로 설정한다.

반대로, 13행에서 data_list[mid]>target이라면 목푯값은 중간값보다 작으므로 탐색 범위를 왼쪽 절반으로 좁히고 end를 mid-1로 설정한다.

이를 반복하다가 10행에서 반환되지 못하고 start가 end보다 커지면 탐색을 종료하고, 목푯값을 리스트에서 찾지 못했기 때문에 -1이라는 특수한 숫자를 반환하게 한다. -1이라는 값은 데이터를 찾지 못했을 경우에 출력하기 위해 사용한다.

함수 설계 ①-5

```
17  # 예시 리스트 (정렬된 상태여야 함)
18  data = [0, 1, 4, 7, 8, 11, 12, 24]
19  target = int(input("찾을 숫자를 입력하세요."))
20
```

```
21    # 함수 호출 및 결과 출력
22    result = Binary_search(data, target)
23    if result != -1:
24        print(f"{target}은(는) {result+1}번째에서 찾을 수 있습니다.")
25    else:
26        print(f"값 {target}은(는) 리스트에 없습니다.")
```

> 찾을 숫자를 입력하세요.8
> 8은(는) 5번째에서 찾을 수 있습니다.

위 함수는 [0, 1, 4, 7, 8, 11, 12, 24] 데이터에서 다음과 같은 흐름으로 실행된다. 데이터 8을 찾아보자.

0	1	4	7	8	11	12	24

start(0)   mid(3)   end(7)

(1) 함수에 진입하면 초기 start는 0, end는 7로, 7행에서 mid = (0 + 7)//2 = 3으로 초기화된다. data[3]의 값인 7은 8보다 작기 때문에 11행에서 start는 mid + 1로 4가 되고 다시 반복문이 실행된다.

0	1	4	7	8	11	12	24

                        start(4) mid(5)   end(7)

(2) mid = (4 + 7)//2 = 5로 변경되고 data[5]의 값인 11은 8보다 크기 때문에 end는 mid - 1로 4가 된다. 다시 반복문이 실행된다.

0	1	4	7	8	11	12	24

                        start(4)
                        mid(4)
                        end(4)

(3) 현재 start, end가 4이며, mid = (4 + 4)//2 = 4로 변경된다. 9행에서 8을 찾았기 때문에 mid 값인 4를 반환하고 함수를 종료한다.

② 초깃값과 함수 호출

18행에서 data 리스트에 데이터를 초기화한다. 이진 탐색은 정렬된 리스트에서만 사용할 수 있기 때문에 리스트가 반드시 정렬되어 있어야 한다. 그 후 19행의 target에는 사용자가 입력한 숫자를 받을 수 있도록 명령어를 작성한다.

data 리스트와 target 값을 인자에 넣어 Binary_search 함수를 호출한다. 함수에서는 탐색을 진행하고, 반환된 값을 result에 저장한다. result 값이 -1이 아니라면 리스트에서 찾은 위치를 출력하고, -1이라면 "리스트에 없습니다."라는 메시지를 출력한다.

순차 탐색이라면 위 데이터에서 8을 찾기 위해 다섯 번 비교를 해야 하지만, 이진 탐색은 세 번 만에 찾을 수 있었다. 이처럼 이진 탐색은 정렬된 리스트에서 매우 효율적으로 목푯값을 찾는 방법이다. 데이터의 수가 많을수록 그 장점이 더욱 두드러진다.

우리는 순차 탐색과 이진 탐색 알고리즘을 사용하여 리스트에서 데이터를 찾는 방법을 알아보았다. 이 두 탐색 방식은 리스트와 같은 선형적인 자료구조에서 데이터를 찾을 수 있는 방법이다. 하지만 탐색이 필요한 데이터가 리스트에 국한되지 않고 그래프와 같은 더 복잡한 연결된 자료구조일 수도 있다. 그래프 탐색은 이러한 비선형적인 자료구조에서 데이터를 찾는 방법이다. 특히 우리가 탐색해야 하는 대상이 여러 개의 경로를 통해 연결되어 있을 때 그래프 탐색 알고리즘은 매우 중요한 역할을 한다.

그래서 이번에는 그래프 탐색에 대해 살펴보고, 그래프 탐색 방법 중 맹목적 탐색에 속하는 깊이 우선 탐색(DFS: Depth First Search)과 너비 우선 탐색(BFS: Breadth First Search)에 대해 알아보자. 이 알고리즘은 목적지나 목표를 찾기 위해 어떤 경로를 따라가야 할지 미리 알지 못하는 상황에서 모든 가능한 경로를 차례대로 탐색하는 방식이다.

> **Tip**
>
> - **자료구조(Data struct)**: 데이터를 저장하고 관리하는 방법이다. 컴퓨터에서 자료구조는 데이터를 효율적으로 다루고 처리하기 위해 사용된다. 예를 들어, 우리가 일상생활에서 물건을 정리할 때 서랍을 이용하거나 책장에 책을 정리하는 것처럼 컴퓨터에서도 데이터를 효율적으로 처리하기 위해 자료구조가 필요하다.
>
> - **그래프(Graph)**: 그래프는 비계층적이고 연결된 객체들을 나타내는 노드와 간선으로 이루어진 자료구조이다. 노드(Node)는 각 데이터를 나타내는 정점이다. 예를 들어, 사람들의 관계에서는 각각의 사람들이 노드가 될 수 있다. 간선(Edge)은 두 노드를 연결하는 선이다. 사람들 간의 관계를 나타낼 때 간선은 사람들 간의 친구 관계나 연결을 나타낸다.
>
> - **트리(Tree)**: 트리는 계층적으로 구성된 자료구조로, 한 노드는 다른 노드들과 연결되어 있고 각 노드는 자식 노드를 가질 수 있다. 루트(Root)는 트리에서 가장 윗부분에 있는 노드로, 모든 탐색은 루트에서 시작된다. 이를 회사의 조직도에 비유하면 루트는 회사 대표다. 리프 노드(Leaf node)는 자식이 없는 가장 아래에 있는 노드이다. 조직도에서 막내 팀원에 해당한다. 간선(Edge)은 노드들을 연결하는 선이다. 트리는 그래프의 일종이지만, 사이클이 없고 루트에서 시작해 리프 노드로 끝난다는 차이점이 있다.

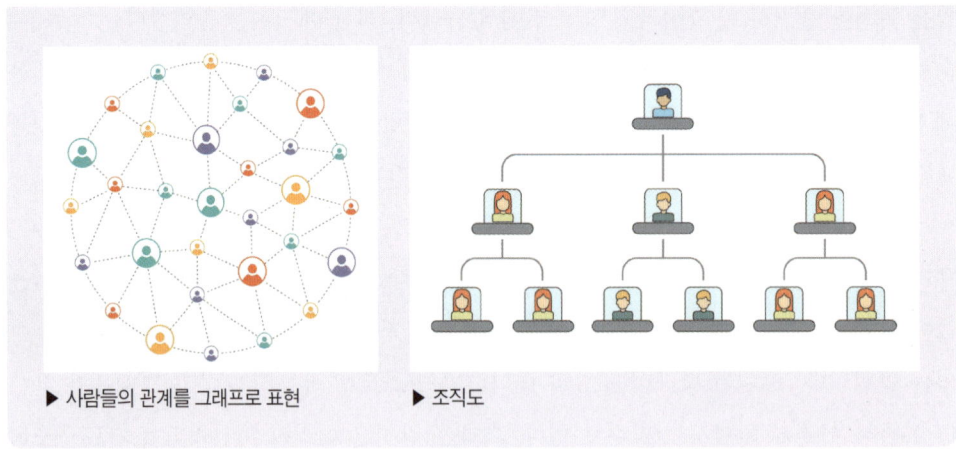

▶ 사람들의 관계를 그래프로 표현　　▶ 조직도

3. 깊이 우선 탐색

깊이 우선 탐색(DFS: Depth First Search)은 말 그대로 깊이를 우선으로 탐색하는 방법이다. 한 경로를 끝까지 탐색한 후 더 이상 진행할 수 없으면 이전 상태로 돌아가서 다른 경로를 탐색한다. 이 알고리즘은 주로 스택(Stack)이라는 자료 구조나 재귀(Recursion)를 활용하여 구현된다.

두더지가 아래만 보고 계속 땅을 판다고 생각하면 이해하기 쉽다. 이 두더지는 아래로만 땅을 파다가 더 이상

▶ 깊이 우선 탐색을 하는 두더지

땅을 팔 수 없게 되면 맨 처음 자리로 돌아와 옆으로 이동해서 다시 아래로만 땅을 파는 방법을 반복한다. 이처럼 깊이 우선 탐색은 한 방향으로 깊이 파고들다가 막히면 되돌아와서 다른 경로를 탐색하는 방법이다.

> **Tip**
>
> - **스택(Stack)**: LIFO(Last In, First Out), 즉 후입선출 방식으로 데이터를 관리하는 자료구조이다. 이 방식은 가장 나중에 들어간 데이터가 먼저 나오는 특징이 있다. 예를 들어, 접시를 쌓을 때 하나씩 위에 올려놓으면 제일 위에 있는 접시를 꺼내게 되는 것, 음악 재생 목록에서 가장 최근에 들은 노래가 먼저 재생되는 것, 웹 브라우저의 뒤로 가기 버튼이 모두 스택 방식으로 작동하는 것이다.

▶ 쌓인 접시 ▶ 플레이리스트

깊이 우선 탐색의 기본 원칙

깊이 우선 탐색은 앞 그림의 두더지처럼 아래로 깊게 탐색하는 방식이다. 이 과정에서 앞으로 가야 할 노드와 이미 방문한 노드를 나누어 데이터를 탐색한다.

- **앞으로 가야 할 노드**: 아직 방문하지 않은 인접 노드를 추적하여 계속 탐색한다.
- **이미 방문한 노드**: 이미 방문한 노드는 다시 방문하지 않도록 처리하여 중복 방문을 방지한다.

이 원칙을 기억하면서 깊이 우선 탐색을 구현해 보자.

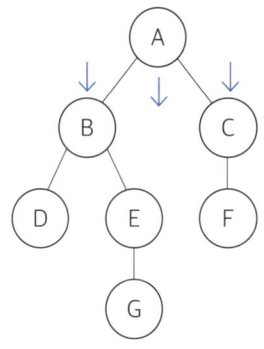

▶ 깊이 우선 탐색의 흐름

깊이 우선 탐색(스택)을 활용한 그래프 탐색 전체 코드

```python
def Dfs(graph, start):
    visited = []  # 방문한 노드를 저장할 리스트
    stack = [start]  # 시작 노드를 스택에 추가

    while stack:  # 스택이 비어 있지 않으면 계속 탐색
        node = stack.pop()  # 스택에서 마지막 노드를 꺼냄
        if node not in visited:  # 아직 방문하지 않은 노드일 경우
            print(node, end=' ')  # 노드를 출력
            visited.append(node)  # 방문한 노드에 추가

            # 인접 노드들을 하나씩 확인하여 방문하지 않은 노드만 스택에 추가
            for neighbor in reversed(graph[node]):
                if neighbor not in visited:  # 아직 방문하지 않은 노드라면
                    stack.append(neighbor)  # 스택에 추가

# 예시 그래프
graph = {
```

```
18      'A': ['B', 'C'],
19      'B': ['D', 'E'],
20      'C': ['F'],
21      'D': [],
22      'E': ['G'],
23      'F': [],
24      'G': []
25  }
26
27  # DFS 호출
28  Dfs(graph, 'A')
```

① 함수 설계

함수 이름 설정

```
1  def Dfs(graph, start):
```

먼저, 함수의 이름을 Dfs로 정하고, 탐색할 그래프(graph)와 시작 노드(start)를 매개변수로 받는다.

초깃값 설정

```
1  def Dfs(graph, start):
2      visited = []  # 방문한 노드를 저장할 리스트
3      stack = [start]  # 시작 노드를 스택에 추가
```

깊이 우선 탐색을 위한 두 가지 중요한 요소는 다음과 같다.

- **visited**: 이미 방문한 노드를 기록할 리스트이다. 같은 노드를 반복해서 방문하지 않기 위해 사용된다.
- **stack**: 깊이 우선 탐색에서 사용하는 스택이다. 파이썬에는 스택이라는 자료구조가 없기 때문에 리스트를 활용한다. 시작 노드를 스택에 넣고 탐색을 시작한다.

스택에서 노드 꺼내기

```
1  def Dfs(graph, start):
2      visited = []  # 방문한 노드를 저장할 리스트
3      stack = [start]  # 시작 노드를 스택에 추가
4
5      while stack:  # 스택이 비어 있지 않으면 계속 탐색
6          node = stack.pop()  # 스택에서 마지막 노드를 꺼냄
7          if node not in visited:  # 아직 방문하지 않은 노드일 경우
```

```
8            print(node, end=' ')  # 노드를 출력
9            visited.append(node)  # 방문한 노드에 추가
```

탐색은 while문을 사용해 스택이 비어 있지 않을 때까지 진행된다. 6행에서 스택에서 노드를 하나 꺼내고, 7행에서는 그 노드가 방문되지 않았다면 탐색을 계속 진행하며, 그 노드를 8행에서 출력하고, 9행에서는 방문한 노드는 visited에 추가한다.

> **Tip**
> - **pop()**: 리스트에서 마지막 요소를 제거하고 그 값을 반환한다. 스택에서 가장 최근에 들어온 노드를 꺼내는 작업을 한다.
> - **not in**: 특정 값이 집합이나 리스트에 포함되지 않았을 때 True를 반환한다. 깊이 우선 탐색에서는 노드가 이미 방문되었는지 확인할 때 사용한다.
> - **append()**: 리스트의 끝에 요소를 추가하는 함수이다.

인접 노드 스택에 추가

```
5    while stack:  # 스택이 비어 있지 않으면 계속 탐색
6        node = stack.pop()  # 스택에서 마지막 노드를 꺼냄
7        if node not in visited:  # 아직 방문하지 않은 노드일 경우
8            print(node, end=' ')  # 노드를 출력
9            visited.append(node)  # 방문한 노드에 추가
10
11           # 인접 노드들을 하나씩 확인하여 방문하지 않은 노드만 스택에 추가
12           for neighbor in reversed(graph[node]):
13               if neighbor not in visited:  # 아직 방문하지 않은 노드라면
14                   stack.append(neighbor)  # 스택에 추가
```

현재 노드와 연결된 인접 노드들을 확인하고, 아직 방문하지 않은 노드들만 스택에 추가한다. 12행에서 graph[node]로 현재 노드에 연결된 모든 이웃 노드를 가져오고, reversed(graph[node])로 인접 노드를 역순으로 순회한다. 그 이유는, 스택은 가장 나중에 들어간 데이터가 먼저 나오기 때문에 나중에 들어간 노드를 먼저 처리하기 위해서이다. 14행에서 stack.append(neighbor)로 방문하지 않은 인접 노드를 스택에 추가하여 다음 탐색 대상으로 삼는다.

② 함수 호출

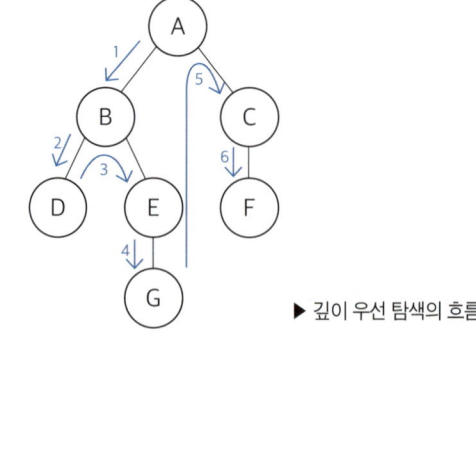
▶ 깊이 우선 탐색의 흐름

코드 설계
```
16  # 예시 그래프
17  graph = {
18      'A': ['B', 'C'],
19      'B': ['D', 'E'],
20      'C': ['F'],
21      'D': [],
22      'E': ['G'],
23      'F': [],
24      'G': []
25  }
26
27  # DFS 호출
28  Dfs(graph, 'A')
```
⤷ A B D E G C F

17행에서 예시 그래프를 딕셔너리 형태로 초기화하고, 28행에서 Dfs 함수에 예시 그래프와 방문할 시작 노드를 인자로 넘겨 함수를 호출한다. 이 코드는 A → B → D → E → G → C → F 순서로 탐색을 진행한다.

그림으로 표현하면 위의 오른쪽 그림과 같은 순서로, 아래로 탐색을 하다가 더 이상 탐색할 곳이 없으면 옆으로 이동해 다시 아래로 탐색하는 방식이다.

> **Tip**
> • 딕셔너리(dictionary): 키(key)와 값(value)으로 이루어진 자료구조이다. 위 그래프에서는 노드가 키이고, 인접 노드가 값이다. 'A라는 노드는 B, C와 연결되어 있다.'라는 의미이다. 예를 들어, A라는 사람이 B와 C라는 사람과 친구라면 A: ['B', 'C']와 같이 표현할 수 있고, 1학년에 2반과 3반이 있다면 1학년: ['2반', '3반']으로 표현할 수 있는 것이다. 딕셔너리는 빠른 검색과 관계 표현을 쉽게 할 수 있기 때문에 그래프와 같은 자료구조를 표현할 때 매우 유용하다.

이 코드에서 핵심인 stack과 visited의 변화를 실행 흐름에 따라 확인해 보자.

- **초기 상태**: 시작 노드는 'A'이며, 스택에 'A'를 넣는다.
  stack: ['A']
  visited: [ ]

- **첫 번째 반복**: 'A'를 꺼내고 방문한다. 'A'의 인접 노드인 'B', 'C'를 'C' 먼저 넣고 'B'를 넣는다.

  stack: ['C', 'B']

  visited: ['A']

- **두 번째 반복**: 'B'를 꺼내고 방문한다. 'B'의 인접 노드인 'D', 'E'를 'E' 먼저 넣고 'D'를 넣는다.

  stack: ['C', 'E', 'D']

  visited: ['A', 'B']

- **세 번째 반복**: 'D'를 꺼내고 방문한다. 'D'에는 인접 노드가 없으므로, 방문 후 그대로 스택에서 빠진다.

  stack: ['C', 'E']

  visited: ['A', 'B', 'D']

- **네 번째 반복**: 'E'를 꺼내고 방문한다. 'E'의 인접 노드인 'G'를 스택에 넣는다.

  stack: ['C', 'G']

  visited: ['A', 'B', 'D', 'E']

- **다섯 번째 반복**: 'G'를 꺼내고 방문한다. 'G'에는 인접 노드가 없으므로, 방문 후 그대로 스택에서 빠진다.

  stack: ['C']

  visited: ['A', 'B', 'D', 'E', 'G']

- **여섯 번째 반복**: 'C'를 꺼내고 방문한다. 'C'의 인접 노드인 'F'를 스택에 넣는다.

  stack: ['F']

  visited: ['A', 'B', 'D', 'E', 'G', 'C']

- **일곱 번째 반복**: 'F'를 꺼내고 방문한다. 'F'에는 인접 노드가 없으므로, 방문 후 함수가 종료된다.

  stack: []

  visited: ['A', 'B', 'D', 'E', 'G', 'C', 'F']

stack(스택)에 탐색할 노드를 추가하면서, 방문한 노드는 visited에 순차적으로 추가하게 된다.

깊이 우선 탐색은 이처럼 스택(Stack)을 사용하여 구현할 수도 있지만, 재귀(Recursion)를 사용하여 간단히 구현할 수도 있다. 재귀를 처음 접하면 조금 어렵게 느껴질 수 있지만, 그 개념만 이해하면 코드가 더욱 직관적이고 간결해진다.

> **Tip**
> - **재귀(Recursive)**: 재귀는 함수가 자기 자신을 호출하는 방식이다. 큰 문제를 작은 문제로 나누어 해결하고, 이 작은 문제들을 다시 합쳐서 큰 문제를 해결하는 방식이다. 예를 들어, 엘리베이터에서 양쪽에 거울이 있다고 상상해 보자. 거울 앞에 서 있으면, 거울에 비친 내 모습이 다른 거울에 비쳐서 계속해서 반복적으로 나를 보는 것처럼 반사되는 모습을 볼 수 있다. 이와 마찬가지로 재귀는 함수가 자신을 계속 호출하며, 각 호출이 끝날 때까지 계속해서 반복된다. 따라서 재귀함수는 종료 조건이 반드시 필요하다. 종료 조건 없이 계속 호출되면 마치 무한히 거울에 비친 모습을 보는 것처럼 무한 반복에 빠지게 되어 문제가 발생한다.

▶ 재귀 거울

깊이 우선 탐색(재귀)으로 그래프 탐색 전체 코드

```
1   def Dfs_recursive(graph, node, visited=None):
2       if visited is None:
3           visited = []  # 방문한 노드를 기록할 리스트 초기화
4
5       visited.append(node)  # 현재 노드를 방문한 리스트에 추가
6       print(node, end=' ')  # 현재 노드를 출력
7
8       # 현재 노드와 연결된 인접 노드를 하나씩 확인하면서 재귀 호출
9       for neighbor in graph[node]:
10          if neighbor not in visited:  # 아직 방문하지 않은 노드라면
11              Dfs_recursive(graph, neighbor, visited)  # 재귀적으로 탐색
12
13  # 예시 그래프
14  graph = {
15      'A': ['B', 'C'],
```

```
16      'B': ['D', 'E'],
17      'C': ['F'],
18      'D': [],
19      'E': ['G'],
20      'F': [],
21      'G': []
22  }
23
24  # DFS 호출
25  Dfs_recursive(graph, 'A')
```

재귀를 사용한 함수에서 차이점은 visited가 None일 때인 첫 번째 호출 시에만 빈 리스트를 생성하고, 이후 재귀적으로 계속 호출될 때는 이미 생성된 visited 리스트를 사용한다는 점이다. 이 재귀함수가 종료되는 조건은 graph[node]에 더 이상 탐색할 이웃 노드가 없을 때, 즉 모든 경로가 탐색되었을 때이다.

Dfs_recursive 함수를 실행 흐름에 따라 확인해 보자.

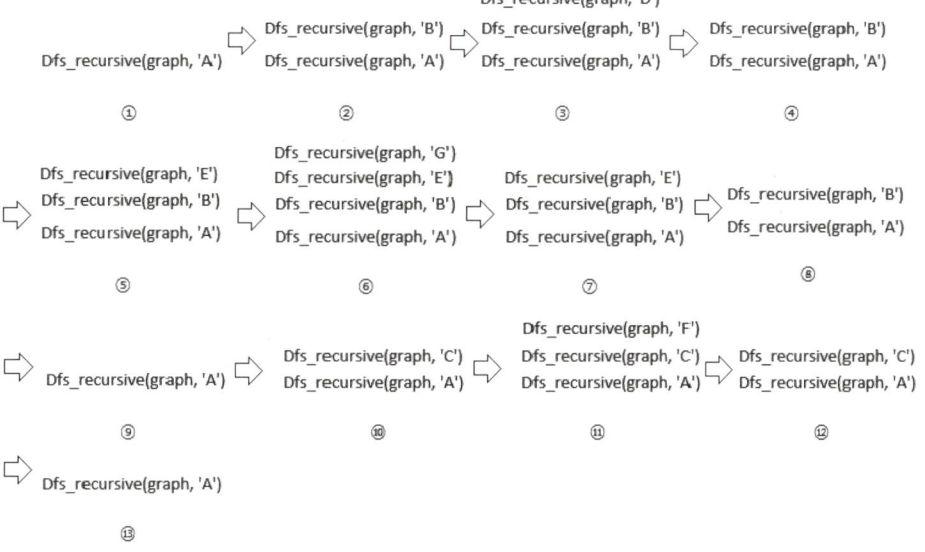

▶ Dfs_recursive 실행 흐름

- ① **초기 상태**: Dfs_recursive(graph, 'A') 함수가 호출된다. 'A'를 방문하고, 그 다음 노드인 'B'와 'C'를 탐색하려고 준비한다.
- ② **두 번째 호출**: Dfs_recursive(graph, 'B') 함수가 호출된다. 'B'를 방문하고, 'B'의 인접 노드인 'D'와 'E'를 탐색하려고 준비한다.
- ③~④ **세 번째 호출**: Dfs_recursive(graph, 'D') 함수가 호출된다. 'D'를 방문하고, 더

이상 인접 노드가 없으므로 함수가 종료되고 되돌아간다.
- ⑤ **네 번째 호출**: Dfs_recursive(graph, 'E') 함수가 호출된다. 'E'를 방문하고, 'E'의 인접 노드인 'G'를 탐색하려고 준비한다.
- ⑥~⑦ **다섯 번째 호출**: Dfs_recursive(graph, 'G') 함수가 호출된다. 'G'를 방문하고, 더 이상 인접 노드가 없으므로 함수가 종료되고 되돌아간다.
- ⑧ **'E' 탐색 종료 후**: 'E'에 대한 탐색이 끝났으므로, 'E' 함수는 종료되고 'B' 함수로 되돌아간다.
- ⑨ **'B' 탐색 종료 후**: 'B'에 대한 탐색이 끝났으므로, 'B' 함수는 종료되고 'A' 함수로 되돌아간다.
- ⑩ **여섯 번째 호출**: Dfs_recursive(graph, 'C') 함수가 호출된다. 'C'를 방문하고, 'C'의 인접 노드인 'F'를 탐색하려고 준비한다.
- ⑪~⑫ **일곱 번째 호출**: Dfs_recursive(graph, 'F') 함수가 호출된다. 'F'를 방문하고, 더 이상 인접 노드가 없으므로 함수가 종료되고 되돌아간다.
- ⑬ **'C' 탐색 종료 후**: 'C'에 대한 탐색이 끝났으므로 'C' 함수는 종료되고 'A' 함수로 되돌아간다. 'A'에 대한 탐색이 끝났으므로, 마지막으로 'A' 함수가 종료된다.

스택 기반과 재귀 기반의 핵심을 정리하면 다음과 같다.

	스택 기반 깊이 우선 탐색	재귀 기반 깊이 우선 탐색
탐색 방식	스택을 사용하여 순차적으로 탐색한다.	함수가 자기 자신을 호출하여 탐색한다.
종료 조건	스택이 비워지면 종료한다.	더 이상 방문할 노드가 없을 때 종료한다.
장점	탐색 과정 추적이 명확하다.	코드가 간결하고 직관적이다.
단점	코드가 상대적으로 길어질 수 있다.	함수 호출이 많을 경우 이해하기 어렵다.

4. 너비 우선 탐색

너비 우선 탐색(BFS: Breadth First Search)은 말 그대로 너비를 우선으로 탐색하는 방법이다. 연결된 노드부터 차례로 탐색하면서, 먼저 만나는 인접 노드를 우선적으로 방문한다. 깊이 우선 탐색이 수직 방향으로 데이터를 찾는다면, 너비 우선 탐색은 수평 방향으로 데이터를

▶ 너비 우선 탐색을 하는 두더지 그림

찾는 방식이다. 이 알고리즘은 깊이 우선 탐색이 스택을 사용하는 것과 달리, 너비 우선 탐색은 탐색 순서를 관리하기 위해 큐(Queue)라는 자료구조를 활용하여 구현된다.

이번엔 두더지가 옆만 보고 계속 땅을 판다고 생각하면 이해하기 쉬울 것이다. 이 두더지는 옆만 보고 계속 땅을 파다가 더 이상 땅을 팔 수 없게 되면 조금 아래로 내려가서 다시 옆으로만 파는 방법을 반복한다. 너비 우선 탐색에서도 앞으로 가야 할 노드와 이미 방문한 노드를 나누어서 알고리즘을 설계한다.

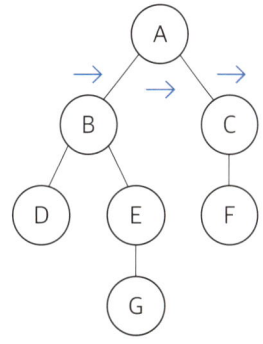

▶ 너비 우선 탐색의 흐름

Tip

큐(queue): FIFO(First In First Out), 즉 선입선출 방식으로 동작하는 자료구조이다. 큐에 데이터를 추가할 때는 뒤에 추가하고, 데이터를 꺼낼 때는 앞에서 꺼낸다. 먼저 들어온 데이터가 먼저 나가는 것이 특징이다. 예를 들어, 식당에 줄을 설 때 먼저 온 사람이 먼저 식당에 들어가는 것, 여러 사람이 프린터를 사용한다면 가장 먼저 인쇄 버튼을 누른 사람이 먼저 인쇄가 되도록 처리하는 것이 큐 방식의 작동이다.

▶ 줄서기

▶ 프린터

너비 우선 탐색 그래프 탐색 전체 코드

```
1  from collections import deque
2
3  def Bfs(graph, start):
4      visited = []  # 방문한 노드를 저장할 리스트
5      queue = deque([start])  # 시작 노드를 큐에 추가
6
7      while queue:  # 큐가 비워질 때까지 반복
8          node = queue.popleft()  # 큐에서 노드를 꺼냄
9
10         if node not in visited:  # 노드가 방문되지 않았다면
11             print(node, end =' ')  # 현재 노드 출력
12             visited.append(node)  # 방문 처리
```

```
13
14                # 이웃 노드를 큐에 추가
15                for neighbor in graph[node]:
16                    if neighbor not in visited:
17                        queue.append(neighbor)  # 큐에 추가
18
19    # 그래프 정의
20    graph = {
21        'A': ['B', 'C'],
22        'B': ['D', 'E'],
23        'C': ['F'],
24        'D': [],
25        'E': ['G'],
26        'F': [],
27        'G': []
28    }
29
30    # BFS 호출
31    Bfs(graph, 'A')
```

① deque 모듈 임포트

deque 모듈 임포트
1   from collections import deque

파이썬에 큐를 구현할 때 deque 모듈을 사용한다.

- **from**: 파이썬에서 모듈이나 패키지의 특정 부분을 불러오는 키워드이다.
- **collections**: 파이썬 표준 라이브러리 중 하나이며, 자료구조를 제공하는 모듈로 deque, Counter 등이 포함되어 있다.
- **import**: 파이썬에서 모듈이나 라이브러리를 프로그램에 불러오는 키워드이다.

즉 1행의 코드를 한 줄로 풀어서 설명하면 'collections이라는 도서관에서 deque라는 책을 빌려오겠다.'는 뜻이다.

② 함수 설계

함수 이름 설정
1   from collections import deque
2
3   def Bfs(graph, start):

먼저, 함수의 이름을 Bfs라 하고, 탐색할 그래프(graph)와 시작 노드(start)를 매개변수로 받는다.

②-2 초깃값 설정

```
1   from collections import deque
2
3   def Bfs(graph, start):
4       visited = []  # 방문한 노드를 저장할 리스트
5       queue = deque([start])  # 시작 노드를 큐에 추가
```

너비 우선 탐색을 위한 두 가지 중요한 요소는 다음과 같다.

- **visited**: 이미 방문한 노드를 기록할 리스트이다. 같은 노드를 반복해서 방문하지 않기 위해 사용된다.
- **queue**: 너비 우선 탐색에서 중요한 역할을 하는 자료구조인 큐(Queue)다. 5행에서 deque()는 collections 모듈에서 제공하는 함수로, 큐를 만들기 위한 초기화 함수이다. 예를 들어, start가 'A'라면 deque([start])는 'A'를 기반으로 deque 객체를 생성하는 것이다.

큐에서 노드 꺼내기

```
1   from collections import deque
2
3   def Bfs(graph, start):
4       visited = []  # 방문한 노드를 저장할 리스트
5       queue = deque([start])  # 시작 노드를 큐에 추가
6
7       while queue:  # 큐가 비워질 때까지 반복
8           node = queue.popleft()  # 큐에서 노드를 꺼냄
9
10          if node not in visited:  # 노드가 방문되지 않았다면
11              print(node, end =' ')  # 현재 노드 출력
12              visited.append(node)  # 방문 처리
```

큐가 비워질 때까지 반복하며, 8행에서 popleft() 함수로 큐에서 가장 먼저 들어온 노드를 꺼내고 그 노드와 연결된 이웃 노드를 큐에 추가하는 방식으로 탐색을 진행한다. 10행에서 해당 노드가 아직 방문되지 않았다면 11행에서 출력, 12행에서 방문 처리한다.

인접한 노드 큐에 추가

```
7    while queue:  # 큐가 비워질 때까지 반복
8        node = queue.popleft()  # 큐에서 노드를 꺼냄
9
10       if node not in visited:  # 노드가 방문되지 않았다면
11           print(node, end =' ')  # 현재 노드 출력
12           visited.append(node)  # 방문 처리
13
14           # 이웃 노드를 큐에 추가
15           for neighbor in graph[node]:
16               if neighbor not in visited:
17                   queue.append(neighbor)  # 큐에 추가
```

15행에서 현재 노드와 연결된 모든 이웃 노드를 확인하여, 16행에서 방문하지 않았으면 큐에 추가하여 나중에 탐색할 수 있도록 한다.

③ 함수 호출

코드 설계

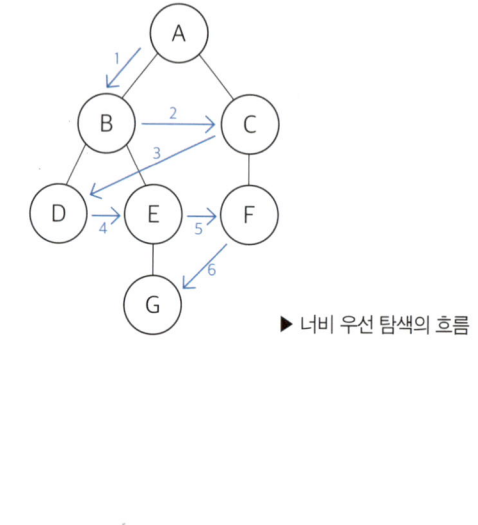

▶ 너비 우선 탐색의 흐름

```
19   # 그래프 정의
20   graph = {
21       'A': ['B', 'C'],
22       'B': ['D', 'E'],
23       'C': ['F'],
24       'D': [],
25       'E': ['G'],
26       'F': [],
27       'G': []
28   }
29
30   # BFS 호출
31   Bfs(graph, 'A')
```

↳ A B C D E F G

20행에서 예시 그래프를 초기화하고, 31행에서 Bfs 함수에 예시 그래프와 방문할 시작 노드를 인자로 넘겨 함수를 호출한다. 이 코드는 A → B → C → D → E → F → G 순서로 탐색을 진행한다. 그림으로 표현하면 위와 같은 순서로 옆으로 탐색을 하다가 아래로 내려가는 방식이다.

이 코드에서 핵심인 queue와 visied의 변화를 실행 흐름에 따라 확인해 보자.

- **초기 상태**: 시작 노드는 'A'이며, 큐에 'A'를 넣는다.

  queue: ['A']

  visited: [ ]

- **첫 번째 반복**: 'A'를 꺼내고 인접 노드 'B'와 'C'를 큐에 추가한다.

  queue: ['B', 'C']

  visited: ['A']

- **두 번째 반복**: 'B'를 꺼내고 인접 노드 'D', 'E'를 큐에 추가한다.

  queue: ['C', 'D', 'E']

  visited: ['A', 'B']

- **세 번째 반복**: 'C'를 꺼내고 인접 노드 'F'를 큐에 추가한다.

  queue: ['D', 'E', 'F']

  visited: ['A', 'B', 'C']

- **네 번째 반복**: 'D'를 꺼내지만, 인접 노드가 없으므로 넘어간다.

  queue: ['E', 'F']

  visited: ['A', 'B', 'C', 'D']

- **다섯 번째 반복**: 'E'를 꺼내고 인접 노드 'G'를 큐에 추가한다.

  queue: ['F', 'G']

  visited: ['A', 'B', 'C', 'D', 'E']

- **여섯 번째 반복**: 'F'를 꺼내지만, 인접 노드가 없으므로 넘어간다.

  queue: ['G']

  visited: ['A', 'B', 'C', 'D', 'E', 'F']

- **일곱 번째 반복**: 'G'를 꺼내고, 인접 노드가 없으므로 탐색이 종료된다. 방문한다. 'F'에는 인접 노드가 없으므로, 방문 후 함수가 종료된다.

  queue: [ ]

  visited: ['A', 'B', 'C', 'D', 'E', 'F', 'G']

너비 우선 탐색(BFS)과 깊이 우선 탐색(DFS)을 비교하여 정리해 보자.

	너비 우선 탐색(BFS)	깊이 우선 탐색(DFS)
탐색 방식	가까운 노드부터 탐색하고, 그후 인접 노드를 탐색한다.	한 방향으로 깊이 파고들고 더 이상 갈 곳이 없으면 돌아간다.
사용 자료구조	큐(Queue)	스택(Stack) 또는 재귀(Recursion)
장점	최단 경로를 찾을 때 유용하다.	경로를 끝까지 탐색할 때 유리하다.
단점	메모리 사용량이 많고, 느릴 수 있다.	깊이가 너무 깊어지면 문제가 발생할 수 있다.

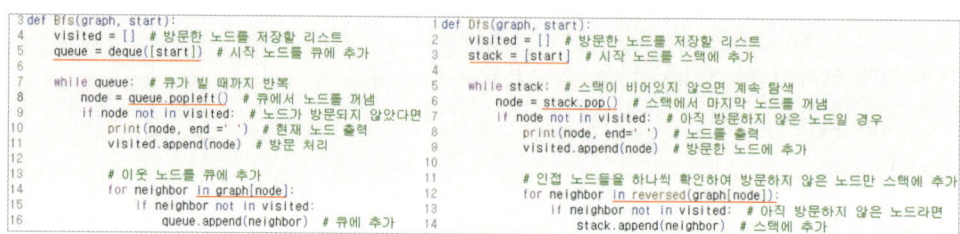

▶ 너비 우선 탐색(BFS)과 깊이 우선 탐색(DFS)의 비교

결국 너비 우선 탐색과 깊이 우선 탐색은 위 밑줄 친 부분을 제외하고는 거의 동일하다. 자료구조만 바뀌었을 뿐인데, 놀랍지 않은가?

5. 8-퍼즐 문제 해결하기

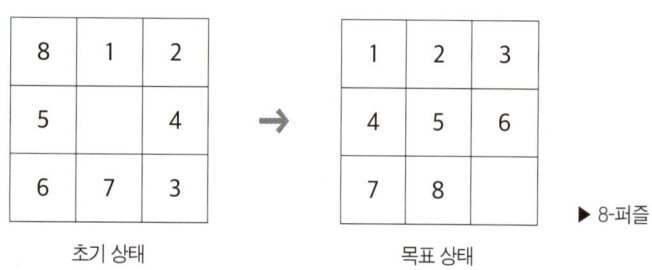

▶ 8-퍼즐

8-퍼즐 문제는 3×3 퍼즐판에서 숫자 1부터 8까지의 타일과 빈칸 타일을 배치하고 타일을 위, 아래, 좌, 우로 움직이면서 목표 상태를 만드는 문제이다. 8-퍼즐 문제는 너비 우선 탐색과 깊이 우선 탐색을 이용해서 해결할 수 있다. 이번에는 객체 지향 방식으로 접근해 볼 것이며, 두 알고리즘이 어떻게 8-퍼즐 문제를 해결하는지 살펴보자.

객체 지향 프로그래밍 vs. 절차 지향 프로그래밍

프로그래밍언어는 문제를 해결하는 방식에 따라 절차 지향 프로그래밍(Procedural programming)과 객체 지향 프로그래밍(Object-oriented programming)으로 나뉜다. 두 방식의 차이는 단순히 코딩 스타일의 차이를 넘어서, 문제를 해결하는 사고방식 자체가 다르다. 이를 교실 청소를 예시로 이해해 보자.

반 친구들과 함께 책상을 정리하고 바닥을 쓸고 창문을 닦으며 교실을 깨끗하게 만드는 과정은 일상이다. 그런데 똑같이 청소를 하더라도 작업을 진행하는 방식에 따라 효율성이 크게 달라진다.

절차 지향: 순서에 따라 차례로 청소하기(순서 중심)

먼저, 절차 지향 방식은 작업 순서 중심으로 문제를 해결하는 방법이다. 청소를 할 때 반장이 다음과 같이 계획을 세웠다고 가정하자.

① 책상 정리: A학생이 모든 책상을 정리한다.
② 바닥 쓸기: 책상이 정리된 후 B학생이 바닥을 쓴다.
③ 창문 닦기: 바닥 청소가 끝난 후 C학생이 창문을 닦는다.
④ 쓰레기통 비우기: 마지막으로 D학생이 쓰레기통을 비운다.

이렇게 청소하게 된다면, 앞 단계가 끝나야 다음 단계가 진행되기 때문에 A학생이 책상 정리를 늦게 끝내면 B학생과 C학생은 기다릴 수밖에 없다. 모든 작업이 순서에 따라 연결되어 있기 때문이다. 이처럼 절차 지향은 단순하고 진행 과정을 쉽게 이해할 수 있지만, 한 단계가 지연되면 그 뒤 단계의 작업이 멈추게 되고 작업을 변경하려면 전체 계획에 영향을 미쳐 수정을 해야 한다.

객체 지향: 역할을 나누어 동시에 청소하기(역할 중심)

반면, 객체 지향 방식은 각 역할을 독립적으로 부여하여 문제를 해결하는 방법이다. 이번에는 반장이 교실 청소를 다음과 같이 역할 중심으로 계획을 세웠다고 가정해 보자.

① A학생: 책상 정리
② B학생: 바닥 청소
③ C학생: 창문 닦기
④ D학생: 쓰레기통 비우기
⑤ 반장: 최종 점검

이 방식에서는 ①~⑤의 모든 작업이 동시에 진행된다. A학생이 책상을 정리하는 동안 B

학생은 바닥을 쓸고 C학생은 창문을 닦을 수 있다. 만약 책상 정리가 늦어지더라도 다른 작업은 멈추지 않고 계속 진행된다. 이처럼 객체 지향은 독립적으로 작업이 진행되어 효율적이고, 변경 사항이 생기더라도 유연하게 대응할 수 있다. 하지만 초기 역할을 정확하게 정의해야 하고, 각자 자신의 역할을 잘 이해해야 한다.

즉 절차 지향은 '무엇을 할 것인가'를 순서대로 기술하는 방식이며, 객체 지향은 '무엇이 어떤 일을 할 것인가'를 중심으로 구조화하는 방식이다.
위에서 살펴본 순차 탐색, 이진 탐색, 깊이 우선 탐색, 너비 우선 탐색 코드는 모두 절차 지향으로 설계되었지만, 이번 8-퍼즐 문제는 객체 지향으로 해결할 것이다.

객체 지향으로 해야 하는 이유
8-퍼즐과 같은 퍼즐 문제는 다양한 상태를 탐색해야 하는 문제이다. 절차 지향 방식에서는 상태를 관리하는 코드가 점점 복잡해지고, 여러 곳에서 상태를 수정해야 한다. 하지만 객체 지향 방식에서는 상태(State) 객체가 데이터를 스스로 관리하고, 상태 변화는 해당 객체의 메서드(함수)를 통해 처리된다. 이렇게 하면 코드가 더 깔끔하고 이해하기 쉬워지며, 새로운 탐색 방법을 추가할 때도 기존 코드를 수정하지 않고 확장할 수 있다.
객체 지향 프로그래밍을 이해하려면 클래스, 객체, 메서드와 같은 개념을 알아야 한다.

클래스(Class)
클래스는 객체를 만들기 위한 설계도이다. 예를 들어, 스마트폰을 하나의 클래스라고 생각해 보자. 스마트폰은 브랜드, 모델, 색상 등의 속성(데이터)과 전화 걸기, 사진 찍기 같은 기능(메서드)을 가진다. 스마트폰에 다양한 기능 등을 추가하고 싶다면 메서드를 추가하면 되는 것이다.

스마트폰 클래스 예
```
1  class Smartphone:
2      def __init__(self, brand, model, color):
3          self.brand = brand
4          self.model = model
5          self.color = color
6
7      def call(self, number):
8          print(f"{self.brand} {self.model}가 {number}로 전화를 겁니다.")
```

객체(Object)

객체는 클래스로 만든 실체이다. 스마트폰 클래스를 기반으로 만든 아이폰과 삼성 갤럭시와 같은 실제 제품이 객체이다.

객체 생성의 예

```
1   class Smartphone:
2       def __init__(self, brand, model, color):
3           self.brand = brand
4           self.model = model
5           self.color = color
6
7       def call(self, number):
8           print(f"{self.brand} {self.model}가 {number}로 전화를 겁니다.")
9
10  iphone = Smartphone("Apple","아이폰12","green")
11  galaxy = Smartphone("Samsung","GalaxyS24", "black")
12  iphone.call("1224")
13  galaxy.call("010-1234-5678")
```

> Apple 아이폰12가 1224로 전화를 겁니다.
> Samsung GalaxyS24가 010-1234-5678로 전화를 겁니다.

메서드(Method)

메서드는 클래스 내부에서 정의된 함수이다. 예를 들어, 스마트폰 클래스의 call 메서드는 전화 걸기 기능을 수행한다. 함수를 메서드라고 부르는 이유는 특정 객체에 속해 있기 때문이다. 메서드는 객체의 상태를 변경하거나 특정 기능을 수행하는 역할을 한다.

메서드의 예

```
7       def call(self, number):
8           print(f"{self.brand} {self.model}가 {number}로 전화를 겁니다.")
```

__init__ 메서드

__init__ 메서드는 생성자이다. 생성자를 사용하면 스마트폰 객체를 생성할 때 브랜드, 모델, 색상을 한번에 설정할 수 있다. 이처럼 __init__ 메서드는 객체의 기본 속성을 초기화하는 역할을 하며, 이를 통해 각 객체가 독립적으로 자신의 상태를 관리하도록 돕는다. __init__처럼 언더스코어 두 개로 시작하고 끝나는 메서드는 특수 메서드(매직 메서드)이다. 이는 파이썬 내부에서 자동으로 호출되는 메서드임을 의미한다. 마치 스마트폰에

알람을 설정해 두면 설정된 시간(객체 생성 시)에 자동으로 알람음이 울리는 것과 같다.

__init__ 메서드의 예

```
2    def __init__(self, brand, model, color):
3        self.brand = brand
4        self.model = model
5        self.color = color
```

self 키워드

self는 객체 자신을 참조하는 역할을 한다. 메서드 내에서 객체의 속성에 접근할 때 사용된다. 위 코드에서 내 브랜드, 모델, 색상에 접근하는 것이다.

8-퍼즐 문제 해결하기

8-퍼즐 문제 해결을 위한 전체 코드

```python
# 상태를 나타내는 클래스
class State:
    def __init__(self, board, goal, moves=0):
        self.board = board # 현재 퍼즐 상태를 나타내는 리스트
        self.moves = moves # 현재 상태까지의 이동 횟수
        self.goal = goal # 목표 상태

    # i1과 i2를 교환하여 새로운 상태를 반환
    def get_new_board(self, i1, i2):
        new_board = self.board[:]
        new_board[i1], new_board[i2] = new_board[i2], new_board[i1]
        return State(new_board, self.goal, self.moves + 1)

    # 자식 노드를 확장하여 리스트에 저장한 후 반환
    def expand(self):
        result = []
        i = self.board.index(0) # 빈칸의 위치 찾기
        if i > 2: # 위로 이동
            result.append(self.get_new_board(i, i - 3))
        if i % 3 > 0: # 왼쪽으로 이동
            result.append(self.get_new_board(i, i - 1))
        if i % 3 < 2: # 오른쪽으로 이동
            result.append(self.get_new_board(i, i + 1))
        if i < 6: # 아래로 이동
            result.append(self.get_new_board(i, i + 3))
        return result

```

```python
28    # 객체를 출력하기 위한 메서드
29    def __str__(self):
30        return str(self.board[:3]) + "\n" + str(self.board[3:6]) + "\n" + str(self.board[6:]) + "\n---------------"
31
32    # 객체를 비교하기 위한 메서드
33    def __eq__(self, other):
34        return self.board == other.board
35
36 # DFS 탐색 함수
37 def Dfs(start):
38     visited = []  # 방문한 상태를 저장할 리스트
39     stack = [start] # 시작 상태를 스택에 추가
40
41     while stack:  # 스택이 비어 있지 않으면 계속 탐색
42         current = stack.pop() # 스택에서 마지막 상태를 꺼냄
43         print(current) # 현재 상태 출력
44
45         if current.board == goal: # 목표 상태에 도달하면 탐색 종료
46             print("탐색 성공!")
47             print("총 이동 횟수: ",current.moves)
48             break
49
50         if current not in visited: # 아직 방문하지 않은 상태라면
51             visited.append(current) # 방문한 상태로 추가
52
53             # 자식 상태들을 하나씩 탐색하여 방문하지 않은 상태만 스택에 추가
54             for state in current.expand():
55                 # 방문하지 않은 상태만
56                 if state not in visited and state not in stack:
57                     stack.append(state) # 스택에 추가
58
59 # 초기 상태
60 puzzle = [8, 1, 2, 5, 0, 4, 6, 7, 3]
61 goal = [1, 2, 3, 4, 5, 6, 7, 8, 0]
62
63 # 시작 상태
64 start_state = State(puzzle, goal)
65
66 # DFS 호출
67 Dfs(start_state)
```

8-퍼즐 문제를 해결하려면 퍼즐 상태를 표현하고 이동 가능한 상태를 생성하며 목표 상태에 도달할 때까지 탐색하는 과정이 필요하다.

이제, 객체 지향적으로 문제를 해결하는 방법을 클래스 설계부터 단계별로 알아보자.

상태를 표현하는 클래스 설계

퍼즐 상태를 객체로 관리하기 위해 State 클래스를 설계해 보자. 이 클래스는 현재 상태, 이동 횟수, 목표 상태와 같은 정보를 저장하고, 새로운 상태를 생성하거나 출력하는 역할을 한다.

클래스 설계

```
1   # 상태를 나타내는 클래스
2   class State:
3       def __init__(self, board, goal, moves=0):
4           self.board = board # 현재 퍼즐 상태를 나타내는 리스트
5           self.moves = moves # 현재 상태까지의 이동 횟수
6           self.goal = goal # 목표 상태
```

상태 객체를 생성할 때마다 각 상태가 독립적으로 자신의 정보를 관리하도록 하기 위해 생성자를 활용하였다.

이동 횟수는 탐색 과정에서 최소 이동 경로를 추적하는 데 유용하다.

- **board, goal**: 퍼즐, 목표 상태를 1차원 리스트로 정의한다. 퍼즐의 목표는 goal 리스트를 기준으로 퍼즐을 맞추는 것이다.
- **moves**: 시작 상태부터 현재 상태까지 몇 번의 이동이 있었는지를 나타낸다. 기본값 0으로 설정한다.

get_new_board 메서드: 새로운 상태 생성

퍼즐 타일을 이동하면 새로운 상태가 만들어져야 한다. 이를 위해 i1과 i2 위치의 타일을 교환해 새로운 상태를 반환하는 메서드를 구현하자.

메서드 설계 1

```
8    # i1과 i2를 교환하여 새로운 상태를 반환
9    def get_new_board(self, i1, i2):
10       new_board = self.board[:]
11       new_board[i1], new_board[i2] = new_board[i2], new_board[i1]
12       return State(new_board, self.goal, self.moves + 1)
```

11행에서 타일을 교환한 후 12행에서 이동 횟수(moves)를 1 증가시켜 새로운 상태 객체를 생성한다. 탐색 과정에서 상태가 독립적으로 관리되어야 하므로, 기존 상태를 변경하지 않고 새로운 상태를 생성하는 방식을 선택했다.

- **i1, i2**: 교환할 두 인덱스이다. 퍼즐에서 빈칸(0)이 이동하는 방식에 따라 인덱스를 교환한다.
- **new_board**: 10행에서 새로운 퍼즐 상태를 반환한다. 원본 board를 수정하지 않도록 self.board[:]로 복사한다.

expand 메서드: 가능한 이동 생성

8-퍼즐에서는 빈칸(0)을 위, 아래, 왼쪽, 오른쪽으로 이동시켜 자식 상태를 생성한다.

메서드 설계 2

```
14      # 자식 노드를 확장하여 리스트에 저장한 후 반환
15      def expand(self):
16          result = []
17          i = self.board.index(0)  # 빈칸의 위치 찾기
18          if i > 2:  # 위로 이동
19              result.append(self.get_new_board(i, i - 3))
20          if i % 3 > 0:  # 왼쪽으로 이동
21              result.append(self.get_new_board(i, i - 1))
22          if i % 3 < 2:  # 오른쪽으로 이동
23              result.append(self.get_new_board(i, i + 1))
24          if i < 6:  # 아래로 이동
25              result.append(self.get_new_board(i, i + 3))
26          return result
```

- **i**: 현재 퍼즐에서 빈칸(0)의 위치를 찾는다. 이 인덱스를 바탕으로 빈칸이 이동할 수 있는 방향을 계산한다.
- **expand()**: 빈칸이 이동할 수 있는 네 방향(위, 왼쪽, 오른쪽, 아래)으로 새로운 상태를 생성하고, 그 상태를 리스트에 추가한다.

> **Tip 퍼즐을 이동하는 조건문 이해하기**
>
> 8-퍼즐의 상태는 3x3 형태의 격자로 표현되고 그렇게 생각되지만, 프로그래밍 과정에서는 1차원 리스트로 퍼즐 상태를 관리할 것이다. 예를 들어, 다음과 같이 퍼즐이 있다고 가정하자.
>
> | 8 | 1 | 2 | 5 | 0 | 4 | 6 | 7 | 3 |
> |---|---|---|---|---|---|---|---|---|
> | 0 | 1 | 2 | 3 | 4 | 5 | 6 | 7 | 8 |
>
> ▶ 초기 데이터 리스트
>
> | 8$_0$ | 1$_1$ | 2$_2$ |
> |---|---|---|
> | 5$_3$ | 0$_4$ | 4$_5$ |
> | 6$_6$ | 7$_7$ | 3$_8$ |
>
> ▶ 리스트를 8-퍼즐로 보기

위의 8-퍼즐에서 빈칸(0)을 이동시키는 조건을 설명하면 다음과 같다.

1) 위로 이동: if i > 2 (18행)
빈 칸이 위로 이동하려면 바로 위의 행과 교환해야 한다.
위쪽 타일의 인덱스 = 현재 인덱스 - 3 (한 행 위로 이동)
예를 들어, i = 3 → i - 3 = 0 (위로 이동 가능)
　　　　　i = 1 → i - 3 = -2 (인덱스가 음수가 되어 이동 불가능)
따라서 인덱스가 3 이상일 때만 위로 이동이 가능하다.

2) 왼쪽으로 이동: if i % 3 > 0 (20행)
왼쪽으로 이동하려면 같은 행의 왼쪽 타일과 교환해야 한다.
왼쪽 타일의 인덱스 = 현재 인덱스 - 1
첫 번째 열(인덱스 0, 3, 6)에 위치한 경우 왼쪽으로 이동할 수 없다.
위 그림에서 첫 번째 열의 0, 3, 6은 3으로 나눈 나머지가 0, 두 번째 열의 1, 4, 7은 3으로 나눈 나머지가 1, 세 번째 열의 2, 5, 8은 3으로 나눈 나머지가 2임을 알 수 있다.
예를 들어, i = 1 → i - 1 = 0(왼쪽으로 이동 가능)
　　　　　i = 0 → 왼쪽에 타일이 없어 이동 불가능
이것을 3으로 나눈 나머지(i%3)가 0일 때는 첫 번째 열에 있다는 의미이기 때문에 0보다 큰 조건을 주어야 한다.

3) 오른쪽으로 이동: if i %3 < 2 (22행)
오른쪽으로 이동하려면 같은 행의 오른쪽 타일과 교환해야 한다.
오른쪽 타일의 인덱스 = 현재 인덱스 + 1
세 번째 열(인덱스 2, 5, 8)에 위치한 경우 오른쪽으로 이동 불가이다.
예를 들어, i = 1 → i + 1 = 2(오른쪽 이동 가능)
　　　　　i = 2 → 오른쪽에 타일이 없어 이동 불가능
이것을 3으로 나눈 나머지(i%3)가 2일 때는 세 번째 열에 있다는 의미이기 때문에 2보다 작은 조건을 주어야 한다.

4) 아래로 이동: if i < 6 (24행)
아래로 이동하려면 바로 아래의 행과 교환해야 한다.
아래쪽 타일의 인덱스 = 현재 인덱스 + 3
마지막 행(인덱스 6, 7, 8)에 위치한 경우 아래로 이동할 수 없다.
따라서 i < 6은 마지막 행이 아닐 때만 이동이 가능함을 의미한다.

__str__ 메서드: 상태 출력

탐색 과정에서 퍼즐 상태를 시각적으로 확인하기 위해 __str__메서드를 정의하였다.

메서드 설계 3

```
28    # 객체를 출력하기 위한 메서드
29    def __str__(self):
30        return str(self.board[:3]) + "\n" + str(self.board[3:6]) + "\n" + str(self.board[6:]) + "\n------------------"
```

__eq__ 메서드: 상태 비교

탐색 과정에서 중복 상태를 피하기 위해 객체 간 비교가 필요하다. 이를 위해 __eq__ 메서드를 정의했다.

메서드 설계 4

```
32    # 객체를 비교하기 위한 메서드
33    def __eq__(self, other):
34        return self.board == other.board
```

> **Tip** 왜 비교하는 함수를 만들어야 할까?
>
> 두 개의 과일 상자가 있다고 가정하자.
>
> **기본 자료형 비교**
> ```
> 1    box1 = ["apple", "banana", "grape"]  # 첫 번째 과일 상자
> 2    box2 = ["apple", "banana", "grape"]  # 두 번째 과일 상자
> 3    print(box1 == box2)  # True (기본 자료형은 내용으로 비교)
> ```
> ↳ True
>
> 과일만 보면 두 상자는 똑같이 사과, 바나나, 포도가 들어 있다. 하지만 파이썬은 상자 자체를 비교한다. 즉 "이 상자가 그 상자냐?"라고 따진다. 리스트와 같은 기본 자료형은 내용을 비교하기 때문에 True가 나온다. 그런데 객체는 다르게 비교한다.
>
> 이제 '이 상자'를 State 객체로 감싼다고 생각해 보자.
>
> **클래스 활용 비교**
> ```
> 1    class State:
> 2        def __init__(self, board):
> 3            self.board = board
> 4
> 5    s1 = State(["apple", "banana", "grape"])  # 첫 번째 과일 상자
> ```

```
6    s2 = State(["apple", "banana", "grape"])  # 두 번째 과일 상자
7    print(s1 == s2)  # False (기본 객체 비교는 메모리 위치 기준)
```

> False

겉으로 보기엔 똑같은 상자처럼 보이지만, 상자를 담는 상자(State)가 다르기 때문에 파이썬은 다르게 인식한다.

클래스 활용 비교 해결

```
1    class State:
2        def __init__(self, board):
3            self.board = board
4
5        def __eq__(self, other):
6            return self.board == other.board  # 내용물 비교!
7
8    s1 = State(["apple", "banana", "grape"])
9    s2 = State(["apple", "banana", "grape"])
10
11   print(s1 == s2)  # True (내용이 같으면 같다고 판단!)
12
```

> True

그래서 우리는 __eq__라는 비교함수를 만들어서 상자 속 과일(내용물)만 비교하도록 알려 줘야 하는 것이다. __eq__와 __str__과 같이 매직 메서드는 파이썬 내부에서 특정 상황에서 자동으로 호출되도록 정해져 있어 메서드 설계만 해두면 된다.

클래스 설계가 끝났으니 먼저 깊이 우선 탐색(DFS)으로 8-퍼즐 문제를 해결해 보자. 이전에 배운 깊이 우선 탐색 코드를 활용하려고 한다. 하지만 기존의 깊이 우선 탐색 코드와 다루는 데이터가 다르기 때문에 다음과 같이 수정해 보자.

깊이 우선 탐색(DFS) 코드 수정

```
36   # DFS 탐색 함수
37   def Dfs(start):
38       visited = []  # 방문한 상태를 저장할 리스트
39       stack = [start]  # 시작 상태를 스택에 추가
40
41       while stack:  # 스택이 비어 있지 않으면 계속 탐색
42           current = stack.pop()  # 스택에서 마지막 상태를 꺼냄
```

```
43        print(current) # 현재 상태 출력
44
45        if current.board == goal: # 목표 상태에 도달하면 탐색 종료
46            print("탐색 성공!")
47            print("총 이동 횟수: ",current.moves)
48            break
49
50        if current not in visited: # 아직 방문하지 않은 상태라면
51            visited.append(current) # 방문한 상태로 추가
52
53            # 자식 상태들을 하나씩 탐색하여 방문하지 않은 상태만 스택에 추가
54            for state in current.expand():
55              # 방문하지 않은 상태만
56                if state not in visited and state not in stack:
57                    stack.append(state) # 스택에 추가
```

45행에서 목표 상태에 도달하면 탐색을 종료한다.

54행에서 현재 상태에서 expand() 메서드를 통해 가능한 이동을 모두 확장하여 자식 상태들을 얻는다.

56행에서 이미 방문한 상태(visited)나 현재 스택에 있는 상태(state)는 중복 탐색을 방지하기 위해 추가하지 않는다.

함수 호출

```
59    # 초기 상태
60    puzzle = [8, 1, 2, 5, 0, 4, 6, 7, 3]
61    goal = [1, 2, 3, 4, 5, 6, 7, 8, 0]
62
63    # 시작 상태
64    start_state = State(puzzle, goal)
65
66    # DFS 호출
67    Dfs(start_state)
```

```
----------------
[1, 2, 3]
[7, 4, 6]
[5, 8, 0]
----------------
[1, 2, 3]
[7, 4, 6]
[0, 5, 8]
----------------
[1, 2, 3]
[0, 4, 6]
[7, 5, 8]
----------------
[1, 2, 3]
[4, 0, 6]
[7, 5, 8]
----------------
[1, 2, 3]
[4, 5, 6]
[7, 0, 8]
----------------
[1, 2, 3]
[4, 5, 6]
[7, 8, 0]
----------------
탐색 성공!
총 이동 횟수:  46054
```

60, 61행에서 초기 퍼즐 상태와 목표 퍼즐 상태를 설정하고, 64행에서 State 생성자에 넣어 start_state 객체를 생성한다. 생성된 객체는 67행에서 Dfs를 호출한다.

실행을 누르면 굉장히 오랜 시간 동안 퍼즐판이 바뀌면서 출력이 되다가 결국 위의 오른쪽 사진처럼 굉장히 큰 '46054'라는 이동횟수와 함께 탐색에 성공하게 된다.

이번엔 너비 우선 탐색(BFS)으로 해결해 보자. 이번에도 이전에 사용한 너비 우선 탐색 코드에서 일부분만 수정하고, State 클래스는 그대로 사용하자.

너비 우선 탐색(BFS) 수정 코드

```python
# BFS 탐색 함수
def Bfs(start):
    visited = []  # 방문한 상태를 저장할 리스트
    queue = deque([start])  # 시작 상태를 큐에 추가

    while queue:  # 큐가 비어 있지 않으면 계속 탐색
        current = queue.popleft()  # 큐에서 첫 번째 상태를 꺼냄
        print(current)  # 현재 상태 출력

        if current.board == goal:  # 목표 상태에 도달하면 탐색 종료
            print("탐색 성공!")
            print("총 이동 횟수: ", current.moves)  # 이동 횟수 출력
            break

        if current not in visited:  # 아직 방문하지 않은 상태라면
            visited.append(current)  # 방문한 상태로 추가

            # 자식 상태들을 하나씩 탐색하여 방문하지 않은 상태만 큐에 추가
            for state in current.expand():
                if state not in visited and state not in queue:  # 방문하지 않은 상태만
                    queue.append(state)  # 큐에 추가

puzzle = [8, 1, 2, 5, 0, 4, 6, 7, 3]
goal = [1, 2, 3, 4, 5, 6, 7, 8, 0]

# 시작 상태
start_state = State(puzzle, goal)

# BFS 호출
Bfs(start_state)
```

```
⏎   ----------------
    [4, 1, 2]
    [5, 0, 3]
    [7, 8, 6]
    ----------------
    [4, 1, 2]
    [7, 5, 3]
    [0, 8, 6]
    ----------------
    [1, 2, 3]
    [4, 0, 5]
    [7, 8, 6]
    ----------------
    [1, 2, 3]
    [4, 5, 6]
    [7, 8, 0]
    ----------------
    탐색 성공!
    총 이동 횟수: 18
```

너비 우선 탐색(BFS)은 깊이 우선 탐색(DFS)과 다르게 이동 횟수 18회 만에 탐색에 성공했다. 왜 이렇게 크게 차이가 날까?

8-퍼즐 문제에서는 상태공간이 매우 넓고, 각 상태가 여러 자식 상태로 확장되기 때문에 깊이 우선 탐색은 한 경로를 끝까지 탐색하다가 막히면 다시 돌아가 다른 경로를 탐색하는 방식으로, 불필요한 경로를 많이 탐색할 수 있다. 반면, 너비 우선 탐색은 레벨별로 가까운 상태부터 탐색하므로 목표 상태를 더 적은 이동 횟수로 찾을 수 있다.

맹목적 탐색의 한계

맹목적 탐색은 이처럼 수평이든 수직이든 모든 경로를 다 확인하면서 불필요한 경로도 탐색하므로 효율적이지 않다는 단점이 있다. 즉 탐색 방향을 판단할 기준이 없기 때문에 상태공간이 커질수록 탐색 시간이 급격히 늘어난다.

예를 들어, 게임에서 몬스터가 플레이어를 쫓아오는데 수평으로만 혹은 수직으로만 쫓아온다고 생각해 보자. 얼마나 단순한가? 따라서 문제 해결에 필요한 추가 정보를 활용한 휴리스틱 탐색을 알아볼 필요가 있다.

휴리스틱 탐색

언덕 등반, 최고 우선, A*

> **시작하기**
>
> 며칠 뒤 서하는 또다시 친구에게서 '보물찾기' 미션을 받았다. 이번에도 단서는 '교실 어딘가'였지만, 이번에는 친구가 슬쩍 귀띔을 해주었다. "자주 쓰지 않는 자리 근처일 거야." 서하는 잠시 멈춰 섰다. 지난번처럼 처음부터 끝까지 모두 살펴볼 수도 있다. 하지만 이번엔 작은 단서를 따라 움직이면 더 빨리 찾을 수 있지 않을까? 그렇다고 단서가 항상 정확하다고 장담할 수도 없다. 서하는 속으로 중얼거렸다. "이번엔 무작정 찾을 때와는 조금 다르겠네. 그렇다면 이 단서를 어떻게 활용하는 게 좋을까?"

1. 알고 가기

휴리스틱 탐색은 왜 필요할까?

복잡한 문제를 해결하기 위해 모든 해결책을 탐색하는 것은 비효율적임을 앞서 실습을 통해 느꼈을 것이다. 휴리스틱 탐색(Heuristic Search)은 그러한 복잡한 문제에도 경험적 지식을 활용하여 문제를 빠르게 해결하도록 도와주는 탐색 방법이다.

미로에서 출구를 찾는다고 생각해 보자. 무작정 모든 길을 탐색하는 건 비효율적이다. 휴리스틱 탐색은 출구 방향에 가까워 보이는 길을 우선 탐색한다. 그렇다면 여기서 어느 방향이 더 좋은지 알려 주는 지표(휴리스틱 값)가 필요할 것이다. 이것을 평가함수라고 한다. 휴리스틱 탐색에서는 평가함수가 매우 중요하다. 현재 상태가 목표 상태에 얼마나 가까운지를 숫자로 나타내는 함수이다. 평가함수는 보통 이렇게 표현된다.

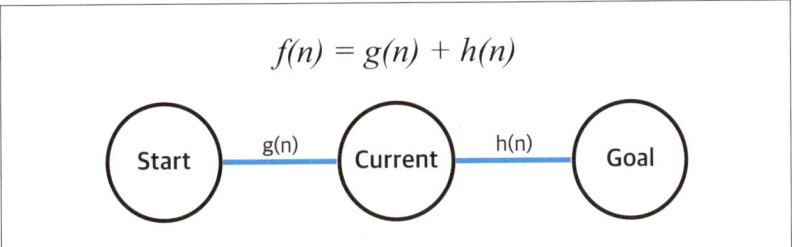

- f(n): 전체 평갓값이며, 낮을수록 좋다.
- g(n): 시작점에서 현재 상태까지의 비용(경로 비용)이다.
- h(n): 현재 상태에서 목표 상태까지의 예상 비용(휴리스틱 값)이다.

f(n)은 최종 점수, g(n)은 지금까지의 노력, h(n)은 앞으로의 예상 난이도이다. 예를 들어, 산을 오를 때 지금까지 얼마나 힘들게 올라왔는지(g(n))와 정상까지 얼마나 더 가야 하는지(h(n))를 합쳐서 얼마나 정상에 가깝고 덜 힘든지 평가하는 점수가 f(n)이다. 이 점수가 낮을수록 더 좋은 길을 선택하는 것이다.

8-퍼즐 문제에서는 다음과 같은 평가함수를 사용할 수 있다.
- 잘못된 위치의 타일 개수: 단순하지만 빠르다.
- 맨해튼 거리: 각 타일의 목표 위치까지의 이동 거리의 합

그럼, 이제 이 휴리스틱 값을 이용해서 매번 더 나아 보이는 방향으로만 이동하는 방법, 바로 언덕 등반 알고리즘에 대해 알아보자.

2. 언덕 등반 탐색

언덕 등반(Hill Climbing) 알고리즘은 말 그대로 산을 오르면서 가장 높은 곳을 향해 한 걸음씩 나아가는 탐색 방식이다. 무작정 모든 방향으로 가보는 것이 아니라, 눈앞의 더 높은 곳을 보고 그 방향으로만 이동하는 방법이다.

핵심 개념
휴리스틱 값 기반 탐색
언덕 등반 탐색은 f(n)=g(n)+h(n)에서 과거 비용인 g(n)은 무시하고 미래를 나타내는 h(n)만 사용해 현재 위치에서 가장 좋은 방향을 선택하는 것이다.

지역 최적점의 문제

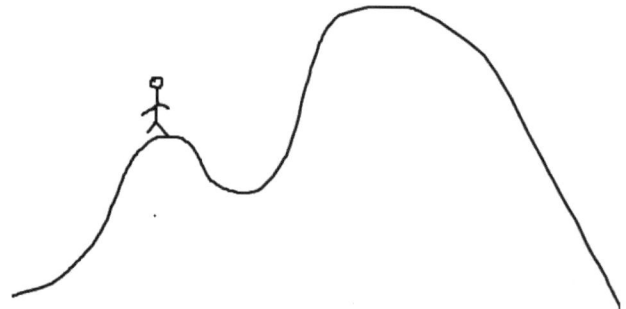

언덕 등반 알고리즘의 가장 큰 단점은 지역 최적점에서 멈출 가능성이 높다는 점이다. 즉 더 나은 해답이 존재함에도 불구하고 현재 상태에서 볼 때 더 좋은 방향이 없으면 탐색이 중단될 수 있다. 이는 마치 야간에 산을 오를 때 진짜 정상이 있지만 가장 가까운 봉우리가 정상이라고 착각하는 것과 같다.

8-퍼즐 언덕 등반 탐색 절차
① 초기 상태 설정: 퍼즐의 시작 상태에서 시작한다.
② 이웃 상태 생성: 현재 상태에서 한 번 이동할 수 있는 모든 상태를 생성한다.
③ 평가함수 계산: 각 상태의 h(n) 값을 구한다(잘못된 타일 개수, 맨해튼 거리 등).
④ 가장 좋은 이웃 선택: h(n)이 가장 낮은 상태로 이동한다.
⑤ 더 좋은 상태가 없으면 종료: 현재 상태보다 h(n)이 더 낮은 이웃이 하나도 없으면 탐색을 종료한다.

휴리스틱 함수는 휴리스틱 탐색의 핵심이다. 잘못된 타일 개수와 맨해튼 거리라는 두 가지 휴리스틱을 비교하고, 무엇이 더 효율적인지 알아보자.

잘못된 타일 개수 휴리스틱
잘못된 타일 개수는 단순히 목표 위치에 있지 않은 타일의 개수를 세는 방법이다.
먼저, 언덕 등반 탐색 알고리즘으로 8-퍼즐을 해결하는 전체 코드는 다음과 같다.

클래스 설계

너비 우선 탐색(BFS) 수정 코드

```python
1   # 상태를 나타내는 클래스
2   class State:
3       def __init__(self, board, goal, moves=0):
4           self.board = board
5           self.goal = goal
6           self.moves = moves
7           self.heuristic = self.calculate_misplaced()
8
9       # 잘못된 위치의 타일 개수 계산
10      def calculate_misplaced(self):
11          count = 0  # 잘못된 타일 개수
12          for i in range(9):  # 9개의 타일 검사
13              if self.board[i] != self.goal[i] and self.board[i] != 0:
14                  count += 1  # 잘못된 위치의 타일이면 1 증가
15          return count
16
17      # 새로운 상태 생성
18      def get_new_board(self, i1, i2):
19          new_board = self.board[:]
20          new_board[i1], new_board[i2] = new_board[i2], new_board[i1]
21          return State(new_board, self.goal, self.moves + 1)
22
23      # 이동 가능한 상태 확장
24      def expand(self):
25          result = []
26          i = self.board.index(0)
27          if i > 2:
28              result.append(self.get_new_board(i, i - 3))  # 위로 이동
29          if i % 3 > 0:
30              result.append(self.get_new_board(i, i - 1))  # 왼쪽으로 이동
31          if i % 3 < 2:
32              result.append(self.get_new_board(i, i + 1))  # 오른쪽으로 이동
33          if i < 6:
34              result.append(self.get_new_board(i, i + 3))  # 아래로 이동
35          return result
36
37      # 출력 형식
38      def __str__(self):
39          return f"{self.board[:3]}\n{self.board[3:6]}\n{self.board[6:]}\nH: {self.heuristic}, Moves: {self.moves}\n"
40
41  # 언덕 등반 탐색
```

```python
42  def hill_climbing(start):
43      current = start
44      while True:
45          print(current)
46          neighbors = current.expand()
47          neighbors.sort(key=lambda x: x.heuristic)
48
49          # 이웃 상태 중 가장 좋은 것 선택
50          if neighbors:
51              best_neighbor = neighbors[0]  # 가장 좋은 이웃 선택
52          else:
53              best_neighbor = None  # 이동할 상태가 없으면 종료
54
55          # 더 나은 상태가 없으면 탐색 종료
56          if best_neighbor is None or best_neighbor.heuristic >= current.heuristic:
57              print("언덕 등반 종료: 더 나은 상태가 없습니다.")
58              break
59
60          current = best_neighbor
61          if current.board == current.goal:
62              print("목표 상태 도달!")
63              break
64
65  # 초기 상태와 목표 상태
66  puzzle = [8, 1, 2, 5, 0, 4, 6, 7, 3]
67  goal = [1, 2, 3, 4, 5, 6, 7, 8, 0]
68  start_state = State(puzzle, goal)
69
70  print("\n=== 언덕 등반 탐색 ===")
71  hill_climbing(start_state)
```

State 클래스에서 __str__ 함수에 얼마나 이동하였는지를 추적하기 위해 추가하였다.

생성자 변경

```python
1  # 상태를 나타내는 클래스
2  class State:
3      def __init__(self, board, goal, moves=0):
4          self.board = board
5          self.goal = goal
6          self.moves = moves
7          self.heuristic = self.calculate_misplaced()
```

7행에서 객체가 생성될 때 바로 휴리스틱 값을 계산하도록 설계하였다.

휴리스틱 함수

```
9       # 잘못된 위치의 타일 개수 계산
10      def calculate_misplaced(self):
11          count = 0  # 잘못된 타일 개수
12          for i in range(9):  # 9개의 타일 검사
13              if self.board[i] != self.goal[i] and self.board[i] != 0:
14                  count += 1  # 잘못된 위치의 타일이면 1 증가
15          return count
```

현재 퍼즐 상태와 목표 상태를 비교하여 잘못된 위치에 있는 타일의 개수를 센다. 13행에서 빈칸(0)은 비교하지 않는다.

이 함수는 객체 생성 시 생성자에서 자동 계산된다. 18행의 get_new_board는 타일을 교환하여 새로운 상태를 생성하고, 24행의 expand 메서드는 빈칸을 상하좌우로 이동해 모든 가능한 상태를 반환한다.

언덕 등반 알고리즘 구현(hill_climbing 함수)

언덕 등반 알고리즘

```
41      # 언덕 등반 탐색
42      def hill_climbing(start):
43          current = start
44          while True:
45              print(current)
46              neighbors = current.expand()
47              neighbors.sort(key=lambda x: x.heuristic)
48
49              # 이웃 상태 중 가장 좋은 것 선택
50              if neighbors:
51                  best_neighbor = neighbors[0]  # 가장 좋은 이웃 선택
52              else:
53                  best_neighbor = None  # 이동할 상태가 없으면 종료
54
55              # 더 나은 상태가 없으면 탐색 종료
56              if best_neighbor is None or best_neighbor.heuristic >= current.heuristic:
57                  print("언덕 등반 종료: 더 나은 상태가 없습니다.")
58                  break
59
60              current = best_neighbor
61              if current.board == current.goal:
62                  print("목표 상태 도달!")
63                  break
```

42행에서 start로 받은 초기 상태를 43행에서 current에 넣는다.

45행에서 현재 상태를 출력하고, 46행의 current.expand()는 현재 상태에서 이동 가능한 모든 다음 상태를 만들어 준다.

아래와 같은 퍼즐이 있을 때

[8, 1, 2]
[5, 0, 4]
[6, 7, 3]

빈칸(0)은 다음과 같이 이동할 수 있고, 아래와 같은 네 가지 상태를 반환하는 것이다.

- 위: 0 ↔ 1
- 아래: 0 ↔ 7
- 왼쪽: 0 ↔ 5
- 오른쪽: 0 ↔ 4

47행에서는 expand()로 얻은 이웃 상태를 좋은 상태(휴리스틱 값이 작은 상태) 순서로 정렬한다.

50~51행에서는 정렬된 이웃 중 첫 번째(가장 좋은 상태)를 best_neighbor에 할당한다. 더 좋은 이웃이 없으면 53행에서 None으로 설정하고, 56행에서 탐색이 종료된다. 그렇지 않으면 60~61행에서 best_neighbor를 current에 넣고 목표 상태에 도달했는지 확인한다.

> **Tip**
>
> - **sort()**: 리스트를 정렬하는 메서드이다. 기본은 오름차순(작은 값 → 큰 값)이며, key 매개변수로 어떤 기준으로 정렬할지 지정할 수 있다.
>   key = lambda x : x.heuristic은 이웃 상태의 휴리스틱 값을 기준으로 정렬하는 것이다.
>
> - **lambda**: 람다는 익명 함수로 함수를 정의하지 않고 간단하게 한 줄로 표현하는 방법이다.
>   위에서 lambda x : x.heuristic은 아래와 같다.
>
> ```
> def get_heuristic(x):
>     return x.heuristic
> neighbors.sort(key=get_heuristic)
> ```

언덕 등반 알고리즘 실행

```
65    # 초기 상태와 목표 상태
66    puzzle = [8, 1, 2, 5, 0, 4, 6, 7, 3]
67    goal = [1, 2, 3, 4, 5, 6, 7, 8, 0]
68    start_state = State(puzzle, goal)
69
70    print("\n=== 언덕 등반 탐색 ===")
71    hill_climbing(start_state)
```

코드 결과

```
=== 언덕 등반 탐색 ===
[8, 1, 2]
[5, 0, 4]
[6, 7, 3]
H: 8, Moves: 0

[8, 1, 2]
[0, 5, 4]
[6, 7, 3]
H: 7, Moves: 1

언덕 등반 종료: 더 나은 상태가 없습니다.
```

66~67행에서 퍼즐 상태와 목표 상태를 설정하고 68행에서 객체를 생성한다.

71행에서 언덕 등반 알고리즘으로 탐색을 실행하면 위와 같은 결과가 나온다.

초기 상태에서는 모든 타일의 위치가 잘못되었기 때문에 h(n)=8로 시작한다.

첫 번째 이동하여 5번 타일이 목표 위치가 되었고, 휴리스틱 값이 7로 감소한다.

하지만 여기서 어떤 이동을 하더라도 잘못된 타일 개수가 7 이하로 줄어들지 않아 탐색이 종료된다.

이처럼 잘못된 타일 개수 방법은 실제 거리 정보를 무시하기 때문에, 겉보기엔 좋아 보이지만 실제 목표와는 멀리 떨어진 상태에서 탐색이 멈출 수 있다.

맨해튼 거리 휴리스틱

맨해튼 거리는 각 타일이 현재 위치에서 목표 위치까지 이동해야 하는 거리(상하좌우 이동 횟수)를 모두 더한 값이다. 이는 실제 이동 비용을 반영하기 때문에 탐색 방향을 더 정확하게 안내할 수 있다.

맨해튼 거리 공식

거리 = | 현재 행 - 목표 행 | + | 현재 열 - 목표 열 |

초기 상태	목표 상태
[8, 1, 2]	[1, 2, 3]
[5, 0, 4]	[4, 5, 6]
[6, 7, 3]	[7, 8, 0]

초기 상태와 목표 상태가 위와 같을 때 타일별 맨해튼 거리는 다음과 같다.

타일	현재 위치	목표 위치	거리(행 차이 + 열 차이)
8	(0, 0)	(2, 1)	3
1	(0, 1)	(0, 0)	1
2	(0, 2)	(0, 1)	1
5	(1, 0)	(1, 1)	1
4	(1, 2)	(1, 0)	2
6	(2, 0)	(1, 2)	3
7	(2, 1)	(2, 0)	1
3	(2, 2)	(0, 2)	2

총 거리는 3 + 1 + 1 + 1 + 2 + 3 + 1 + 2 = 14이다.

이를 반영하기 위해 State 클래스에서 calculate_misplaced 함수를 calculate_manhattan 함수로 변경하고, 생성자에서 휴리스틱 값을 맨해튼 거리로 설정하도록 수정한다.

휴리스틱 함수 변경

```python
# 상태를 나타내는 클래스
class State:
    def __init__(self, board, goal, moves=0):
        self.board = board
        self.goal = goal
        self.moves = moves
        self.heuristic = self.calculate_manhattan()

    # 맨해튼 거리 계산
    def calculate_manhattan(self):
        distance = 0
        for i, value in enumerate(self.board):
```

```
13              if value != 0:
14                  goal_index = self.goal.index(value)
15                  distance += abs(i // 3 - goal_index // 3) + abs(i % 3 - goal_index % 3)
16          return distance
```

12행에서 enumerate(self.board)는 self.board 리스트의 각 요소를 순회하면서 인덱스(i)와 값(value)을 동시에 가져오는 역할을 한다. i는 현재 타일의 위치(인덱스), value는 타일의 숫자를 나타낸다.

13행에서 빈칸(0)은 제외하고, 14행에서 현재 타일(value)이 목표 상태에서 어디에 있는지 목표 위치(goal_index)를 찾는다.

15행에서 i//3과 goal_index//3은 현재 타일과 목표 위치의 행, i % 3과 goal_index%3은 현재 타일과 목표 위치의 열을 의미한다.

> **Tip**
> - enumerate(): 리스트, 튜플 등의 반복 가능한 객체를 순회할 때 인덱스와 값을 동시에 가져올 수 있도록 해주는 함수이다.
> - abs(): 숫자의 절댓값을 반환하는 함수이다. 맨해튼 거리 계산에서 행(row)과 열(column) 간의 차이를 구할 때 음수를 없애기 위해 사용된다.

맨해튼 거리 휴리스틱 적용 후 탐색 결과

코드 결과

```
=== 언덕 등반 탐색(맨해튼 거리) ===
[8, 1, 2]
[5, 0, 4]
[6, 7, 3]
H: 14, Moves: 0

[8, 1, 2]
[0, 5, 4]
[6, 7, 3]
H: 13, Moves: 1

[0, 1, 2]
[8, 5, 4]
[6, 7, 3]
H: 12, Moves: 2
```

[1, 0, 2]
[8, 5, 4]
[6, 7, 3]
H: 11, Moves: 3

[1, 2, 0]
[8, 5, 4]
[6, 7, 3]
H: 10, Moves: 4

언덕 등반 종료: 더 나은 상태가 없습니다.

이번에는 왜 8-퍼즐을 해결하지 못했을까?
탐색이 멈춘 상태는 다음과 같다.

[1, 2, 0]
[8, 5, 4]
[6, 7, 3]

현재 휴리스틱 값은 10이고, 왼쪽 혹은 아래로 이동이 가능하다. 왼쪽으로 이동한다면?

[1, 0, 2]
[8, 5, 4]
[6, 7, 3]

2가 (0, 2) → (0, 1)로 이동하면서 거리가 1 증가하여 휴리스틱 값이 11로 증가하기 때문에 이동하지 않는다. 그렇다면 아래로 이동한다면?

[1, 2, 4]
[8, 5, 0]
[6, 7, 3]

4가 (1,2) → (1,1)로 이동하면서 거리가 1 증가하여 휴리스틱 값이 11로 증가하여 이동하지 않는다.

결국 탐색이 멈춘 상태가 최종 상태이며, 지역 최적점에 갇혀서 탐색이 멈춘 것이다. 하지만 잘못된 타일의 개수 휴리스틱을 사용할 때보다 목표 상태에 훨씬 가까운 상태에서 멈춘다는 점에서 더 효과적임을 확인할 수 있다.

언덕 등반 탐색은 지역 최적점 문제를 해결하기 어렵다는 단점이 있다. 이를 극복하기 위해 최고 우선 탐색 알고리즘을 알아보자.

3. 최고 우선 탐색

최고 우선 탐색(Best-first search)은 가장 가능성이 높은 경로를 먼저 탐색하는 방법이다. 단순히 눈앞의 선택만 보고 결정하는 것이 아니라, 지금까지 찾은 모든 경로 중 가장 좋아 보이는 것을 먼저 탐색하는 것이 특징이다. 즉 언덕 등반 탐색은 현재 상태에서 가장 좋은 방향을 선택하지만, 최고 우선 탐색은 지금까지 탐색한 모든 상태 중에서 가장 좋은 상태를 선택하여 탐색을 진행한다. 이렇게 하면 언덕 등반 탐색에서 발생할 수 있는 지역 최적점의 문제를 보다 효율적으로 해결할 수 있다.

마치 시험 공부를 할 때 모든 문제를 무작정 처음부터 푸는 것이 아니라, 가장 중요한 문제(시험에서 많이 출제되는 유형)부터 푸는 것과 같다. 이렇게 하면 시험에서 높은 점수를 받을 가능성이 높아진다. 최고 우선 탐색도 이처럼 가능성이 높은 길을 먼저 탐색하여 더 빠르게 목표에 도달하는 방법이다.

최고 우선 탐색의 핵심 아이디어는 목표 상태에 가까워 보이는 상태를 우선적으로 선택하는 것이다. 이전 코드와 달라지는 부분은 탐색 함수뿐이다.

전체 코드는 다음과 같다.

전체 코드

```
1   # 상태를 나타내는 클래스
2   class State:
3       def __init__(self, board, goal, moves=0):
4           self.board = board
5           self.goal = goal
6           self.moves = moves
7           self.heuristic = self.calculate_manhattan()
8
```

```python
9      # 맨해튼 거리 계산
10     def calculate_manhattan(self):
11         distance = 0
12         for i, value in enumerate(self.board):
13             if value != 0:
14                 goal_index = self.goal.index(value)
15                 distance += abs(i // 3 - goal_index // 3) + abs(i % 3 - goal_index % 3)
16         return distance
17
18     # 새로운 상태 생성
19     def get_new_board(self, i1, i2):
20         new_board = self.board[:]
21         new_board[i1], new_board[i2] = new_board[i2], new_board[i1]
22         return State(new_board, self.goal, self.moves + 1)
23
24     # 이동 가능한 상태 확장
25     def expand(self):
26         result = []
27         i = self.board.index(0)
28         if i > 2:
29             result.append(self.get_new_board(i, i - 3))  # 위로 이동
30         if i % 3 > 0:
31             result.append(self.get_new_board(i, i - 1))  # 왼쪽 이동
32         if i % 3 < 2:
33             result.append(self.get_new_board(i, i + 1))  # 오른쪽 이동
34         if i < 6:
35             result.append(self.get_new_board(i, i + 3))  # 아래로 이동
36         return result
37
38     # 출력 형식
39     def __str__(self):
40         return f"{self.board[:3]}\n{self.board[3:6]}\n{self.board[6:]}\nH: {self.heuristic}, Moves: {self.moves}\n"
41
42 def best_first_search(start):
43     queue = [start]  # 탐색할 상태를 저장하는 리스트
44     visited = []
45
46     while queue:
47         # 휴리스틱 값이 가장 작은 상태 찾기
48         current = min(queue, key=lambda x: x.heuristic)
49         queue.remove(current)
50
```

```
51          print(current)
52          if current.board == current.goal:
53              print("목표 상태 도달!")
54              return current
55
56          visited.append(current.board)
57
58          # 이웃 상태 탐색
59          for neighbor in current.expand():
60              if neighbor.board not in visited:
61                  queue.append(neighbor)
62
63      print("해결할 수 없습니다.")
64      return None
65  # 초기 상태와 목표 상태 설정
66  puzzle = [8, 1, 2, 5, 0, 4, 6, 7, 3]
67  goal = [1, 2, 3, 4, 5, 6, 7, 8, 0]
68  start_state = State(puzzle, goal)
69
70  print("\n=== 최고 우선 탐색 ===")
71  best_first_search(start_state)
72
```

함수 이름 설정 및 자료구조 초기화

함수 설계 1

```
43  def best_first_search(start):
44      queue = [start]  # 탐색할 상태를 저장하는 리스트
45      visited = []
```

- **queue**: 탐색할 상태를 저장하는 리스트이다.
- **visited**: 이미 탐색한 상태를 저장하여 중복 탐색을 방지한다.

여기서 queue를 리스트로 사용하지만, 우선순위 큐(heapq)를 사용하면 더 효율적이다. 이는 이후에 적용해 보자.

가장 유망한 상태 선택

함수 설계 2

```
43    def best_first_search(start):
44        queue = [start]  # 탐색할 상태를 저장하는 리스트
45        visited = []
46
47        while queue:
48            # 휴리스틱 값이 가장 작은 상태 찾기
49            current = min(queue, key=lambda x: x.heuristic)
50            queue.remove(current)
```

queue에 탐색할 상태가 있는 동안 반복문을 실행한다.

49행에서 min(queue, key=lambda x: x.heuristic)으로 queue 리스트에서 휴리스틱 값이 가장 작은 상태를 선택한다. 즉 목표 상태에 가장 가까워 보이는 상태를 선택한다.

50행에서 탐색을 완료했기 때문에 queue.remove(current)로 선택한 상태를 queue에서 제거한다.

현재 상태 출력 및 목표 상태 도달 여부 확인

함수 설계 3

```
43    def best_first_search(start):
44        queue = [start]  # 탐색할 상태를 저장하는 리스트
45        visited = []
46
47        while queue:
48            # 휴리스틱 값이 가장 작은 상태 찾기
49            current = min(queue, key=lambda x: x.heuristic)
50            queue.remove(current)
51
52            print(current)
53            if current.board == current.goal:
54                print("목표 상태 도달!")
55                return current
```

52행에서 현재 상태를 출력하여 탐색 과정을 확인할 수 있도록 하고, 53행에서 현재 상태의 board가 목표 상태 goal과 같다면 탐색을 종료한다.

새로운 상태 확장 및 추가

함수 설계 4

```
57        visited.append(current.board)
58
59        # 이웃 상태 탐색
60        for neighbor in current.expand():
61            if neighbor.board not in visited:
62                queue.append(neighbor)
63
64    print("해결할 수 없습니다.")
65    return None
```

57행에서 현재 탐색한 상태를 visited 리스트에 추가하여 중복 방문을 방지한다.

60행에서 current.expand()를 호출하여 현재 상태에서 이동할 수 있는 모든 새로운 상태를 생성한다.

61행에서 생성된 neighbor(이웃 상태)가 visited 리스트에 없다면 탐색할 리스트(queue)에 추가한다.

64행에서 while 루프가 끝나면 탐색할 상태가 없다는 의미이므로 해결할 수 없음을 출력하고, None을 반환하여 해결 불가능한 경우로 처리한다.

코드 결과

```
H: 4, Moves: 42

[1, 0, 2]
[4, 5, 3]
[7, 8, 6]
H: 3, Moves: 43

[1, 2, 0]
[4, 5, 3]
[7, 8, 6]
H: 2, Moves: 44

[1, 2, 3]
[4, 5, 0]
[7, 8, 6]
H: 1, Moves: 45

[1, 2, 3]
[4, 5, 6]
[7, 8, 0]
H: 0, Moves: 46

목표 상태 도달!
```

실행해 보면 위와 같이 드디어 8-퍼즐을 해결한 것을 볼 수 있다. 언덕 등반 탐색과 달리 최고 우선 탐색이 8-퍼즐을 완벽하게 해결하는 이유는 다음과 같다.

- 여러 가능성을 유지하면서 탐색할 수 있다. 즉 현재 상태에서 가장 좋은 방향을 선택하지만, 실패할 경우 다른 경로도 고려할 수 있기 때문에 지역 최적점에 빠지지 않고 목표 상태까지 도달할 수 있다.
- 뒤로 돌아갈 수 있어 더 나은 경로를 찾을 수 있다. 언덕 등반은 한번 선택한 방향을 유지하지만, 최고 우선 탐색은 더 나은 경로가 나타나면 그쪽으로 이동할 수 있으므로 잘못된 선택을 해도 회복이 가능하다.

이렇게 최고 우선 탐색으로 8-퍼즐을 해결하였지만, 우리는 조금 비효율적으로 해결을 하였다. 그 이유는 queue 리스트에서 매번 min(queue, key=lambda x: x.heuristic)을 사용하여 최솟값을 찾는데, 리스트 크기가 커질수록 탐색 시간이 오래 걸리기 때문이다. 이 문제를 해결하려면 우선순위 큐(heapq)를 사용하는 것이 좋다.

우선순위 큐(heapq)를 써야 하는 이유

우선순위 큐(heapq)는 우선순위가 높은 데이터를 먼저 처리하는 큐이다. 일반 큐 자료 구조가 병원에서 접수한 순서대로 진료를 받는 것에 비유할 수 있다면, 우선순위 큐 자료 구조는 응급실 진료처럼 상태가 심각한 환자가 먼저 치료를 받는 것에 비유할 수 있다. 즉 우선순위 큐 heapq를 사용하면 자동으로 가장 작은 휴리스틱 값을 가진 노드를 먼저 반환해 주기 때문에 최솟값을 찾는 연산이 매우 빠르게 이루어져 성능이 좋아진다.

성적표에서 1등을 찾는다고 가정할 때 기존의 방식(min() 사용)은 모든 학생의 성적을 다 확인하고 최고 점수를 찾는 방법이고, 효율적인 탐색(heapq 사용)은 1등을 항상 맨 위로 자동으로 정렬하는 방법이라고 생각하면 된다.

전체 코드는 다음과 같다.

전체 코드

```
1   import heapq
2   # 상태를 나타내는 클래스
3   class State:
4       def __init__(self, board, goal, moves=0):
5           self.board = board
6           self.goal = goal
7           self.moves = moves
8           self.heuristic = self.calculate_manhattan()
```

```python
9
10      # 맨해튼 거리 계산
11      def calculate_manhattan(self):
12          distance = 0
13          for i, value in enumerate(self.board):
14              if value != 0:
15                  goal_index = self.goal.index(value)
16                  distance += abs(i // 3 - goal_index // 3) + abs(i % 3 - goal_index % 3)
17          return distance
18
19      # 새로운 상태 생성
20      def get_new_board(self, i1, i2):
21          new_board = self.board[:]
22          new_board[i1], new_board[i2] = new_board[i2], new_board[i1]
23          return State(new_board, self.goal, self.moves + 1)
24
25      # 이동 가능한 상태 확장
26      def expand(self):
27          result = []
28          i = self.board.index(0)
29          if i > 2:
30              result.append(self.get_new_board(i, i - 3))  # 위로 이동
31          if i % 3 > 0:
32              result.append(self.get_new_board(i, i - 1))  # 왼쪽으로 이동
33          if i % 3 < 2:
34              result.append(self.get_new_board(i, i + 1))  # 오른쪽으로 이동
35          if i < 6:
36              result.append(self.get_new_board(i, i + 3))  # 아래로 이동
37          return result
38      # 우선순위 큐에서 비교를 위해 __lt__ 정의
39      def __lt__(self, other):
40          return self.heuristic < other.heuristic
41      # 출력 형식
42      def __str__(self):
43          return f"{self.board[:3]}\n{self.board[3:6]}\n{self.board[6:]}\nH: {self.heuristic}, Moves: {self.moves}\n"
44  def best_first_search(start):
45      queue = []
46      heapq.heappush(queue, start)  # 우선순위 큐 사용
47      visited = []
48
49      while queue:
50          current = heapq.heappop(queue)  # 자동으로 가장 작은 휴리스틱 값을 가진 노드를 선택
```

```
51
52          print(current)
53          if current.board == current.goal:
54              print("목표 상태 도달!")
55              return current
56
57          visited.append(current.board)
58
59          for neighbor in current.expand():
60              if neighbor.board not in visited:
61                  heapq.heappush(queue, neighbor)  # 새로운 상태를 우선순위 큐에 추가
62
63      print("해결할 수 없습니다.")
64      return None
65
66  # 초기 상태와 목표 상태 설정
67  puzzle = [8, 1, 2, 5, 0, 4, 6, 7, 3]
68  goal = [1, 2, 3, 4, 5, 6, 7, 8, 0]
69  start_state = State(puzzle, goal)
70
71  print("\n=== 최고 우선 탐색(우선순위 큐) ===")
72  best_first_search(start_state)
```

달라진 점은 1행에서 우선순위 큐를 사용하기 위해 import heapq를 추가하고, 46행과 50행에서, 우선순위 큐 함수를 사용하는 것뿐이다. 실행 결과가 달라지지는 않지만 성능이 올라간다. 50행에서 heapq.heappush()로 자동으로 가장 작은 값이 먼저 나오도록 정렬되면 heapq.heappop()으로 최솟값을 빠르게 추출할 수 있다.

최고 우선 탐색은 목표에 가까워 보이는 길을 먼저 탐색하므로 빠르게 해결할 수 있는 문제에서 매우 효과적이다. 하지만 완전한 해답을 보장하지 않는 경우도 있으니 A* 탐색에서 이 문제를 개선해 보자!

4. A* 알고리즘

A*(A* Search) 알고리즘은 휴리스틱 값뿐만 아니라 현재까지의 이동 비용도 함께 고려하는 탐색 기법이다. 즉 $f(n)=g(n)+h(n)$에서 드디어 $g(n)$ 값을 적극적으로 반영한다는 의미이다. 이를 통해 최적의 경로를 찾으면서도 탐색의 효율을 높일 수 있다.

A* 알고리즘은 '스타크래프트', '리그 오브 레전드(LoL)', 오픈 월드 게임 등에서 캐릭터가

목적지까지 최적의 경로를 찾거나 내비게이션 시스템의 최단 경로 탐색 등에 널리 사용된다.

A* 알고리즘의 탐색 과정
초기 상태에서 이동할 수 있는 모든 경우의 수 생성
초기 상태와 목표 상태는 다음과 같다.

초기 상태	목표 상태
[8, 1, 2]	[1, 2, 3]
[5, 0, 4]	[4, 5, 6]
[6, 7, 3]	[7, 8, 0]

빈칸(0)의 위치는 (1, 1)이며, 가능한 이동 방향은 위, 아래, 왼쪽, 오른쪽이다.

각 상태마다 f(n) = g(n) + h(n) 값 계산
g(n)은 현재까지 이동한 횟수이며 초기 상태에서는 0, 다음 상태는 1이다.
h(n)은 맨해튼 거리로 각 숫자가 목표 위치까지 가야 하는 거리의 합이다.

① 0 ↔ 1 교환

[8, 0, 2]
[5, 1, 4]
[6, 7, 3]

이동 횟수 g(n)은 1이며, 맨해튼 거리 h(n)은 3 + 1 + 1 + 2 + 2 + 1 + 2 = 12로 f(n)은 13이다.

② 0 ↔ 5 교환

[8, 1, 2]
[0, 5, 4]
[6, 7, 3]

이동 횟수 g(n)은 1이며, 맨해튼 거리 h(n)은 3 + 1 + 1 + 2 + 1 + 2 = 10으로 f(n)은 11이다.

가장 작은 f(n) 값을 가진 상태를 선택하여 탐색 진행

이런 식으로 나머지 방향도 계산하였을 때 0과 5를 교환하는 방향으로 탐색을 진행하는 것이 최적의 선택임을 알 수 있다.

목표 상태에 도달할 때까지 반복

이러한 과정을 반복하면 A* 알고리즘은 최단 경로를 보장하면서도 불필요한 탐색을 줄여 효율적으로 해결할 수 있다.

그럼 A* 알고리즘을 구현해 보자. 전체 코드는 다음과 같다.

전체 코드

```python
import heapq
class State: # 상태를 나타내는 클래스
    def __init__(self, board, goal, moves=0):
        self.board = board
        self.goal = goal
        self.moves = moves  # g(n) 값
        self.heuristic = self.calculate_manhattan()  # h(n) 값
        self.total_cost = self.moves + self.heuristic  # f(n) = g(n) + h(n)

    # 맨해튼 거리 계산
    def calculate_manhattan(self):
        distance = 0
        for i, value in enumerate(self.board):
            if value != 0:
                goal_index = self.goal.index(value)
                distance += abs(i // 3 - goal_index // 3) + abs(i % 3 - goal_index % 3)
        return distance

    # 새로운 상태 생성
    def get_new_board(self, i1, i2):
        new_board = self.board[:]
        new_board[i1], new_board[i2] = new_board[i2], new_board[i1]
        return State(new_board, self.goal, self.moves + 1)

    # 이동 가능한 상태 확장
    def expand(self):
        result = []
        i = self.board.index(0)
        if i > 2:
```

```python
                result.append(self.get_new_board(i, i - 3))  # 위로 이동
            if i % 3 > 0:
                result.append(self.get_new_board(i, i - 1))  # 왼쪽으로 이동
            if i % 3 < 2:
                result.append(self.get_new_board(i, i + 1))  # 오른쪽으로 이동
            if i < 6:
                result.append(self.get_new_board(i, i + 3))  # 아래로 이동
        return result

    # 우선순위 큐에서 비교를 위해 __lt__ 정의 (A*에서는 f(n) 기준)
    def __lt__(self, other):
        return self.total_cost < other.total_cost

    # 출력 형식
    def __str__(self):
        return f"{self.board[:3]}\n{self.board[3:6]}\n{self.board[6:]}\nH: {self.heuristic}, G(Moves): {self.moves}, F: {self.total_cost}\n"
# A* 탐색 함수
def a_star_search(start):
    queue = []
    heapq.heappush(queue, start)  # 우선순위 큐 사용
    visited = []  # 방문한 상태를 리스트로 저장

    while queue:
        current = heapq.heappop(queue)  # 자동으로 f(n)이 가장 작은 노드를 선택

        print(current)
        if current.board == current.goal:
            print("목표 상태 도달!")
            return current

        visited.append(current.board)  # 리스트에 추가 (중복 방지)

        for neighbor in current.expand():
            if neighbor.board not in visited:  # 리스트에서 중복 검사
                heapq.heappush(queue, neighbor)  # 새로운 상태를 우선순위 큐에 추가

    print("해결할 수 없습니다.")
    return None
# 초기 상태와 목표 상태 설정
puzzle = [8, 1, 2, 5, 0, 4, 6, 7, 3]
goal = [1, 2, 3, 4, 5, 6, 7, 8, 0]
```

```
71    start_state = State(puzzle, goal)
72    print("\n=== A* 탐색 ===")
73    a_star_search(start_state)
```

기존 코드에서 달라진 점은 생성자와 우선순위 큐 비교 함수뿐이다.

클래스 변경점

```
1   import heapq
2   class State:  # 상태를 나타내는 클래스
3       def __init__(self, board, goal, moves=0):
4           self.board = board
5           self.goal = goal
6           self.moves = moves  # g(n) 값
7           self.heuristic = self.calculate_manhattan()  # h(n) 값
8           self.total_cost = self.moves + self.heuristic  # f(n) = g(n) + h(n)
```

A* 알고리즘은 단순히 휴리스틱 값만이 아닌 휴리스틱과 이동 비용의 합(f(n))을 고려하기 때문에, 8행에 f(n) 값인 total_cost = moves(g(n)) + heuristic(h(n))을 새롭게 정의하였다.

함수 변경점

```
39      # 우선순위 큐에서 비교를 위해 __lt__ 정의 (A*에서는 f(n) 기준)
40      def __lt__(self, other):
41          return self.total_cost < other.total_cost
42
43      # 출력 형식
44      def __str__(self):
45          return f"{self.board[:3]}\n{self.board[3:6]}\n{self.board[6:]}\nH: {self.heuristic}, G(Moves): {self.moves}, F: {self.total_cost}\n"
```

우선순위 큐에서 비교를 위한 __lt__ 함수를 기존 h(n) 기준에서 f(n) 기준으로 변경하여, 이동 비용까지 고려하도록 수정하였다. 이외에는 기존의 탐색 방식과 동일하다.

코드 결과

```
H: 7, G(Moves): 11, F: 18

[1, 2, 4]
[8, 5, 6]
[7, 0, 3]
H: 7, G(Moves): 11, F: 18
```

```
[1, 2, 3]
[4, 5, 0]
[7, 8, 6]
H: 1, G(Moves): 17, F: 18

[1, 2, 3]
[4, 5, 0]
[8, 6, 7]
H: 5, G(Moves): 13, F: 18

[1, 2, 3]
[4, 5, 6]
[7, 8, 0]
H: 0, G(Moves): 18, F: 18
```

목표 상태 도달!

언덕 등반 탐색 알고리즘은 탐색이 중지되었고, 최고 우선 탐색은 총 46회 이동 후에 목표 상태에 도달했다. 그러나 A* 알고리즘에서는 단 18회 이동만으로 문제를 해결했다. 놀랍지 않은가? 기존의 최고 우선 탐색 알고리즘에서 단순히 휴리스틱 평가 방식만 변경했을 뿐인데 탐색 효율이 대폭 향상되었다. 이는 A* 알고리즘이 단순 휴리스틱 탐색보다 훨씬 효율적이며, 최단 경로를 보장하기 때문이다.

지금까지 우리는 다양한 탐색 알고리즘을 학습하고 실습해 보았다.
- **맹목적 탐색 방식(DFS, BFS)**: 최적의 해를 보장하지만 탐색 범위가 넓어 비효율적이다.
- **순수 휴리스틱 기반 탐색(언덕 등반, 최고 우선)**: 탐색 속도는 빠르지만, 지역 최적점 문제로 인해 항상 최적의 해를 찾지 못할 수 있다.
- **A* 알고리즘(휴리스틱 + 이동 비용 고려)**: 휴리스틱을 사용하지만, 이동 비용도 함께 고려하여 최적의 해를 보장하면서도 빠르게 탐색할 수 있다.

탐색 알고리즘을 학습한 여러분은 이제 다양한 문제 해결 방법을 알고 있으며, 이를 활용해 더욱 복잡한 문제도 해결할 수 있을 것이다. 앞으로 AI, 경로 탐색, 최적화 알고리즘을 배울 때도 이러한 탐색 기법은 중요한 기초가 될 것이다.

| CHAPTER 5 |

딥러닝

공부하는 인공지능, 손실함수

인공지능, 학습

📋 시작하기

우리가 무언가를 배울 때는 항상 '틀림'이 따라옵니다. 농구를 하다가 슛을 던졌는데 골대에서 많이 빗나갔다면 다음엔 각도와 힘을 조절해 슛을 성공시키려 합니다. 시험에서 틀린 문제를 확인하면 왜 틀렸는지 분석하고 다시 공부합니다. 그러면 인공지능은 어떻게 더 정확해질 수 있는 걸까요?

1. 알고 가기

인공지능이란 무엇일까?

인공지능에 대해서는 여러 정의가 있지만 모든 정의를 다 다룰 수는 없으니, 여기서는 학습에 초점을 둔 정의를 살펴보자.

위키피디아에서는 인공지능을 '인간의 지능을 모방한 기능을 갖춘 컴퓨터 시스템이며, 인간의 지능을 기계 등에 인공적으로 시연(구현)한 것'이라고 정의하고 있다.

| 인공지능은 |  인간의 지능을 모방한 기능을 갖춘 컴퓨터 시스템이며, | 인간의 지능을 기계 등에 인공적으로 시연(구현)한 것이다. |

그렇다면 지능이란 무엇일까? 다시 위키피디아의 설명을 보자. 많은 연구자의 정의 중에서도 눈에 띄는 정의가 있다. 지능을 '학습 능력'이라고 설명한 정의다.

> "지능은 학습 능력(Learning Ability)과 관련이 있다. 특별한 영역에 지적 능력을 가진 사람은 그렇지 않은 사람보다 더 신속하게 새로운 정보를 처리할 수 있다."
> (출처: https://ko.wikipedia.org/wiki/%EC%A7%80%EB%8A%A5)

그럼, 앞서 살펴본 인공지능의 정의에서 '지능'이라는 단어를 '학습 능력'으로 바꾸어 문장을 만들어 보자. 그 결과, 인공지능의 정의는 다음과 같이 말할 수 있다.

> "인간의 학습 능력을 모방한 기능을 갖춘 컴퓨터 시스템이며, 인간의 학습 능력을 기계 등에 인공적으로 시연(구현)한 것이다."

데이터에서 얻든 무수한 시행착오를 거쳐서든, 인공지능의 많은 알고리즘은 '어떻게 학습'할 것인지에 따라 구분되며 각자 나름의 방법으로 학습하고 시연해 나가도록 프로그래밍해 나간다.

그렇다면 우리는 '학습을 잘했다.', '공부를 다했다.'라고 어떻게 판단할까? 일반적으로, 다양한 형태의 시험을 보고 점수를 매긴 뒤에 합격선을 통과했는지 아닌지로 합격과 불합격을 결정하기도 하고, 공부를 잘하는 학생과 아닌 학생이 구분되기도 하고, 노력 여부도 평가받는다. 인공지능도 마찬가지이다. 학습을 잘했는지 못했는지는 점수로 평가한다. 학습을 얼마나 잘했는지 여부를 '손실함수(Loss Function)의 값'으로 판단하는 것이다. 그러므로 '인공지능의 학습은 손실함수를 줄여 나가는 것'이라고 말할 수 있다.

> 인공지능 학습의 목표: 손실함수의 값을 최소화하는 것

이번 단원에서는 손실함수를 중심으로 딥러닝이 어떻게 학습을 해나가는지 자세히 살펴보자.

인공신경망

인공신경망, 퍼셉트론, 다층 퍼셉트론

📋 시작하기

사람의 뇌에는 수많은 신경세포(뉴런)가 서로 연결되어 정보를 주고받습니다. 우리는 이를 통해 생각하고, 기억하고, 판단합니다. 인공지능의 한 분야인 인공신경망(ANN)은 바로 이 원리를 모방하여 만든 알고리즘입니다. 친구의 얼굴을 알아보는 과정도 뇌의 여러 뉴런이 단계적으로 정보를 처리한 결과라고 한다면, 인공지능은 어떻게 최종적으로 원하는 결과를 내놓을 수 있는 것일까요?

1. 알고 가기

공부에는 왕도가 없다. 꾸준히 매일, 반복해서 해야 한다. 인공지능도 마찬가지이다. 그러면 인공신경망은 학습을 어떻게 해나갈까?

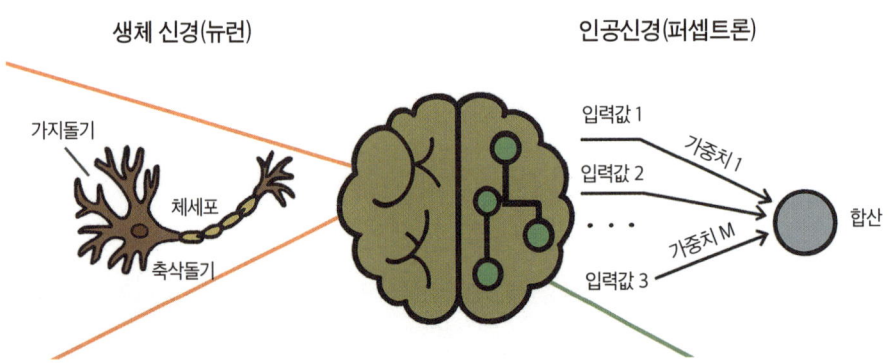

인공신경망(ANN: Artificial neural network)은 머신러닝(기계학습)과 인지과학에서 동물의 중추신경계, 특히 뇌의 신경망에서 영감을 받아 개발된 알고리즘이다. 인공신경망은 시냅스를 모방한 연결을 통해 네트워크를 형성한 인공 뉴런(노드)으로 구성되며, 학습 과정을 통해 시냅스 결합 강도를 조정하여 문제를 해결하는 능력을 갖춘 모델을 말한다. 인공신경망의 계층을 깊게 쌓은 형태를 딥러닝(Deep Learning)이라고 한다. 데이터를 계층적으로 처리하여 높은 수준의 특징을 학습하며, 특히 방대한 데이터와 강력한 컴퓨팅 자원을 활용해 이미지, 음성, 텍스트 등의 복잡한 문제를 해결한다는 것이 강점이다.

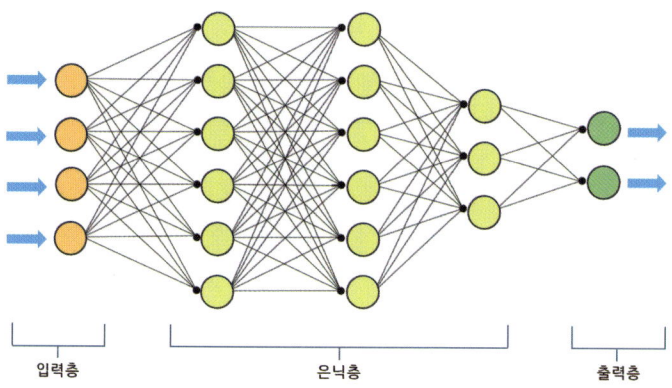

인공신경망의 구조

신경망은 일반적으로 입력층(Input layer), 은닉층(Hidden layer), 출력층(Output layer)으로 나뉘며, 각 층의 노드 개수와 구조는 서로 다르다. 하나의 층(Layer)은 여러 개의 노드로 구성되며, 각 층의 노드 수는 신경망 구조를 설계할 때 사람이 결정할 수 있다.

2. 인공신경망의 구조

입력층

입력층(Input layer)은 외부 데이터가 신경망으로 처음 들어오는 부분으로, 입력층 노드가 데이터를 받아들인다. 입력 데이터는 일반적으로 수치 데이터로 표현된다. 이때 입력층의 노드 수는 입력 데이터의 특징(Feature) 수에 따라 결정된다. 예를 들어, 28×28 크기의 이미지 데이터는 784(=28×28)개의 입력 노드를 가지게 된다. 이미지 데이터의 픽셀 값, 텍스트 데이터의 단어 벡터, 센서에서 수집한 데이터 등이 그 예다.

은닉층

용어	설명
은닉층(Hidden layer)	겉으로 보이지 않는 계산 단계. 입력 데이터를 가공해 인공지능이 올바른 결정을 할 수 있도록 값을 바꿔 주는 중간 작업실이다.
노드(Node)	은닉층의 구성요소로, 실제로 계산을 수행하는 작은 계산기 한 칸이다.
레이어(Layer)	문제를 풀 때 거치는 단계의 수. 인공신경망의 층의 깊이다.

인공신경망에서 은닉층(Hidden layer)은 눈에 보이지 않는 비밀 작업실과 같다. 입력층이 받아들인 원본 데이터를 이 작업실에서 여러 층을 거치면서 가공하면 인공지능이 결정하기에 적합한 형태의 정보로 바뀐다. 이 가공 과정을 담당하는 작은 계산 단위가 노드(또는 뉴런)인데, 각각 숫자를 더하고 곱하며 조금씩 인공지능의 기능에 맞는 결과로 바뀌게 된다.

은닉층이 한 개만 있으면 데이터를 한 번만 다듬고 끝나지만 두 번 세 번… 여러 층을 거치면 사진 편집 프로그램에서 밝기→색상→필터를 차례로 넣는 것처럼 점점 더 복잡하고 추상적인 특징이 나타난다. 이렇게 층을 많이 두면 세밀한 분석이 가능해지지만, 지나치게 많으면 훈련용 데이터만 달달 외워 버려서 새 문제를 잘 못 푸는 과적합이 일어난다. 반대로, 층과 노드가 너무 적으면 데이터의 중요한 특징을 놓쳐 과소적합이 발생한다.

따라서 신경망을 설계할 때는 "몇 층을 둘 것인가?"(깊이)와 "각 층에 노드를 몇 개 둘 것인가?"(넓이)를 적절히 골라야 한다. 정답은 정해져 있지 않으므로, 학습 결과를 확인하면서 층 수와 노드 수를 조금씩 바꿔 보는 하이퍼파라미터 튜닝 과정을 거쳐야 깊이와 넓이의 최적의 조합을 찾을 수 있다.

요약하면, 은닉층은 입력을 여러 단계로 다듬어 문제를 해결할 실마리를 만들어 주는 곳이고, 층 수와 노드 수를 현명하게 조절해야만 신경망이 새로운 데이터를 제대로 이해하고 예측할 수 있다.

출력층

출력층(Output layer)은 인공신경망에서 최종 결과를 생성하는 층으로, 신경망의 학습 결과를 외부로 전달하는 역할을 한다. 출력층은 은닉층에서 추출된 특징을 기반으로 입력 데이터를 해석하여 모델이 의도한 목적에 맞는 결과를 출력한다.

신경망의 출력층은 문제에서 '마지막으로 알고 싶은 값'을 꺼내 주는 창구이다. 회귀 문제처럼 키, 주택 가격, 온도 등 하나의 연속적인 숫자를 예측할 때는 창구가 하나면 충분하다. 계산이 끝나면 그 하나의 노드가 바로 예측값을 내놓는다.

이진 분류 문제(예: 메일이 스팸인가 아닌가?)는 참 또는 거짓, 0 또는 1 가운데 어디에 더 가까운가를 묻는 일이므로, 역시 하나의 노드만 있으면 된다. 이 노드는 "1이 나올 확률이 얼마나 되는가?"라는 질문에 값(0과 1 사이의 확률)을 출력한다.

다중 분류 문제(예: 사진 속 동물이 고양이·강아지·토끼 중 어느 것인가?)는 선택지가 여러 개라서 선택지마다 창구를 하나씩 마련해 둔다. 고양이 노드, 강아지 노드, 토끼 노드처럼 클래스 수만큼 노드를 만들고, 각 노드가 자신이 맡은 클래스일 확률을 알려 준다. 가장 큰 확률을 내놓은 노드가 신경망의 최종 판단이 된다.

요컨대, '예측해야 할 값이 하나면 노드도 하나, 선택지가 여러 개면 선택지 수만큼 노드를 둔다.'라는 간단한 규칙으로 출력층의 노드 수가 결정된다.

출력층의 설계는 모델의 목적과 밀접한 관련이 있다. 잘못된 출력층 구조를 사용하면 모델이 학습을 제대로 수행하지 못하거나 원하는 결과를 얻지 못할 수 있다. 따라서 출력층을 설계할 때는 문제의 유형, 출력값의 범위, 그리고 결과 해석 방법을 충분히 고려해야 한다.

출력층은 신경망의 마지막 단계로, 최종 결과를 생성하는 데 핵심적인 역할을 하며 모델의 성능에 직접적인 영향을 미친다.

│ 실습하기 │

- **분류 모델 정의**
  분류 모델은 훈련 데이터를 이용해 각 그룹의 특징을 학습한 후 새로운 데이터가 어느 그룹에 속하는지 판별하는 방법이다. 딥러닝을 활용하면 여러 층의 신경망을 통해 이미지(예: 운동화, 셔츠 등)를 분류할 수 있다.

- **데이터세트(Fashion-MNIST)**
  70,000개의 흑백 이미지(28×28 해상도)
  60,000개는 학습용, 10,000개는 테스트용

- **의류 10종류로 구성**
  각 클래스에 0~9 번호 부여, class_names 리스트로 이름 설정

코드

```python
# 라이브러리 불러오기
import tensorflow as tf        # tensorflow를 tf로 불러오기
from tensorflow import keras   # keras 불러오기
import matplotlib.pyplot as plt  # 그래프 그리기
```

```python
import numpy as np          # 다차원 배열, 수치 계산 도구
# 데이터세트 불러오기
fashion_mnist = keras.datasets.fashion_mnist
(train_images, train_labels), (test_images, test_labels) = fashion_mnist.load_data()
# 클래스 이름 설정
# 의류 10종류로 구성
# 각 클래스에 0~9 번호 부여, class_names 리스트로 이름 설정
class_names = [
    'T-shirt/top', 'Trouser', 'Pullover', 'Dress', 'Coat',
    'Sandal', 'Shirt', 'Sneaker', 'Bag', 'Ankle boot'
]
# 이미지 샘플 출력
plt.figure(figsize=(10 ,10 ))
for i in range (25 ):
    plt.subplot(5 ,5 ,i+1 )
    plt.xticks([])
    plt.yticks([])
    plt.grid(False )
    plt.imshow(train_images[i], cmap=plt.cm.binary)
    plt.xlabel(class_names[train_labels[i]])
plt.show()
```

```python
# 정규화하기 전 픽셀 값이 0-255 범위
plt.figure()
plt.imshow(train_images[1])
plt.colorbar()
plt.grid(False)
plt.show()
```

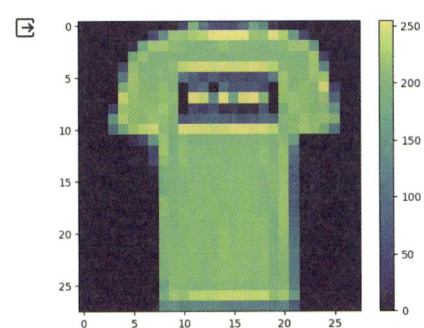

```python
# 픽셀 값이 0-255 범위이므로 255.0으로 나누어 0.1 범위로 정규화
# 이렇게 하면 신경망이 학습하기 더 용이해짐
train_images = train_images / 255.0
test_images = test_images / 255.0

plt.figure()
plt.imshow(train_images[1])
plt.colorbar()
plt.grid(False)
plt.show()
```

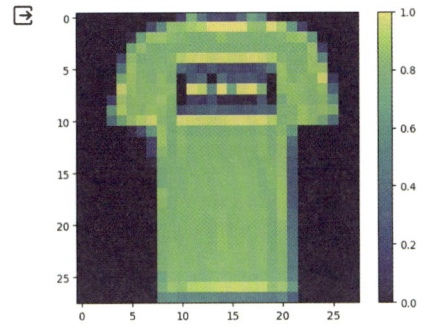

```python
# 신경망 모델 구성
# Flatten: 2차원 이미지를 1차원 배열로 변환
# Dense(128, relu): 은닉층, ReLU 활성화로 비선형성 확보
# Dense(10, softmax): 출력층, 각 클래스별 확률 계산
model = keras.Sequential([
    keras.layers.Flatten(input_shape=(28 , 28 )),
    keras.layers.Dense(128 , activation='sigmoid'),
    keras.layers.Dense(10 , activation='softmax')
])
# 모델 컴파일
# sparse_categorical_crossentropy → 정수 인덱스 형태 출력에 사용하는 손실함수
```

```python
model.compile (
    loss='sparse_categorical_crossentropy',
    metrics=['accuracy']
)

# 모델 학습
# fit은 "데이터에 맞춰서(model을) 적합시키다"라는 의미입니다.
# 학습 데이터를 전체 한 번 다 사용하는 과정을 에포크(Epoch)라고 합니다.
# epochs=5 → 전체 데이터세트를 5번 반복 학습하겠다는 의미입니다.
# "훈련 이미지와 정답 레이블을 이용해 모델을 5번 반복해서 학습시킨다"
# 에포크(epoch) 수 조절로 성능 변화를 관찰 가능
model.fit(train_images, train_labels, epochs=5 )

# 정확도 평가
test_loss, test_acc = model.evaluate(test_images, test_labels, verbose=2 )
print ('테스트 정확도:', test_acc)
```

```
Epoch 1/5
1875/1875 ──────────── 9s 5ms/step - accuracy: 0.7676 - loss: 0.7082
Epoch 2/5
1875/1875 ──────────── 9s 5ms/step - accuracy: 0.8532 - loss: 0.4035
Epoch 3/5
1875/1875 ──────────── 8s 4ms/step - accuracy: 0.8688 - loss: 0.3610
Epoch 4/5
1875/1875 ──────────── 9s 5ms/step - accuracy: 0.8765 - loss: 0.3415
Epoch 5/5
1875/1875 ──────────── 9s 5ms/step - accuracy: 0.8848 - loss: 0.3225
313/313 - 1s - 3ms/step - accuracy: 0.8729 - loss: 0.3547
테스트 정확도: 0.8729000091552734
```

```python
# 예측하기
predictions = model.predict(test_images)
print(class_names[np.argmax(predictions[1])])
plt.figure()
plt.imshow(test_images[1])
plt.colorbar()
plt.grid(False)
plt.show()
```

인공신경망 학습의 전체 과정

인공신경망의 학습은 다음과 같은 과정을 거친다.

실제로 건물을 이렇게 공사하면 큰일이 나지만 이 흐름을 이미지처럼 떠올려 보자.

퍼셉트론	건물을 짓기 전 벽돌 한 장
신경망의 순전파	벽돌을 층층이 쌓아 건물(예측)을 완성
오차 계산	완성된 건물 옥상에서 설계도(정답)를 비교해 어디가 어긋났는지를 측정
신경망의 역전파	오차 정보를 아래층으로 돌려보내 각 벽돌의 위치 오차를 계산
계층화를 통한 학습	벽돌을 살짝씩 옮겨 다음 시도에 더 정확한 건물을 짓도록 조정

인공신경망의 구조를 살펴보았으니, 이제 인공신경망의 내부를 자세히 살펴보자.

3. 퍼셉트론

퍼셉트론(Perceptron)은 신경망 노드(또는 뉴런)를 이루는 가장 작은 기본 단위이다. 1958년 프랭크 로젠블라트(Frank Rosenblatt)가 제안한 알고리즘이다. 퍼셉트론은 이진 분류 문제를 해결하기 위해 고안된 단층 신경망(Single-layer neural network)으로, 주어진 입력 데이터를 기반으로 단순한 선형 분류 모델을 생성한다. 이에 대해 자세히 알아보자.

퍼셉트론의 기본 공식

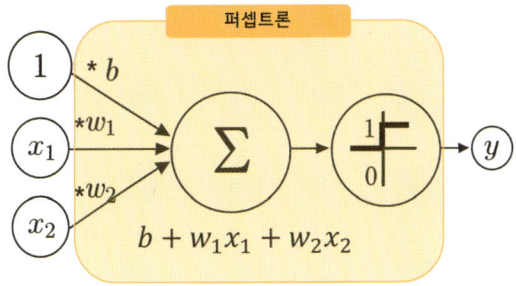

노드는 여러 입력값을 받아 각 입력에 가중치를 곱해 더한 뒤(가중합), 일정 기준(활성화 함수)을 충족하면 "네, 맞아요!" 하고 1을 내보내고, 충족하지 못하면 0을 내보내는 작은 의사결정 장치이다. 이렇게 동작하는 하나의 계산 장치를 퍼셉트론이라고 부르며, 그림

에서 동그라미들을 묶은 부분이 퍼셉트론인 셈이다.

복잡한 신경망도 결국은 수많은 퍼셉트론이 층별로 이어져 입력을 차례로 가공하고, 마지막 출력층에서 원하는 결과를 내놓도록 설계된 것이다. 따라서 '퍼셉트론=노드=신경망을 이루는 최소 계산 단위'로 기억하면 된다.

퍼셉트론은 입력값에 가중치(weight)와 바이어스(bias)를 적용해 계산한 뒤, 결괏값이 특정 기준(계단함수 기준값)을 넘으면 1, 그렇지 않으면 0을 출력하는 이진 분류기이다.

1.1 총합 계산:

$z = w \cdot x + b = w_1 x_1 + w_2 x_2 + b$

- $x = [x_1, x_2]$: 입력
- $w = [w_1, w_2]$: 가중치
- b : 바이어스(bias)
- z : 가중합(weighted sum)

1.2 계단함수 적용:

$$y = f(z) = \begin{cases} 1, & \text{if } z > 0 \\ 0, & \text{if } z \leq 0 \end{cases}$$

$f(z)$는 계단함수(step function)로, 입력값 z가 0보다 크면 1, 그렇지 않으면 0을 반환한다.

| 예제 |

아래와 같이 퍼셉트론의 초깃값이 주어져 있을 때 분류 결과를 구해 보자.
- 가중치: $w_1 = 2, w_2 = -1$
- 편향: $b = 0.5$
- 입력값: $x_1 = 1, x_2 = 2$

$z = (\_\_)(\_\_) + (\_\_)(\_\_) + \_\_$

$z = \_\_ + \_\_ + \_\_ = \_\_$

- $z > 0$ 인가요? (예 / 아니오)
- 따라서 출력 $y = \_\_$

해설

가중치와 바이어스가 주어진 퍼셉트론:
- $w_1 = 2, w_2 = -1, b = 0.5$
- 입력값: $x_1 = 1, x_2 = 2$

1. 가중합 계산:

$z = w_1 x_1 + w_2 x_2 + b = (2)(1) + (-1)(2) + 0.5 = 2 - 2 + 0.5 = 0.5$

2. 계단함수 적용:

$$y = f(z) = \begin{cases} 1, & \text{if } z > 0 \\ 0, & \text{if } z \leq 0 \end{cases}$$

여기서 $z = 0.5 > 0$, 따라서 $y = 1$

퍼셉트론의 결정경계

결정경계는 '심사위원'이라고 생각할 수 있다. 심사위원은 아래의 식을 계산한 뒤 0보다 크면 합격, 0보다 같거나 작으면 불합격을 외친다. 이때 결정경계란 z=0이 되는 모든 점의 집합이다.

$$z = w_1x_1 + w_2x_2 + b$$

2.1 퍼셉트론 결정경계 유도

$z = w_1x_1 + w_2x_2 + b$

결정경계는 $z = 0$일 때 정의되므로: $w_1x_1 + w_2x_2 + b = 0$

이를 x_2에 대한 식으로 풀면: $x_2 = -\dfrac{w_1}{w_2}x_1 - \dfrac{b}{w_2}$

여기서:

- 기울기(slope): $-\dfrac{w_1}{w_2}$
- 절편(y-intercept): $-\dfrac{b}{w_2}$

─┤ 예제 ├─

논리연산은 두 입력의 참 또는 거짓(1 또는 0) 조합에 따라 새로운 참·거짓(1 또는 0) 값을 만들어 내는 기본 연산이다. 그중 OR과 AND는 아래 표와 같이 각 입력에 대응하는 결과를 출력한다. (가)와 (나)의 결정경계 식으로 바른 것은?

OR

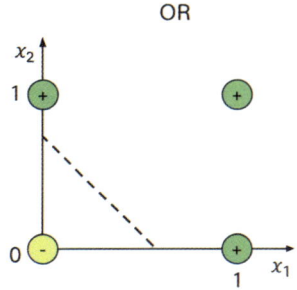

x_1	x_2	y
0	0	0
0	1	0
1	0	0
1	1	1

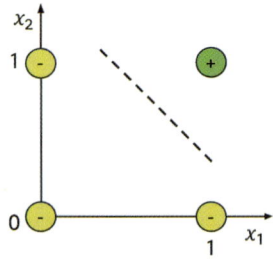

AND

x_1	x_2	y
0	0	0
0	0	0
1	0	0
1	1	1

> **해설**

OR 게이트의 출력 규칙:

0, 0 → 0

나머지 → 1

가중치와 편향을 간단히 $w_1 = 1$, $w_2 = 1$로 두고 경계선을 세팅한다.

$1 \cdot x_1 + 1 \cdot x_2 + b = 0$

(0, 0)을 0으로 만들고, (1, 0)·(0, 1)·(1, 1)은 1로 만들려면 경계선은 (0, 0)과 다른 점들 사이에 있어야 한다.

예를 들어 (0, 0) → 음수, (1, 0) → 양수가 되게 하려면:

- (1,0) 대입: $1 + 0 + b > 0 \Rightarrow b > -1$
- (0,0) 대입: $0 + 0 + b < 0 \Rightarrow b < 0$

이 두 조건의 중간값을 잡으면 $b = -0.5$가 적당하다.

$x_1 + x_2 - 0.5 = 0 \Rightarrow x_1 + x_2 = 0.5$

AND 게이트의 출력 규칙:

1, 1 → 1

나머지 → 0

마찬가지로 $w_1 = 1$, $w_2 = 1$로 두고,

$x_1 + x_2 + b = 0$

(1, 1)만 양수, 나머지는 음수가 되게 한다.

- (1,1) 대입: $1 + 1 + b > 0 \Rightarrow b > -2$
- (1,0) 대입: $1 + 0 + b < 0 \Rightarrow b < -1$

이 사잇값으로 $b_1 = -1.5$를 선택하면,

경계식:

$x_1 + x_2 - 0.5 = 0 \Rightarrow x_1 + x_2 = 1.5$

> **실습하기**

아래는 두 개의 결정경계를 파이썬 코드를 이용하여 그래프로 표현한 것이다.

```python
import numpy as np
import matplotlib.pyplot as plt

# 결정경계 계산 함수
def decision_boundary(x1, w1, w2, b):
    return -(w1 / w2) * x1 - (b / w2)

# AND 데이터 생성
and_data = {
    "inputs": np.array([[0, 0], [0, 1], [1, 0], [1, 1]]),
    "outputs": np.array([0, 0, 0, 1])  # AND 게이트 출력
}

# OR 데이터 생성
or_data = {
    "inputs": np.array([[0, 0], [0, 1], [1, 0], [1, 1]]),
    "outputs": np.array([0, 1, 1, 1])  # OR 게이트 출력
}

# AND 게이트 설정
and_w1, and_w2, and_b = 1, 1, -1.5  # 가중치와 편향 (AND 게이트)
x1_vals = np.linspace(-0.5, 1.5, 100)  # x1 범위
x2_vals_and = decision_boundary(x1_vals, and_w1, and_w2, and_b)

# OR 게이트 설정
or_w1, or_w2, or_b = 1, 1, -0.5  # 가중치와 편향 (OR 게이트)
x2_vals_or = decision_boundary(x1_vals, or_w1, or_w2, or_b)

# AND 게이트 시각화
plt.figure(figsize=(8, 6))
for i, (x, y) in enumerate(zip(and_data["inputs"], and_data["outputs"])):
    plt.scatter(x[0], x[1], color='blue' if y == 1 else 'red', s=100, label='1' if y == 1 else '0')
plt.plot(x1_vals, x2_vals_and, color='green', label='Decision Boundary (AND)')
plt.title("AND Gate Decision Boundary")
plt.grid(True)
plt.legend()
plt.show()

# OR 게이트 시각화
```

```
40  plt.figure(figsize=(8, 6))
41  for i, (x, y) in enumerate(zip(or_data["inputs"], or_data["outputs"])):
42      plt.scatter(x[0], x[1], color='blue' if y == 1 else 'red', s=100, label='1'
    if y == 1 else '0')
43  plt.plot(x1_vals, x2_vals_or, color='purple', label='Decision Boundary (OR)')
44  plt.title("OR Gate Decision Boundary")
45  plt.xlabel('$x_1$')
46  plt.ylabel('$x_2$')
47  plt.xlim(-0.5, 1.5)
48  plt.ylim(-0.5, 1.5)
49  plt.axhline(0, color='black', linewidth=0.5, linestyle='--')
50  plt.axvline(0, color='black', linewidth=0.5, linestyle='--')
51  plt.grid(True)
52  plt.legend()
53  plt.show()
```

다층 퍼셉트론

단층 퍼셉트론은 퍼셉트론이 하나 존재하는 경우이다. 이 경우는 데이터를 구분 짓는 직선을 그릴 수 있다. 하지만 직선만으로는 다양한 데이터를 분류할 수 없다. 이 문제를 해결하기 위해서는 다층 퍼셉트론을 이용해야 한다. 다층 퍼셉트론(MLP: Multi-layer perceptron)은 여러 층의 퍼셉트론과 비선형 활성화 함수를 이용해 복잡한 패턴을 학습하는 인공신경망이다. 퍼셉트론의 층을 늘리면 직선만으로는 표현할 수 없던 복잡한 경계를 만들어 낼 수 있다. 마치 도형을 자를 때 직선 칼집만 쓰다가 곡선 커터·톱날 같은 다양한 도구를 추가해 자유롭게 자를 수 있게 된 것과 같다.

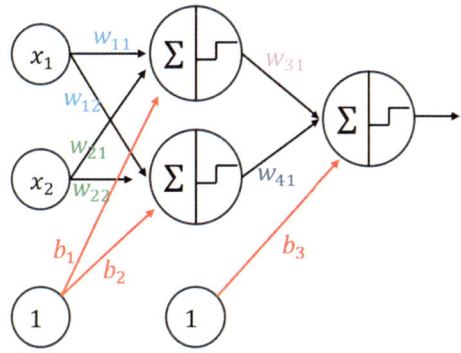

이 그림은 다층 퍼셉트론의 구조와 동작을 나타낸다.

입력층에는 x_1과 x_2, 두 개의 입력값과 함께 각 퍼셉트론에 바이어스를 전달하기 위한 상수 1이 포함된다.

은닉층은 두 개의 퍼셉트론으로 이루어져 있으며, 각 퍼셉트론은 입력값 x_1, x_2와 바이어스 항을 받아 가중합(Σ)을 계산한 후 계단함수(step function)를 적용하여 활성화된 출력을 생성한다. 이때 은닉층의 각 퍼셉트론은 서로 다른 고유의 가중치(weight) 집합과 바이어스(bias)를 가진다.

출력층은 은닉층에서 전달된 두 개의 출력값과 또 하나의 바이어스 항을 입력으로 받아, 마찬가지로 가중합(Σ)을 계산하고 계단함수를 적용하여 최종 출력을 생성한다. 출력층의 퍼셉트론 역시 서로 다른 고유한 가중치 집합과 바이어스를 갖는다.

이 구조에서 가중치는 각 연결선마다 서로 다른 값이 사용된다. 예를 들어, x_1에서 은닉층 첫 번째 뉴런으로 향하는 가중치와 두 번째 뉴런으로 향하는 가중치 x_2는 서로 다르다. 또한 바이어스는 각 퍼셉트론에 하나씩 존재하므로, 전체적으로 3개의 바이어스가 사용된다.

| 예제 |

XOR 문제의 해결

논리연산 XOR은 서로 다른 입력일 때 1을 출력해 준다. 그렇다면 이런 경우 신경망에서는 어떻게 구분할 수 있을까?

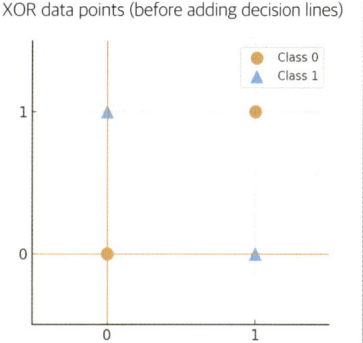

> **해설**

이 문제는 XOR(배타적 논리합) 연산을 신경망에서 어떻게 구현할 수 있는지를 묻는 것이다.
XOR 연산은 두 입력값이 서로 다를 때만 1을 출력하고, 같을 때는 0을 출력한다. 즉 (0, 1) 또는 (1, 0)일 때는 1, (0, 0) 또는 (1, 1)일 때는 0을 낸다. 이러한 특성 때문에 XOR의 입력과 출력을 평면에 점으로 표시하면 한 직선으로 0과 1을 구분할 수 없다. 다시 말해 XOR은 선형 분리가 불가능한 문제이며, 단층 퍼셉트론으로는 구현할 수 없다.

이를 해결하기 위해서는 다층 퍼셉트론 구조를 사용해야 한다. 다층 퍼셉트론은 은닉층을 두어 여러 개의 단순 퍼셉트론을 조합함으로써 복잡한 결정경계를 만들 수 있다. XOR의 경우, 첫 번째 은닉층에서 두 개의 퍼셉트론을 사용하여 각각 NAND와 OR 연산을 수행한다. NAND는 두 입력이 모두 1일 때만 0을 출력하고, 나머지 경우에는 1을 출력하며, OR은 두 입력 중 하나라도 1이면 1을 출력한다. 이렇게 계산된 두 은닉층 출력값을 두 번째 층(출력층)으로 전달하고, 출력층에서 AND 연산을 수행하면 XOR 결과가 완성된다.

이 과정을 진리표로 나타내면 아래와 같다.

x_1	x_2	S_1(NAND)	S_2(OR)	y(AND)
0	0	1	0	0
0	1	1	1	1
1	0	1	1	1
1	1	0	1	0

따라서 XOR 문제는 NAND, OR, AND 연산을 수행하는 퍼셉트론을 두 층으로 연결한 신경망 구조를 통해 구현할 수 있으며, 이는 다층 퍼셉트론의 대표적인 활용 사례 중 하나다.

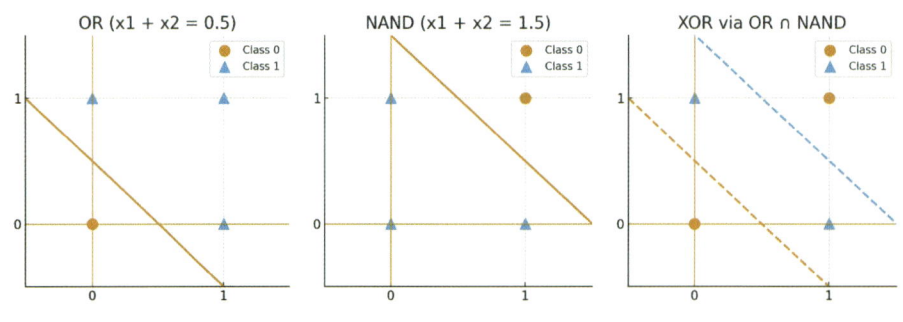

```
1   # AND 연산
2   def AND(x1, x2):
3       if x1 == 1 and x2 == 1:
4           return 1
5       else:
6           return 0
7
8   # NAND 연산
9   def NAND(x1, x2):
10      if x1 == 1 and x2 == 1:
```

```
11          return 0
12      else:
13          return 1
14
15  # OR 연산
16  def OR(x1, x2):
17      if x1 == 1 or x2 == 1:
18          return 1
19      else:
20          return 0
21
22  # XOR 연산
23  def XOR(x1, x2):
24      h1 = OR(x1, x2)
25      h2 = NAND(x1, x2)
26      y = AND(h1, h2)
27      if y > 0:
28          return 1
29      else:
30          return 0
31
32  # 테스트
33  for a in [0, 1]:
34      for b in [0, 1]:
35          print(f"{a} XOR {b} = {XOR(a, b)}")
```

```
0 XOR 0 = 0
0 XOR 1 = 1
1 XOR 0 = 1
1 XOR 1 = 0
```

신경망의 순전파

순전파, 활성화 함수

> **시작하기**
>
> 우리가 책을 읽을 때 한번에 모든 내용을 완벽히 이해하는 경우는 드뭅니다. 먼저 제목과 목차를 보고 전체적인 주제를 파악하고, 그다음에 각 장을 읽으며 세부 내용을 이해하고, 마지막으로 내용을 종합해 결론을 얻습니다. 인공신경망의 순전파도 비슷합니다. 어떤 단계를 거치게 되는 것일까요?

1. 알고 가기

순전파란 무엇일까?

지금까지 살펴본 단일 퍼셉트론은 여러 입력을 받아 한 번에 0 또는 1을 출력하는, 말 그대로 '스위치'와 같은 역할을 한다. 그러나 이러한 단층 구조만으로는 XOR처럼 직선으로 구분되지 않는 복잡한 데이터 패턴을 처리할 수 없다. 인공신경망(ANN)은 이러한 한계를 극복하기 위해 퍼셉트론을 여러 층(Layer)으로 쌓아 입력을 단계별로 가공하고 학습하는 구조를 말한다.

첫 번째 층의 출력은 다음 층에서 다시 조합되고, 이렇게 차례로 처리되면서 점점 더 복합적이고 추상적인 특징이 드러난다. 각 층의 퍼셉트론은 계단함수 대신 시그모이드(Sigmoid)나 ReLU(Rectified linear unit)와 같은 활성화 함수를 사용하여 연속적인 값을 출력함으로써 더 정교한 학습이 가능하다.

이처럼 다층 구조로 쌓인 신경망 안에서 데이터가 입력층→은닉층→출력층으로 단방향으로 흐르며 계산되는 과정을 순전파(Forward propagation)라고 한다.

신경망의 순전파 과정을 하나의 요리 과정에 빗대 살펴보자.

먼저, 입력층은 시장에서 막 사 온 신선한 재료를 받는다. 아직은 껍질도 벗기지 않았고 맛도 검증되지 않은 '날 재료'이다. 주방으로 옮겨 오면 첫 번째 은닉층이 재료를 씻고 껍질을 벗기는 손질을 한다. 그러고 나면 다음 은닉층이 등장해 다듬은 재료에 소금·후추를 뿌려 양념하는 식으로 조금 더 깊은 맛을 만들어 준다. 은닉층이 여러 단계로 이어질수록 재료는 점점 더 복합적인 풍미를 갖추게 된다. 어떤 층은 양념을, 어떤 층은 재료 간의 조화를 살피며 볶거나 데치기도 한다.

모든 준비가 끝나면 마지막으로 출력층이 요리를 접시에 깔끔히 담아 손님 앞에 내놓는다. 즉 입력 데이터가 여러 은닉층을 거치며 다듬어지고 맛이 배듯, 신경망도 순전파 과정에서 입력값을 단계적으로 변환해 결국 완성된 예측 결과라는 '요리'를 내놓는 것이다.

> 입력층 → 은닉층 1 → 은닉층 2 ⋯ → 출력층
> (선형결합+활성화 반복)　　　(예측값 y)

2. 활성화 함수

활성화 함수(Activation function)는 인공신경망에서 뉴런의 출력값을 결정하는 함수로, 입력 신호의 가중합을 받아서 다음 층으로 보낼지 말지를 비선형적으로 결정한다. 단순한 선형 계산만 하는 퍼셉트론에 비선형성을 부여해서 신경망이 더 복잡하고 다양한 패턴을 학습할 수 있게 만드는 역할을 한다.

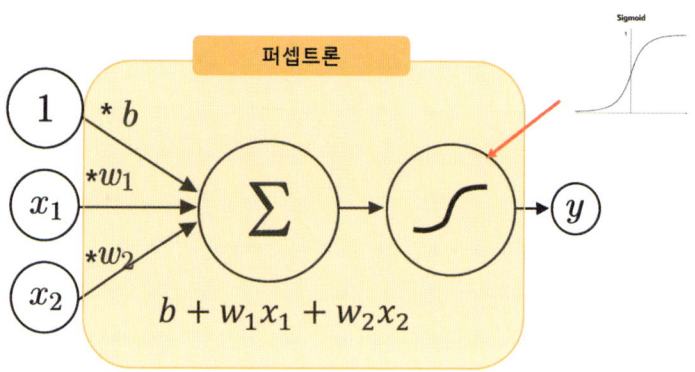

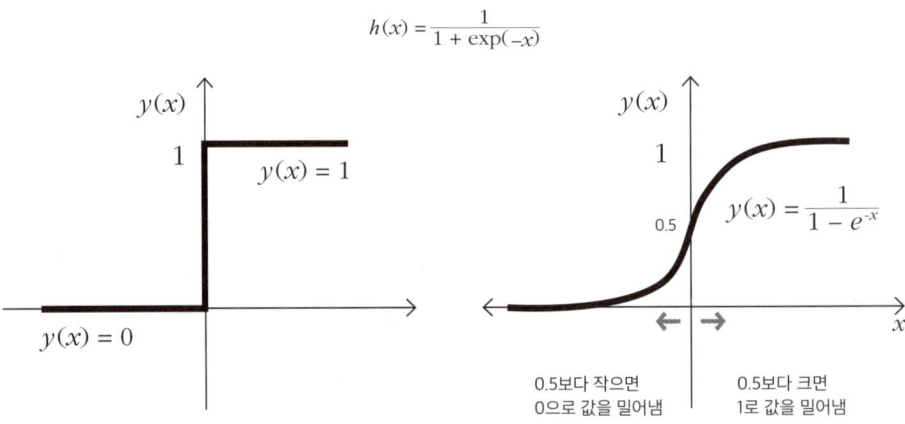

왼쪽 그래프는 계단함수를, 오른쪽 그래프는 시그모이드 함수를 나타낸다. 계단함수는 입력값 x가 0보다 작으면 출력을 0으로, 0 이상이면 1로 '뚝' 잘라서 내보내는 완전한 이진 스위치이다. 참과 거짓을 즉시 구분할 때는 직관적이지만, 출력이 연속적으로 변하지 않아 기울기(미분)가 존재하지 않는다는 단점이 있다. 시그모이드 함수는 전형적인 S자 곡선을 가지며, 입력값 x가 작을수록 출력값 $y(x)$는 0에 가까워지고, 입력값이 커질수록 출력값 $y(x)$는 1에 가까워진다. $x=0$일 때 $y(x)=0.5$를 지나며, 이 지점을 기준으로 완만하게 상승한다. 입력값 x가 0보다 작아 $y(x)<0.5$인 경우 출력값을 0 쪽으로 강하게 밀어내어 '0'으로 판단한다. 입력값 x가 0보다 커 $y(x)>0.5$인 경우 출력값을 1 쪽으로 강하게 밀어내어 '1'로 판단한다.

시그모이드 함수는 연속적인 확률값을 제공하지만, 임곗값 0.5를 기준으로 결정경계를 설정하여 0 또는 1의 이진 결과로 변환할 수 있다. 이 덕분에 시그모이드는 퍼셉트론의 출력층에서 분류기 역할을 수행할 수 있다.

실습하기

```
1  import numpy as np
2  import matplotlib.pyplot as plt
3
4
5  def sigmoid(x):
6      return 1 / (1 + np.exp(-x))
7
8  x = np.arange(-5.0, 5.0, 0.1)
9  y = sigmoid(x)
10 plt.plot(x, y)
```

```
11  plt.ylim(-0.1, 1.1)  # y축 범위 지정
12  plt.show()
```

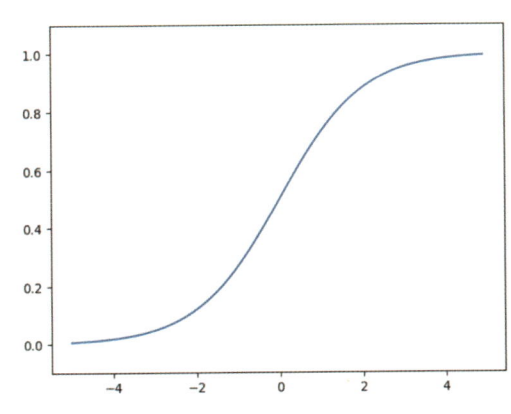

> **Tip** 활성화 함수로 비선형함수를 이용해야 하는 이유

신경망에서는 활성화 함수로 비선형함수를 사용해야 한다. 달리 말하면, 선형함수를 사용해서는 안 된다. 왜 선형함수는 안 되는 걸까? 그 이유는, 선형함수를 이용하면 신경망의 층을 깊게 하는 의미가 없어지기 때문이다. 선형함수의 문제는, 층을 아무리 깊게 해도 '은닉층이 없는 네트워크'로도 똑같은 기능을 할 수 있다는 데 있다.

예 선형함수인 $h(x) = cx$를 활성화 함수로 사용한 3층 네트워크를 식으로 나타내면 $y(x) = h(h(h(x)))$가 된다. 이 계산은 $y(x) = c*c*c*x$처럼 곱셈을 세 번 수행하지만, 실은 $y(x) = ax$와 똑같은 식이다. $a = c^3$이라고만 하면 끝이다. 즉 은닉층이 없는 네트워크로 표현할 수 있다.

이 예처럼 선형함수를 이용해서는 여러 층으로 구성하는 이점을 살릴 수 없다. 그래서 층을 쌓는 혜택을 얻고 싶다면 활성화 함수로는 반드시 비선형함수를 사용해야 한다. 비선형 활성화 함수는 복잡하고 다차원적인 데이터를 다룰 수 있으며, 선형으로 구분할 수 없는 데이터도 처리할 수 있게 된다. XOR 문제와 같은 비선형 문제를 다층 퍼셉트론과 비선형 활성화 함수로 해결할 수 있다.

비선형 활성화 함수는 미분이 가능해야 한다는 조건이 있다. 이때 미분이 가능한 비선형함수들은 학습을 반복하는 과정에서 손실함수의 접선의 기울기를 전달하는 데 중요한 역할을 한다. 대표적인 비선형함수인 ReLU와 시그모이드는 미분이 가능하며, 이를 통해 학습이 가능해진다.

비선형함수를 사용하면 선형으로 구분할 수 없는 데이터를 처리할 수 있는 이유는, 비선형함수가 데이터의 특성을 더 복잡하게 변형시킬 수 있기 때문이다.

선형 구분과 비선형 구분의 차이

- 선형 구분: 선형함수는 데이터를 한 직선(또는 초평면)으로 구분하려고 한다. 예를 들어, 2차원에서 선형 분류는 데이터를 하나의 직선으로 나누는 방식이다. 즉 데이터가 직선으로 나누어질 수 있는 형태일 때만 효과적이다.

- **비선형 구분**: 비선형함수는 데이터를 선형적으로 나누는 것이 아니라 데이터 공간을 더 복잡하게 변형하거나 비틀 수 있다. 예를 들어, 2차원 평면에서 데이터가 직선으로 나누어지지 않더라도 비선형함수를 적용하면 고차원 공간으로 데이터를 매핑하여 더 쉽게 나눌 수 있는 형태로 변환할 수 있다.

시그모이드 함수를 통과시키는 효과

시그모이드 함수는 입력값이 선형적으로 증가할 때 출력값은 비선형적으로 변화한다. 즉 입력값에 따라 출력값의 변화가 일정하지 않아서 비선형 특성을 부여한다. 이로 인해 시그모이드는 선형적으로 구분할 수 없는 데이터를 비선형적으로 변환하는 데 유용하다. 예를 들어, 선형적으로 구분할 수 없는 데이터에서 시그모이드를 적용하면 해당 데이터가 압축되어 더 잘 분리될 수 있는 형태로 변환될 수 있다.

중앙 집중화(Centering around 0.5)

시그모이드 함수의 출력이 항상 0과 1 사이에 있기 때문에 0.5를 기준으로 출력값이 대칭적이다. 즉 출력값이 0.5보다 크면 입력값이 양의 방향으로, 0.5보다 작으면 음의 방향으로 변했다고 볼 수 있다. 이 특성은 주로 분류 문제에서 확률적인 해석을 가능하게 하며, 특히 이진 분류(Binary Classification)에서 중요하다. 예를 들어, 시그모이드 함수는 입력값에 대해 확률적인 예측값을 제공할 수 있기 때문에 0.5 이상이면 클래스를 '1', 0.5 미만이면 클래스를 '0'으로 분류할 수 있다.

3. 순방향 3층 신경망 구현하기

입력층

입력층은 신경망의 가장 첫 번째 층으로, 외부로부터 데이터를 받아들이는 역할을 하며, 신경망이 처리해야 할 입력 데이터(Features)를 전달하는 출발점이다. 입력층의 노드 수(입력 뉴런 수)는 입력 데이터의 특징 수와 같다.

- 예 1: 이미지(28×28픽셀)를 입력으로 사용할 경우 → 784개의 입력 노드
- 예 2: 키와 몸무게 2개의 값을 입력할 경우 → 2개의 입력 노드

은닉층

점곱(내적)을 행렬 곱셈으로 표현하면 행 방향으로 놓인 첫 번째 벡터와 열 방향으로 놓인 두 번째 벡터의 원소를 각각 곱한 후 모두 더하는 것과 같다. 다음 그림을 보면 행렬의 곱셈 방식을 알 수 있다.

[내적 연산, np.dot()]

$$XW = [x_1 x_2 x_3] \begin{bmatrix} w_1 \\ w_2 \\ w_3 \end{bmatrix} = w_1 \times x_1 + w_2 \times x_2 + w_3 \times x_3$$

x_1은 w_1, x_2는 w_2, x_3는 w_3과 곱하여 모두 더한다.

행렬의 곱셈을 계산하는 넘파이의 np.dot() 함수를 사용한다.

```
1   import numpy as np
2
3   X = np.array([[1.0, 0.5]])
4
5   # 첫 번째 은닉층의
6   # 제일 위 가운데 마지막 퍼셉트론의 가중치
7   W1 = np.array([[0.1, 0.3, 0.5],
8                  [0.2, 0.4, 0.6]])
9
10  # 첫 번째 은닉층의
11  # 제일 위 가운데 마지막 퍼셉트론의 바이어스
12  B1 = np.array([[0.1, 0.2, 0.3]])
13
14  print(X.shape)
15  print(W1.shape)
16  print(B1.shape)
```

```
(1, 2)
(2, 3)
(1, 3)
```

```
1   A1 = np.dot(X, W1) + B1
2   Z1 = sigmoid(A1)
3
4   print(A1)
5   print(Z1)
```

```
[[0.3 0.7 1.1]]
[[0.57444252 0.66818777 0.75026011]]
```

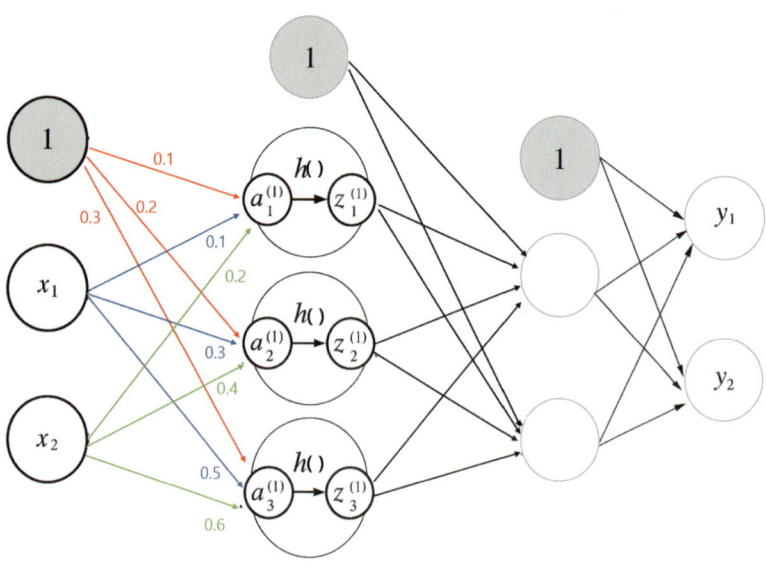

```
1   # 두 번째 은닉층의
2   # 제일 위 마지막 퍼셉트론의 가중치
3   W2 = np.array([[0.1, 0.4],
4                  [0.2, 0.5],
5                  [0.3, 0.6]])
6
7   # 두 번째 은닉층의
8   # 제일 위 마지막 퍼셉트론의 바이어스
9   B2 = np.array([[0.1, 0.2]])
10
11  print(Z1.shape)
12  print(W2.shape)
13  print(B2.shape)
14
```

```
(1, 3)
(3, 2)
(1, 2)
```

```
1   A2 = np.dot(Z1, W2) + B2
2   Z2 = sigmoid(A2)
3
4   print(A2)
5   print(Z2)
```

```
[[0.51615984 1.21402696]]
[[0.62624937 0.7710107 ]]
```

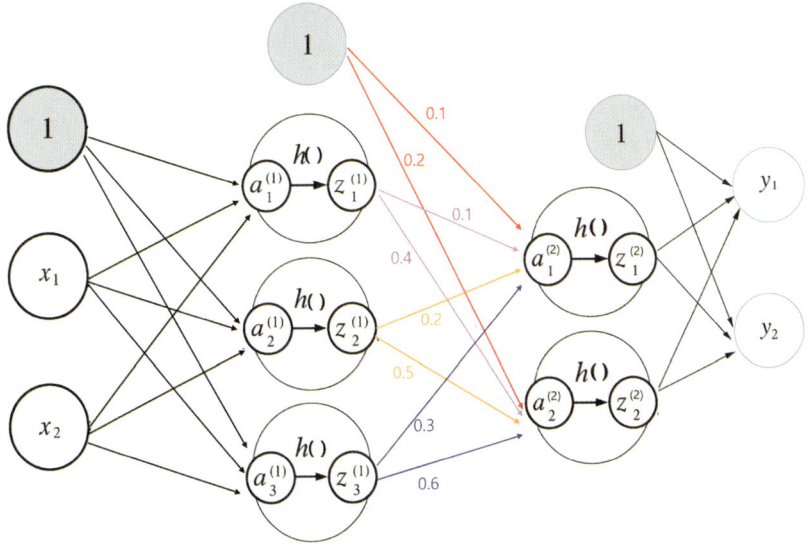

출력층

출력층의 활성화 함수는 풀고자 하는 문제의 성질에 맞게 정한다. 회귀에는 항등함수를 적용하고, 분류에는 소프트맥스 함수(Softmax function)를 사용하는 것이 일반적이다. 회귀의 출력 결과는 하나의 수치로 나오기 때문에 출력 결과를 그대로 내보내는 항등함수를 이용한다.

```
def identity_function(x):
    return x
```

그림의 신경망은 출력 결과가 2개로 설계되어 있어 마지막 결과를 분류 결과로 출력해 보도록 한다.

분류 문제에서 자주 사용하는 소프트맥스 함수는 다음과 같이 정의된다.

$$y_k = \frac{\exp(a_k)}{\sum_{i=1}^{n} \exp(a_i)}$$

여기서 $\exp(x)$는 e^x를 의미하는 지수함수(Exponential function)이며, e는 자연상수이다. n은 출력층의 뉴런 수를 나타내고, y_k는 그중 k번째 출력값을 의미한다. 분자는 입력 신호 a_k의 지수함숫값이고, 분모는 모든 출력 뉴런의 입력 신호에 대해 지수함수를 취한 값들의 합이다. 각 출력 신호를 0과 1 사이의 확률값으로 변환하고, 전체 합이 1이 되도록 정규화하는 함수이다.

```
1   def softmax(a):
2       exp_a = np.exp(a)
3       sum_exp_a = np.sum(exp_a)
4       y = exp_a / sum_exp_a
5       return y
6
7   # 출력층의
8   # 제일 위 마지막 퍼셉트론의 가중치
9   W3 = np.array([[0.1, 0.3],
10                 [0.2, 0.4]])
11
12  # 출력층의
13  # 제일 위 마지막 퍼셉트론의 바이어스
14  B3 = np.array([[0.1, 0.2]])
15
16  print(Z2.shape)
17  print(W3.shape)
18  print(B3.shape)
```

```
(1, 2)
(2, 2)
(1, 2)
```

```
1   A3 = np.dot(Z2, W3) + B3
2   Y = softmax(A3)
3
4   print(Y)
```

```
[[0.40625907 0.59374093]]
```

```
1   print(Y[0][0] + Y[0][1])
```

```
1.0
```

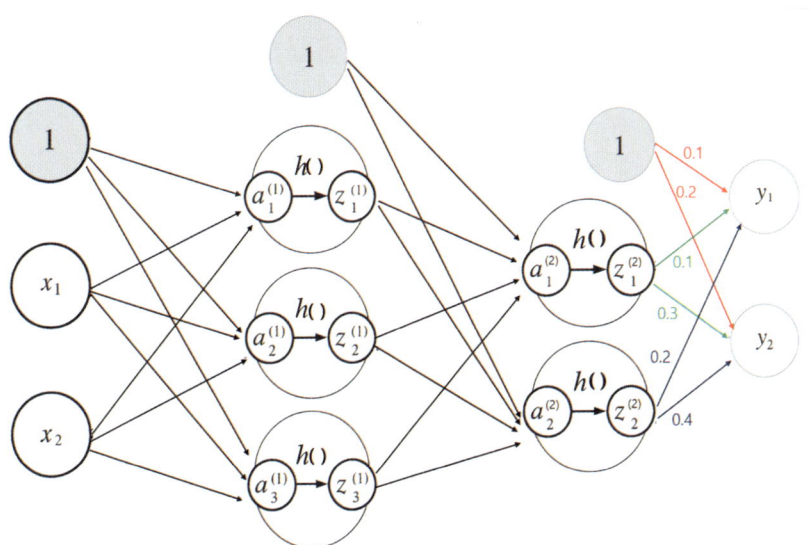

오차 계산: 손실함수

MSE, BCE, CE

> **시작하기**
>
> 택배 기사는 지도 앱을 보며 물건을 배달하지만, 도착지가 조금이라도 잘못 찍혀 있을 경우 실제 목적지와 앱에 표시된 위치의 거리 차이를 확인하며 방향을 조정합니다. 이 상황에서 지도에 찍힌 위치는 모델의 예측값, 실제 집 주소는 정답, 그리고 두 지점 사이의 거리가 바로 오차(error)에 해당합니다. 머신러닝에서도 모델의 예측값이 정답과 얼마나 차이가 나는지를 계산하고, 그 차이를 줄이는 방향으로 학습을 진행합니다. 이러한 오차를 계산하기 위해 손실함수를 어떻게 정의하고 계산하는지 살펴봅시다.

1. 알고 가기

손실함수란?

손실함수란 '인공지능이 예측한 값과 실제 값의 차이를 측정하는 함수'이다. 즉 학습이 잘 되었는지를 판단할 수 있도록 하는 '학습 성적표'이다.

손실함수라는 단어도 생소한데 이를 설명하는 단어도 무엇을 말하는지 명확하게 와 닿지 않을 것이다. 하나씩 살펴보자.

먼저, '예측한 값'이라고 하는 것은 인공지능의 학습 과정을 거쳐서 나온 결괏값이라고 할 수 있다. 예를 들어, 온도를 예측하는 인공지능이 있다고 하자. 과거 데이터로 학습하여 특정 날짜에 몇 도인지를 출력해 준다고 한다면 출력값으로 온도를 내보낼 것이다. 이 값이 예측값이다. 즉 인공지능의 출력값이다. 이 출력값은 온도를 학습시키면 온도를 내보낼 것이고, 주식 데이터를 학습시키면 주식의 지수를 출력할 것이다. 실제 값은 데이터에 저장된 현실 세계에서 측정한 값이다. 현실 세계의 값과 인공지능이 출력한 값을 비교해서 그 차이가 작을수록 학습이 잘되었다고 말한다. 즉 공부를 잘한 것이다.

공부를 얼마나 잘했느냐의 '성적표' 역할을 하는 것이 손실함수이지만, 우리가 생각하는 것과 다르게 점수가 낮을수록 좋은 성적이라는 점이 특징이다.

인공지능으로는 값을 예측하도록 하는 회귀와 분류를 할 수 있다. 회귀인지 분류인지에 따라 학습이 잘되었는지를 판단하는 손실함수는 다른 것을 사용한다. 각각에 경우에 대해 살펴보자.

2. 회귀에서의 손실함수

평균제곱오차(Mean Squared Error)

$$MSE = \frac{1}{n}\sum_{i=1}^{n}(y_i - \hat{y}_i)^2$$

변수 설명:
- n: 데이터의 수
- y_i: 실제 값(정답)
- $\hat{y}_i$: 예측값
- $(y_i - \hat{y}_i)^2$: 오차(실제 값과 예측값의 차이)를 제곱한 값

수학 기호가 나오지만 하나씩 보면 이해가 잘된다. 공식의 부분 부분마다 의미가 있다. 지금까지 이해한 부분이 수식에 다 들어 있다.

① 실제 값과 예측값의 차이가 작아야 학습이 잘된 것이다.
② 두 값의 차이를 구하기 위해 두 값을 이용해 **뺄셈**을 한다.
③ 뺄셈을 하고 나면 음수가 나올 수도 있다. 이를 해결하기 위해 제곱을 하자.
④ 학습하는 데이터 수가 1,000개라면 차이는 1,000개가 나온다. 이 차이들의 평균을 구하자.

위의 공식은 이 4단계를 거친 공식이며, 이렇게 구한 평균값이 인공지능 학습의 성적표인 것이다. 매우 합리적이라는 생각이 들지 않는가?

3. 분류에서의 손실함수

고양이와 개의 사진을 보고 고양이인지 개인지를 판단하는 인공지능에 대해 생각해 보자. 이진 분류일 때는 정답을 정해 두고 1 또는 0으로 분류하게 된다. 이 데이터는 고양이를 기준으로 두고 고양이를 1로, 강아지를 0으로 해서 사진과 함께 레이블이 저장되어 있다.

사진	레이블	사진	레이블
	0		1

이러한 데이터를 학습한 인공지능은 어떤 값을 예측값으로 출력하는 걸까? 바로 고양이일 확률을 예측값으로 출력하게 된다.

이진 크로스엔트로피(Binary Cross-Entropy)

$$BCE = \frac{1}{n}\sum_{i=1}^{n}[y_i \cdot \log(\hat{y}_i) + (1 - y_i) \cdot \log(1 - \hat{y}_i)]$$

변수 설명:
- n: 데이터의 수
- y_i: 실제 값(라벨), $y_i \in \{0, 1\}$
- $\hat{y}_i$: 예측 확률, $0 \leq \hat{y}_i \leq 1$
- $\log$: 로그함수(일반적으로 자연 로그)

이진 크로스엔트로피에 대해 단계별로 수식을 살펴보자.

① 개나 고양이처럼 둘 중 하나로 분류할 것이다. 인공지능은 기준이 되는 고양이일 확률에 대한 결과를 출력한다. 일반적으로 0.5 이상이면 고양이, 0.5 이하이면 강아지로 분류한다.

② 개일 때는 [0], 고양이일 때는 [1]로 y값이 되어 있다. 그렇다면 고양이일 때는 위 공식에서 $y_i \cdot \log(\hat{y}_i)$ 부분만 남게 되고, 강아지일 때는 $(1 - y_i) \cdot \log(1 - \hat{y}_i)$ 부분만 남게 된다.

③ 인공지능이 고양이 데이터에 대해 [0.9]로 결과를 출력했다면 $\log(0.9)$을 오찻값으로 한다.

④ 데이터가 여러 개이니 이 값들을 평균 하자. 핵심은 인공지능이 출력한 값 0.9에 log(0.9)로 변환한 값을 정답과의 오차로 보겠다는 것이다.

실습하기

문제 상황 1
고양이와 개를 구분하는 인공지능 모델이 있다. 한 이미지가 고양이일 확률을 0.8로 예측했다고 하자. 지오지브라(GeoGebra)를 이용하여 이진 크로스엔트로피 값을 계산하라.

문제 상황 2
같은 인공지능 모델이 이번에는 한 강아지 이미지에 대해 '고양이일 확률'을 0.1로 예측했다. 마찬가지로 지오지브라를 이용하여 이진 크로스엔트로피 값을 계산하라.

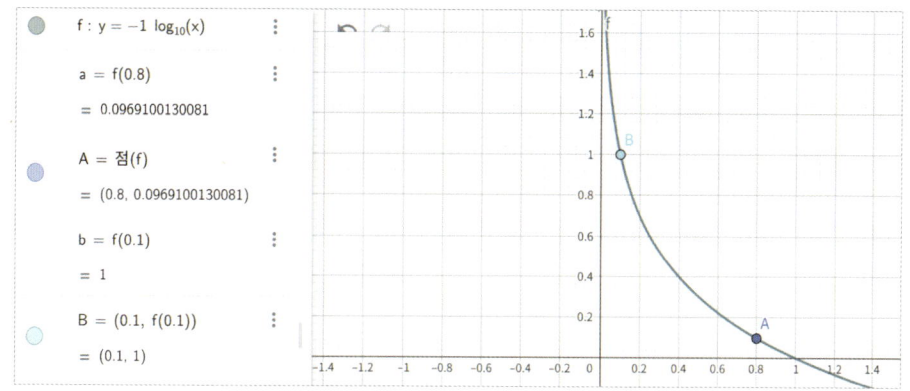

두 데이터에 대한 손실은 0.09691 + 1인 1.09691을 2로 나눈 0.548455이다.

회귀에서는 예측한 값과 정답의 차이를 뺄셈을 하여 오차를 구했다면, 분류에서는 출력한 값을 로그 값으로 변화한다. 왜 그런 걸까?

- MSE는 확률적 해석에 적합하지 않기 때문이다. 확률의 특성을 반영하지 못한다. 분류 문제에서 출력값은 확률로 해석된다. 확률적 해석에서는 예측값과 실제 값이 얼마나 가까운지를 나타낼 뿐만 아니라 확률이 높을수록 더 '확신' 있는 값임을 의미한다. 예를 들어, $\hat{y} = 0.6$과 $\hat{y} = 0.9$ 모두 $y = 1$일 때 틀림을 의미하지만, 분류에서는 0.9가 더 나을 예측으로 간주되어야 한다.
- 이진 크로스엔트로피는 정보 이론에 기반하며, 예측이 실제 값과 가까울수록 더 큰 정보 이득을 반영한다. MSE는 정보 이득의 차이를 반영하지 못하고 단순히 예측값과 실제 값 간의 거리만 계산한다. MSE는 단순히 두 값 차이의 제곱만 측정하므로 확률값이 '0.8'에서 '0.9'로 증가하는 것과 '0.1'에서 '0.2'로 증가하는 것을 동일한 크기로 간주한다. 하지만 확률적 관점에서는 전자가 더 중요한 차이를 나타낸다.

4. 크로스엔트로피

수식

크로스엔트로피는 두 확률 분포 간의 차이를 측정하는 지표로, 특히 신경망의 출력이 확률 분포(예: 소프트맥스 출력)인 경우 매우 적합하다.

- 신경망 출력 $\hat{y}$는 클래스에 대한 예측 확률 분포를 나타내고, 목푯값 t는 실제 클래스의 확률 분포(예: 원-핫 인코딩 벡터)이다.
- 크로스엔트로피는 예측 확률 분포 $\hat{y}$가 실제 분포 t와 얼마나 일치하는지를 로그함수와 음수 부호를 이용해 정량적으로 평가한다.

정답 클래스의 예측 확률이 높을수록 손실값이 작아지고, 낮을수록 손실값이 커진다.

$$\text{Cross-Entropy Loss} = -\sum_i t_i \log(\hat{y}_i)$$

- t_i: 실제 클래스의 분포(원-핫 벡터, 정답 클래스는 1, 나머지는 0)
- $\hat{y}_i$: 예측 확률값(소프트맥스나 시그모이드를 거친 값)

크로스엔트로피 공식의 해석

크로스엔트로피 손실함수의 공식은 다음과 같이 해석될 수 있다.

- **-log(probability)**: 모델이 실제 클래스에 대해 예측한 확률을 취한다. 그리고 이 확률의 로그를 취한 다음 음수를 취한다(-log(probability)). 왜 로그를 사용할까? 로그함수는 확률이 낮을수록 손실을 크게 만들고 확률이 높을수록 손실을 작게 만들어 모델이 올바른 클래스에 더 높은 확률을 할당하도록 해준다.
- **합산(Summation)**: 이 연산은 모든 샘플에 대해 수행된다. 즉 각 샘플별 값을 모두 더한다. 이렇게 함으로써 모델이 데이터세트의 모든 샘플에 대해 얼마나 잘 수행하는지를 전체적으로 측정할 수 있다. 합을 구한 후에는 전체 샘플 수로 나누어 평균을 구한다.

신경망의 역전파

오차역전파, 경사하강법, 연쇄법칙

> 📋 **시작하기**
>
> 요리를 처음 해보는 사람이 있습니다. 레시피를 보고 재료를 넣고 조리하지만, 완성된 음식 맛이 기대와 다를 수 있습니다. 이때 그는 맛을 본 후 부족한 점을 분석해 다음 조리 시에 보완합니다. 간이 싱겁다면 다음에는 소금을 더 넣고, 너무 짜다면 소금 양을 줄이며, 조리 시간이 길었다면 조금 덜 익히도록 조정합니다. 이렇게 완성된 음식의 맛을 평가하고, 맛있는 음식과의 차이가 어디에서 비롯되었는지를 거꾸로 추적하여 조리 방법을 바꾸는 과정은 신경망에서도 비슷하게 이루어집니다. 이 과정은 어떻게 이루어질까요?

1. 알고 가기

오차역전파란?

오차역전파(Backpropagation)는 신경망 학습에서 각 가중치의 기울기(Gradient)를 효율적으로 계산하는 방법이다. 신경망은 먼저 가중치와 바이어스의 초깃값을 설정한 뒤 입력 데이터를 순전파(Forward propagation)하여 출력을 계산하고, 실제 값과의 차이를 바탕으로 손실(Loss)을 구한다. 이후 손실을 줄여 최적화하기 위해 각 가중치와 바이어스에 대한 손실함수의 기울기를 계산하고, 이를 이용해 매개변숫값을 미세하게 조정한다.

이때 각 매개변수에 대한 손실함수의 기울기를 구하기 위해 미분의 연쇄법칙(Chain

rule) 성질을 이용하는데, 이렇게 연쇄법칙을 사용하여 기울기를 거꾸로 전파하며 계산하는 과정을 오차역전파라고 한다.

2. 경사하강법

머신러닝이나 신경망에서는 손실함숫값을 최소로 만드는 가중치를 찾아야 한다. 경사하강법은 손실함수를 줄이기 위해 기울기를 이용해 조금씩 매개변수를 조정하는 방법이다. '기울기(Gradient)'는 그래프에서 한 점에서의 변화 방향과 변화량을 나타내고, 기울기가 양수면 값이 증가하는 방향을, 음수면 값이 감소하는 방향을 가리킨다. 경사하강법은 기울기가 내려가는 방향으로 이동하여 최솟값에 도달하는 것을 목표로 한다.

│ 실습하기 │

지오지브라에서 f: y = x^2의 그래프의 접선의 기울기 그래프를 그려 보자.

- x값이 양수일 때
  입력식: Tangent(1, f)
  접선의 기울기가 양수로 x값이 증가할 때 y값이 증가하는 오르막이다.

- x값이 음수일 때
  입력식: Tangetn(-1, f)
  접선의 기울기가 음수로 x값이 증가할 때 y값이 감소하는 내리막이다.

- x = 0일 때
  기울기는 0이다.

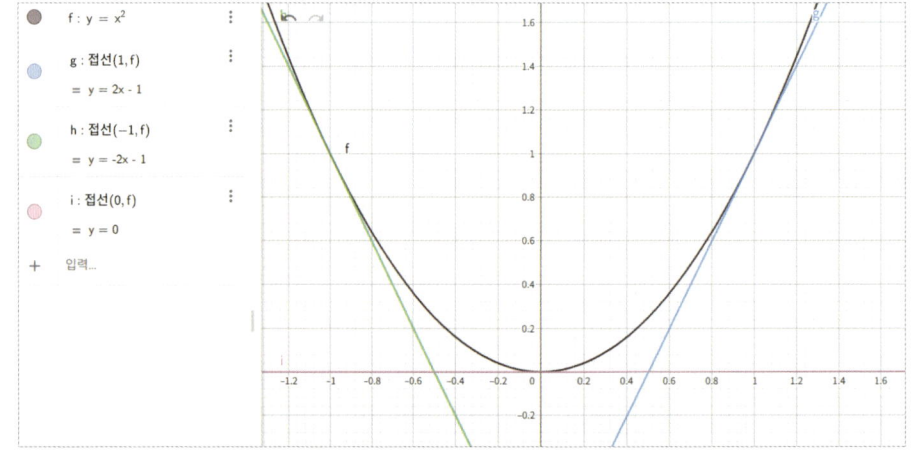

언덕 내려가기

높은 언덕에 서 있다고 상상해 보자. y가 손실값일 때 그래프에서 y값이 큰 상태를 말한다. 가장 낮은 계곡에 도달하기 위해 발밑 경사의 방향을 보고 조금씩 내려가야 한다. 그래프에서는 x가 0일 때 y값이 0으로 손실값이 최소인 상태이다.

수식

손실함수 $L(w)$가 있을 때 가중치 w를 업데이트하는 공식은 다음과 같다.

$$w_{\text{new}} = w_{\text{old}} - \eta \frac{\partial L}{\partial w}$$

- η: 학습률(learning rate) → 한 번에 얼마나 이동할지 정하는 값
- $\frac{\partial L}{\partial w}$: 기울기(gradient) → 현재 위치에서 변화하는 방향과 속도

오차역전파는 기울기를 효율적으로 구하는 방법이고, 경사하강법은 그 기울기를 사용해서 매개변수를 조정하는 방법이다.

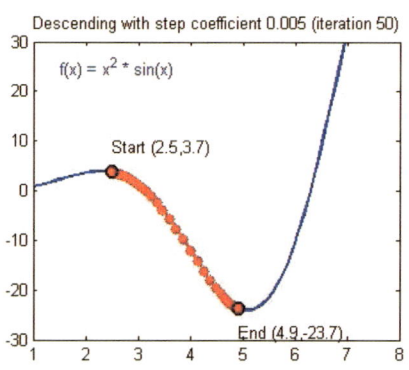

(이미지 출처: https://hackernoon.com/life-is-gradient-descent-880c60ac1be8)

3. 연쇄법칙

연쇄법칙(Chain rule)은 합성 함수 미분법의 성질을 말한다.

$$z = g(y),\ y = f(x)$$
$$z = (g \circ f)(x) = g(f(x))$$

미분 → $(g \circ f)'(x) = g'(y)f'(x)$

↓ Chain rule

$$\frac{dz}{dx} = \frac{dz}{dy} \cdot \frac{dy}{dx}$$

z함수를 x에 대해 미분한 결과는 z함수를 y에 대해 미분한 결과와 y함수를 x에 대해 미분한 결과를 곱하여 구할 수 있다는 것이 핵심이다.

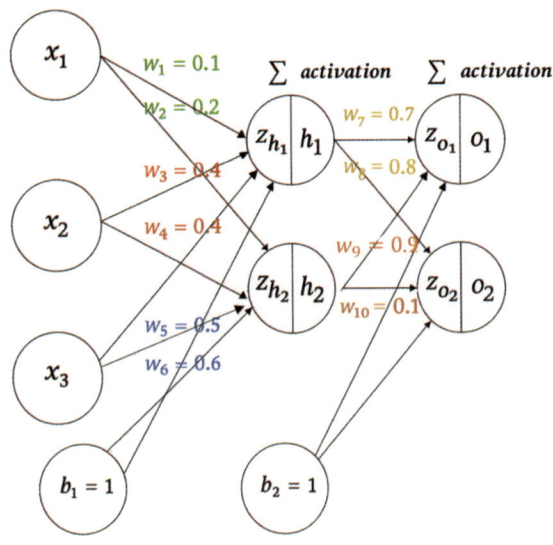

$E = \frac{1}{2}[(o_1 - t_1)^2 + (o_2 - t_2)^2]$

$z_{h1} = w_1 x_1 + w_3 x_2 + w_5 x_3 + b_1$

$z_{h2} = w_2 x_1 + w_4 x_2 + w_6 x_3 + b_1$

$h_1 = a(z_{h1})$

$h_2 = a(z_{h2})$

$z_{o1} = w_7 h_1 + w_9 h_2 + b_2$

$z_{o2} = w_8 h_1 + w_{10} h_2 + b_2$

$o_1 = a(z_{o1})$

$o_2 = a(z_{o2})$

연쇄법칙의 성질을 이용하여 손실함수 E를 w_7에 대해 미분을 하면 아래의 식과 같다.

$$\frac{\partial E}{\partial w_7} = \frac{\partial E}{\partial o_1} \times \frac{\partial o_1}{\partial z_{o1}} \times \frac{\partial z_{o1}}{\partial w_7}$$

손실함수의 값을 줄이기 위해 가중치를 갱신하는 과정을 간략하게 정리하면, 먼저 가중치의 초깃값들로 순방향 전파(Forward pass)를 한다. 그후 오차역전파를 통해 손실함수를 각 가중치에 대해 미분한 값을 구하여 그 미분값과 learning rate와 -(마이너스) 부호를 곱하여 새로운 가중치로 갱신한다.

$$W = W - \text{learning rate} * \frac{\partial L}{\partial W}$$

4. 역전파 구현하기

덧셈일 때 역전파되어 흘러가는 값

역전파할 때 덧셈을 만나면 그 값을 그대로 흘려 보낸다. z=x+y일 때 z에 대한 x의 미분 값은 1이다(y도 마찬가지이다). 어떤 값에 1을 곱하면 자기 자신이다. 즉 뒤에서 들어온 미분값을 변동 없이 그대로 전달하는 것이다.

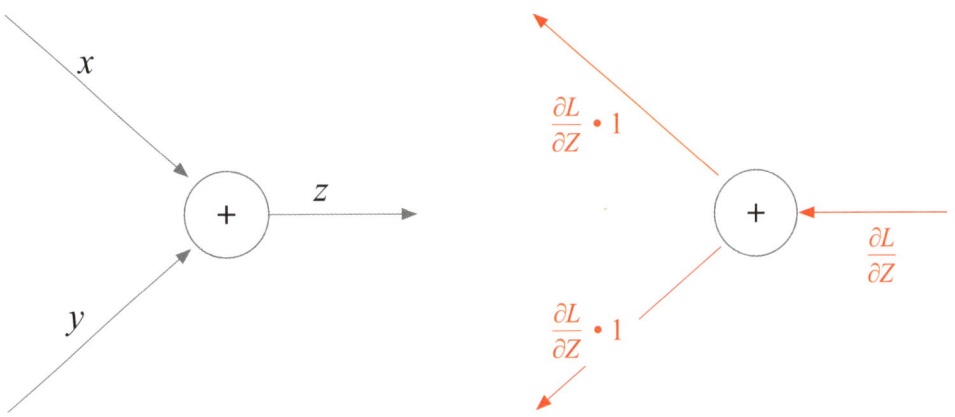

역전파에서 덧셈 연산을 통과할 때 입력값에 대해 변화율(기울기)이 그대로 전달되는 이유는 미분의 기본 성질 때문이다. 덧셈 연산이 있을 땐 이를 수식으로 나타내면 다음과 같다.

$$z = x + y$$

이제 z에 대한 각각의 입력값 x와 y에 대한 편미분을 구하면 아래와 같이 된다.

$$\frac{\partial z}{\partial x} = 1, \quad \frac{\partial z}{\partial y} = 1$$

덧셈의 경우 각 입력값에 대한 변화율이 항상 1이기 때문에 역전파 과정에서도 변화율이 변하지 않고 그대로 전파된다.

즉 $\frac{\partial L}{\partial x} = 1 \times \frac{\partial L}{\partial z}$, $\frac{\partial L}{\partial y} = 1 \times \frac{\partial L}{\partial z}$ 이다.

곱셈일 때 역전파되어 흘러가는 값

z=xy일 때 곱셈 노드에서 흘러가는 값은 상대 값을 곱해 주면 된다.

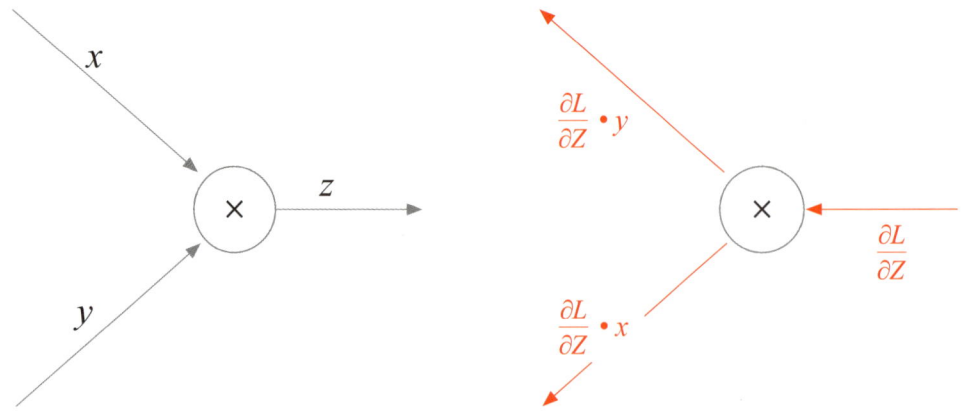

곱셈 연산은 한 변수가 변할 때 결괏값이 상대방의 값만큼 영향을 받는 연산이다. 예를 들어 x=2, y=3일 때 z=2×3=6이다. 여기서 x를 1 증가시켜서 3이 되면 z는 3×3=9로 변한다. 즉 z의 증가량은 y값인 3만큼 변한다. 반대로, y를 1 증가시켜서 4가 되면 z는 2×4=8이 된다. 즉 z의 증가량은 x값인 2만큼 변한다. 이 말은 곧, 입력값이 변할 때 결괏값이 상대방의 값만큼 영향을 받기 때문에 역전파할 때도 상대방을 곱해 줘야 한다는 걸 의미한다.

이러한 역전파 성질을 바탕으로 함수를 추가하면 다음과 같다.

```python
class Add:
    def __init__(self):
        self.x = None
        self.y = None

    def forward(self, x, y):
        self.x = x
        self.y = y
        result = x + y
        return result

    def backward(self, d_result):
        dx = d_result        # dz/dx = 1
        dy = d_result        # dz/dy = 1
        return dx, dy

class Mul:
    def __init__(self):
        self.x = None
        self.y = None
```

```python
21
22      def forward(self, x, y):
23          self.x = x
24          self.y = y
25          result = x * y
26          return result
27
28      def backward(self, d_result):
29          dx = d_result * self.y   # dz/dx = y
30          dy = d_result * self.x   # dz/dy = x
31          return dx, dy
32
33  # ------------------------------
34  # 예제 실행: z = (x * y) + b
35  # ------------------------------
36  x, y, b = 2, 3, 1   # 입력값
37
38  # 레이어 생성
39  add_layer = Add()
40  mul_layer = Mul()
41
42  # 순전파
43  xy = mul_layer.forward(x, y)      # x * y
44  z  = add_layer.forward(xy, b)     # (x * y) + b
45
46  print("Forward 결과:", z)  # (2*3)+1 = 7
47
48  # 역전파 (dL/dz = 1 가정)
49  dout = 1
50  dxy, db = add_layer.backward(dout)    # dL/d(xy), dL/db
51  dx, dy = mul_layer.backward(dxy)      # dL/dx, dL/dy
52
53  print("Backward 결과:")
54  print("dx:", dx)   # ∂z/∂x = y = 3
55  print("dy:", dy)   # ∂z/∂y = x = 2
56  print("db:", db)   # ∂z/∂b = 1
```

> Forward 결과: 7
> Backward 결과:
> dx: 3
> dy: 2
> db: 1

시그모이드 함수의 오차역전파

시그모이드 함수 공식을 다시 보자.

$$\sigma(x) = \frac{1}{1+e^{-x}}$$

시그모이드의 미분은 자기 자신과 (1-자기 자신)의 곱으로 표현할 수 있다.

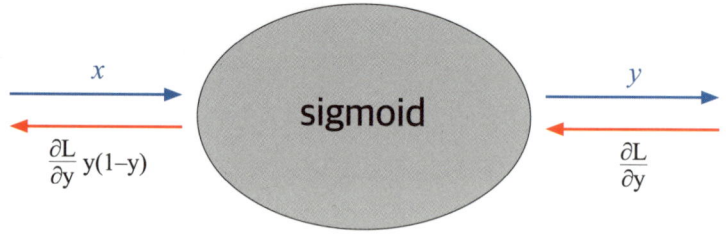

```
1    class Sigmoid:
2        def __init__(self):
3            self.result = None   # 순전파의 출력을 저장해 두었다가 역전파 계산 때 사용
4
5        def forward(self, x):
6            result = sigmoid(x)
7            self.result = result
8            return result
9
10       def backward(self, d_out):
11           dx = d_out * (1.0 - self.result) * self.result
12           return dx
```

계층화

신경망 구현

> **시작하기**
>
> 우리가 매일 아침 학교에 가는 과정을 떠올려 봅시다. 가장 먼저 알람 소리를 듣고, 이를 통해 '일어나야겠다.'라는 결정을 내립니다. 이어서 창밖을 보거나 일기예보를 확인해 비가 오는지 판단하고, 필요하다면 우산을 챙깁니다. 그다음에는 버스 시간표를 확인하여 몇 시에 집을 나가야 할지를 정합니다. 이처럼 여러 단계를 차례대로 거친 끝에 우리는 '오늘 몇 시에 어떤 준비물을 챙겨서 학교에 간다.'라는 최종 결론에 도달하게 됩니다. 이 과정은 신경망의 계층 구조와 닮아 있습니다. 알람 확인, 날씨 확인, 버스 시간 확인과 같은 각 단계는 하나의 계층(Layer)으로 볼 수 있습니다. 인공신경망의 계층화는 어떻게 이루어질까요?

1. 알고 가기

객체 지향 방법

신경망을 객체 지향적으로 구현하는 방법을 알아보자. 아핀(Affine) 계층과 시그모이드(Sigmoid) 계층을 각각 클래스로 구현하고, 이를 객체화하는 방법으로 신경망을 만들 수 있다.

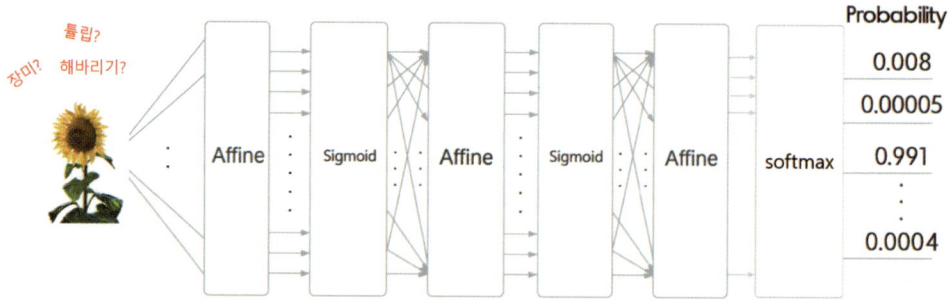

> **Tip** 아핀 변환
>
> 선형대수에서 많이 쓰이는 개념으로, 머신러닝과 신경망의 '아핀(Affine) 계층'도 바로 이 개념에서 출발한다. 아핀 변환은 선형 변환(Linear transformation)에 평행 이동(Translation)을 더한 변환을 말한다. 행렬 곱(선형 변환)만 하는 것이 아니라, 여기에 더하기 항(바이어스)을 포함하는 형태이다. 수식으로 표현하면 $y = w_x + b$로, 신경망에서 활성화 함수를 통과 하기 전 신경망의 퍼셉트론 연산과 동일하다.

2. 객체 지향적으로 딥러닝의 계층 설계하기

객체 지향 프로그래밍(OOP)의 핵심 개념을 적용하여 신경망을 구성하는 방법은 다음과 같다.

- 1단계: 각 계층(Layer)을 독립적인 클래스로 정의
- 2단계: 순전파(Forward)와 역전파(Back)를 각각 메서드로 구현
- 3단계: 신경망 모델을 계층(Layer) 객체 리스트로 생성 후 관리

아핀 계층의 클래스를 구현해 보고 각 계층을 객체의 모양에 주의하여 리스트로 생성하는 방법을 알아보자.

3. 입력 데이터가 N개일 때 아핀 계층

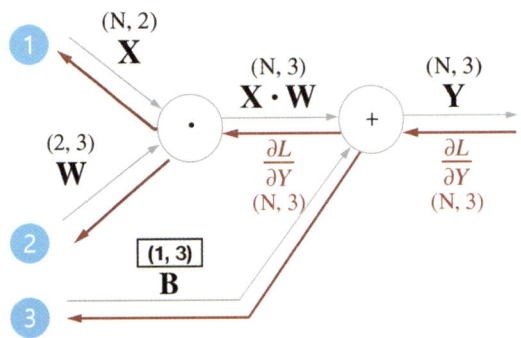

위의 도표는 Y=XW+B의 순전파와 역전파에서의 미분 흐름을 보여 주는 구조도이다. 순전파 과정에서 출력값 Y는 입력값 X, 가중치 W, 바이어스 B를 이용하여 Y=XW+B의 형태로 계산된다. 여기서 X는 N개의 샘플과 2개의 특성으로 이루어진 입력 행렬이다. 가중치 W는 입력 차원 2에서 출력 차원 3으로 매핑하는 역할을 한다. 바이어스 B는 출력 차원과 동일한 3을 가지며, N에 대해 자동으로 확장(broadcast)되어 적용된다. 마지막으로, 결과로 얻어지는 출력값 Y는 N개의 샘플 각각에 대해 3차원 출력을 가지므로 (N, 3)의 크기를 갖는다.

① $\frac{\partial L}{\partial X} = \frac{\partial L}{\partial Y} \cdot W^T$

입력값 X에 대한 기울기는 출력값 Y의 기울기 $\frac{\partial L}{\partial Y}$에 가중치 행렬 W의 전치 W^T를 곱해 계산된다. 구조도의 예시처럼 (N, 3)(3, 2) → (N, 2)의 차원 변환이 이루어진다.

② $\frac{\partial L}{\partial W} = X^T \cdot \frac{\partial L}{\partial Y}$

가중치 W에 대한 기울기는 입력값 X의 전치 X^T와 출력 기울기 $\frac{\partial L}{\partial Y}$의 곱으로 구해진다. 차원 변환은 (2, N)(N, 3) → (2, 3)이 된다.

③ $\sum_{i=1}^{N} = \frac{\partial L}{\partial Y_{i,:}}$

B에 대한 기울기는 출력 기울기 $\frac{\partial L}{\partial Y}$를 차원별로 합산한 값과 같다. 그 결과 모양은 (1, 3)이 된다. 즉 각 샘플별로 오차 미분값을 모두 더하여 그 합만 남게 되는 것이다.

4. 신경망 구현

위에서 만든 아핀과 시그모이드 계층을 조합하여 간단한 신경망을 구현할 수 있다. 예를 들어, 다음과 같은 2층 신경망을 코드로 살펴보자.

- 입력층(2개 노드)
- 은닉층(3개 노드, 활성화 함수: 없음)

전체 코드

```python
import numpy as np

# ======================================
# (1) 순전파: Y = X @ W + B
# ======================================

# @ 연산자 설명:
# - 파이썬의 '@'는 행렬 곱셈(Matrix Multiplication) 연산자
# - np.dot(X, W) 또는 np.matmul(X, W)와 동일
# - 행렬곱의 규칙: (N, in_features) @ (in_features, out_features) → (N, out_features)
# - 즉, 입력 벡터 X의 각 샘플(행)에 가중치 행렬 W를 곱함.

# 입력 행렬 X: (N=2, in_features=3)
X = np.array([[1, 2, 3],
              [4, 5, 6]], dtype=float)

# 가중치 행렬 W: (in_features=3, out_features=2)
# 각 열(column)이 하나의 출력 뉴런에 대응
W = np.array([[1, 2],
              [3, 4],
              [5, 6]], dtype=float)

# 바이어스 벡터 B: (1, out_features=2)
# (N, 1) 축으로 자동 broadcast되어 각 샘플에 더해짐.
B = np.array([[0.1, 0.2]], dtype=float)

# 순전파 계산
Y = X @ W + B
print("[Forward] Y = X @ W + B → Y.shape:", Y.shape)
print(Y, "\n")

# ======================================
# (2) 역전파: dY가 주어졌다고 가정하고 dX, dW, dB 계산
# ======================================
```

```python
34
35  # 출력의 기울기(손실 L에 대한 출력 Y의 미분값)
36  # shape: (N, out_features)
37  dY = np.array([[1., 2.],
38                 [3., 4.]], dtype=float)
39  print("[Given] dY.shape:", dY.shape, "\n")
40
41  # ------------------------------
42  # (a) 입력 X에 대한 기울기
43  # dX = dY @ W^T
44  # (N, out_features) @ (out_features, in_features) → (N, in_features)
45  # ------------------------------
46  dX = dY @ W.T
47  print("[Backward] dX = dY @ W.T → dX.shape:", dX.shape)
48  print(dX, "\n")
49
50  # ------------------------------
51  # (b) 가중치 W에 대한 기울기
52  # dW = X^T @ dY
53  # (in_features, N) @ (N, out_features) → (in_features, out_features)
54  # ------------------------------
55  dW = X.T @ dY
56  print("[Backward] dW = X.T @ dY → dW.shape:", dW.shape)
57  print(dW, "\n")
58
59  # ------------------------------
60  # (c) 바이어스 B에 대한 기울기
61  # dB = sum(dY, axis=0)
62  # 모든 샘플(N개)에 대해 기울기를 합산.
63  # shape: (out_features,)
64  # ------------------------------
65  dB = np.sum(dY, axis=0)
66  print("[Backward] dB = dY.sum(axis=0) → dB.shape:", dB.shape)
67  print(dB, "\n")
68
69  # =========================================
70  # (3) 요약 메모 (암기 포인트)
71  # =========================================
72
73  # 순전파:
74  #   Y = X @ W + B
75  # 역전파:
76  #   dX = dY @ W.T
77  #   dW = X.T @ dY
78  #   dB = sum(dY, axis=0)
79
```

```
80    # shape 정리:
81    #   X : (N, in)
82    #   W : (in, out)
83    #   B : (1, out)
84    #   Y : (N, out)
85    #   dY: (N, out)
86    #   dX: (N, in)
87    #   dW: (in, out)
88    #   dB: (out,)
```

```
[Forward] Y = X @ W + B  →  Y.shape: (2, 2)
[[22.1 28.2]
 [49.1 64.2]]

[Given] dY.shape: (2, 2)

[Backward] dX = dY @ W.T  →  dX.shape: (2, 3)
[[ 5. 11. 17.]
 [11. 25. 39.]]

[Backward] dW = X.T @ dY  →  dW.shape: (3, 2)
[[13. 18.]
 [17. 24.]
 [21. 30.]]

[Backward] dB = dY.sum(axis=0)  →  dB.shape: (2,)
[4. 6.]
```

5. 신경망 학습 과정

신경망(Neural network)이 어떻게 학습하는지에 대해 알아보자. 아래 도표는 신경망이 데이터를 받아서 학습하면서 점점 정확한 결과를 출력하게 되는 과정을 보여 준다.

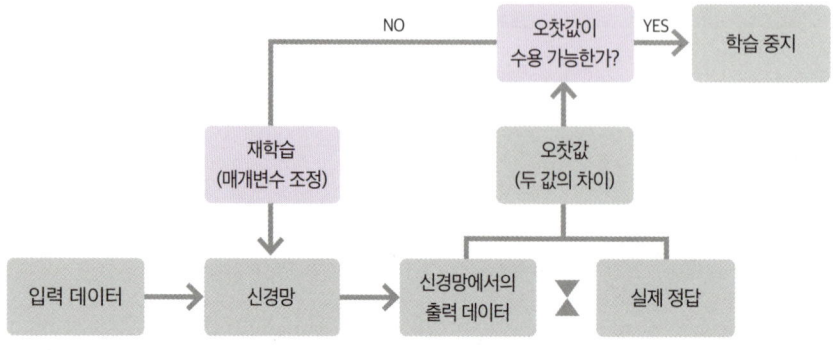

입력 데이터(Input data) → 신경망

먼저, 신경망에 데이터를 입력한다. 예를 들어, 손글씨 숫자 인식을 배우는 신경망이라고 가정하면 0, 1, 2, 3, 4… 9까지의 숫자 이미지를 신경망에 넣어 주게 된다.

- 만약 신경망이 고양이와 개를 구별하는 모델이라면, 어떤 데이터가 입력될까?
- 고양이 사진과 개 사진이다.
- 이렇게 신경망이 학습할 데이터를 넣어 주는 단계이다.

신경망 → 신경망에서의 출력 데이터(Output)

신경망은 입력된 데이터를 바탕으로 계산해서 "이게 5일까? 6일까?" 같은 예측을 한다. 그러면 신경망은 하나의 값을 내놓게 된다. 예를 들어, 숫자 5를 넣었더니 신경망이 '5'라고 예측했다고 해보자.

- 그런데, 만약 신경망이 5를 보고 3이라고 예측했다면?
- 틀린 것이다! 그래서 신경망이 얼마나 틀렸는지를 알아봐야 한다.

신경망의 예측과 실제 정답 비교 → 오찻값(Error) 계산

이제 신경망이 낸 출력값(예측값)과 실제 정답(정답 데이터)을 비교해야 한다.

- 만약 신경망이 정확하게 맞혔다면? → 학습을 멈춰도 된다.
- 만약 신경망이 틀렸다면? → 어디서 틀렸는지 확인하고 다시 학습해야 한다. 어디서 얼만큼 틀렸는지는 알기 위해 이때 손실함수가 사용된다.
- 예를 들어 보자!
- 시험을 봤는데 '내가 맞혔다고 생각한 문제'를 채점했더니 틀렸다면?
- 다시 오답 노트를 보면서 '아, 여기를 잘못 이해했구나!'라고 확인하는 것과 같은 원리이다. '여기를 이만큼'을 알려 주는 것이 역전파이다.
- 신경망은 손실함수를 이용하여 나온 값을 역전파하여 각 부분으로 되돌려 주면서 틀린 부분을 찾아서 다시 학습한다.

오찻값이 수용 가능한가? No! → 재학습(가중치 조정)

오차가 크면 신경망은 '이렇게 계산하면 안 되겠네!' 하고 스스로 학습을 다시 한다. 이때 신경망은 가중치와 바이어스라는 값을 조정하면서 더 정확한 답을 찾으려고 한다.

- 신경망이 처음에는 '감'으로 찍었다(랜덤 값).
- 그런데 틀렸으니까 "이번에는 이렇게 조정해야겠다!" 하고 값을 변화시킨다.
- 이 과정을 여러 번 반복하면 신경망은 점점 더 정답을 잘 맞히게 된다!

오찻값이 수용 가능한가? Yes! → 학습 종료!

이렇게 계속 학습하다 보면 오찻값이 점점 작아진다. 어느 순간 신경망이 거의 틀리지 않게 되면 "이제 충분히 배웠다!" 하고 학습을 멈춘다.

- 학교 시험처럼, 연습을 계속하면 결국 높은 점수를 받을 수 있는 것과 같다!
- 신경망도 틀린 문제를 계속 복습하면서 더 좋은 답을 내놓는 것이다.

정리! 신경망 학습 과정 한눈에 보기

1단계: 데이터를 넣는다.

2단계: 신경망이 계산해서 예측을 한다.

3단계: 예측 결과와 정답을 비교한다.

4단계: 틀렸다면, 다시 학습하면서 가중치를 조정한다.

5단계: 충분히 맞힐 수 있게 되면 학습을 멈춘다.

- 이 과정을 수천~수만 번 반복하면 신경망은 점점 더 똑똑해진다.

마무리 질문!

- 신경망이 처음부터 똑똑한가?
- → 아니다. 학습을 하면서 점점 똑똑해진다.
- 처음에는 그냥 랜덤으로 찍지만, 연습할수록 점점 더 잘 맞힐 수 있게 된다.
- 우리가 시험 공부를 하는 과정과 신경망 학습 과정이 비슷한 이유가 무엇일까?
- → 오답을 분석하고 다시 공부하면서 점점 더 맞히는 부분이 비슷하다.
- 신경망도 오답(오차)을 줄이는 방식으로 학습한다.

전체 코드

```
1   # ==========================================
2   # Softmax + CrossEntropy + Affine + SGD
3   # (Deterministic Version: 동일한 결과 재현)
4   # ==========================================
5
6   import numpy as np
7   import matplotlib.pyplot as plt
8   import random
9
10  # --- 재현성 보장용 시드 설정 ---
11  SEED = 42
```

```python
12  np.random.seed(SEED)
13  random.seed(SEED)
14
15  # ==========================================
16  # (1) Utility Functions
17  # ==========================================
18
19  def softmax(x):
20      """
21      안정적인 Softmax 함수
22      입력: x (N, C)
23      출력: 확률 분포 (N, C)
24      """
25      if x.ndim == 2:
26          x = x - np.max(x, axis=1, keepdims=True)
27          exp = np.exp(x)
28          return exp / np.sum(exp, axis=1, keepdims=True)
29      else:
30          x = x - np.max(x)
31          exp = np.exp(x)
32          return exp / np.sum(exp)
33
34  def cross_entropy_error(y, t):
35      """
36      Cross-Entropy Loss 계산
37      y: (N, C) 예측 확률 (softmax 출력)
38      t: (N,) 또는 (N, C) 정답 레이블 (정수 index 또는 원-핫 벡터)
39      """
40      if y.ndim == 1:
41          y = y.reshape(1, -1)
42          t = t.reshape(1, -1)
43
44      if t.ndim == 2 and t.shape[1] == y.shape[1]:  # one-hot이면 index로 변환
45          t = np.argmax(t, axis=1)
46
47      N = y.shape[0]
48      p = y[np.arange(N), t]
49      loss = -np.sum(np.log(p + 1e-7)) / N
50      return loss
51
52  # ==========================================
53  # (2) Affine Layer (Fully Connected)
54  # ==========================================
55
```

```python
56  class Affine:
57      """순전파: Y = X @ W + B"""
58      def __init__(self, W, b):
59          self.W = W
60          self.b = b
61          self.x = None
62          self.dW = None
63          self.db = None
64
65      def forward(self, x):
66          self.x = x
67          out = np.dot(x, self.W) + self.b
68          return out
69
70      def backward(self, dout):
71          dx = np.dot(dout, self.W.T)
72          self.dW = np.dot(self.x.T, dout)
73          self.db = np.sum(dout, axis=0, keepdims=True)
74          return dx
75
76      @property
77      def params(self):
78          return [self.W, self.b]
79
80      @property
81      def grads(self):
82          return [self.dW, self.db]
83
84  # ========================================
85  # (3) Softmax + CrossEntropy 결합 계층
86  # ========================================
87
88  class SoftmaxWithLoss:
89      def __init__(self):
90          self.y = None
91          self.t = None
92          self.loss = None
93
94      def forward(self, x, t):
95          self.t = t
96          self.y = softmax(x)
97          self.loss = cross_entropy_error(self.y, self.t)
98          return self.loss
99
```

```python
    def backward(self, dout=1):
        N = self.t.shape[0]
        if self.t.ndim == 1:  # 정수 인덱스
            dx = self.y.copy()
            dx[np.arange(N), self.t] -= 1
            dx /= N
        else:  # one-hot 벡터
            dx = (self.y - self.t) / N
        return dx * dout

# =========================================
# (4) Optimizer (SGD)
# =========================================

class SGD:
    def __init__(self, lr=0.1):
        self.lr = lr

    def step(self, params, grads):
        for p, g in zip(params, grads):
            p[...] -= self.lr * g  # in-place 업데이트

# =========================================
# (5) 데이터세트
# =========================================

X = np.array([[1., -2.],
              [3.,  4.],
              [2.,  1.],
              [0.,  3.]])  # 입력 고정
t = np.array([1, 2, 0, 1])  # 정답 인덱스 고정

# =========================================
# (6) 모델 초기화
# =========================================

D_in, D_out = 2, 3
W = 0.01 * np.random.randn(D_in, D_out)
b = np.zeros((1, D_out))

affine = Affine(W, b)
criterion = SoftmaxWithLoss()
optimizer = SGD(lr=0.2)
```

```python
144  # ========================================
145  # (7) 학습 루프
146  # ========================================
147  
148  epochs = 200
149  loss_hist = []
150  
151  for ep in range(epochs):
152      # 순전파
153      scores = affine.forward(X)
154      loss = criterion.forward(scores, t)
155      loss_hist.append(loss)
156  
157      # 역전파
158      dout = criterion.backward()
159      dX = affine.backward(dout)
160  
161      # 가중치 업데이트
162      optimizer.step(affine.params, affine.grads)
163  
165      # 출력 (20 epoch마다)
166      if (ep + 1) % 20 == 0:
167          print(f"Epoch {ep+1:3d} | Loss {loss:.4f}")
168  
169  # ========================================
170  # (8) 결과 출력
171  # ========================================
172  
173  print("\n[Learned Weights]\n", affine.W)
174  print("\n[Learned Bias]\n", affine.b)
175  
176  # ========================================
177  # (9) 시각화
178  # ========================================
179  
180  plt.plot(loss_hist)
181  plt.xlabel("Epoch")
182  plt.ylabel("Loss")
183  plt.title("Softmax + CrossEntropy (Deterministic, 1-Layer, SGD)")
184  plt.grid(True)
185  plt.show()
```

```
Epoch  20 | Loss 0.7126
Epoch  40 | Loss 0.5430
Epoch  60 | Loss 0.4445
Epoch  80 | Loss 0.3786
Epoch 100 | Loss 0.3305
Epoch 120 | Loss 0.2932
Epoch 140 | Loss 0.2633
Epoch 160 | Loss 0.2387
Epoch 180 | Loss 0.2181
Epoch 200 | Loss 0.2006

[Learned Weights]
 [[ 1.00326342 -1.82084735  0.82764532]
 [-0.302573   -0.53061558  0.84373598]]

[Learned Bias]
 [[-0.64049681  3.45084117 -2.81034436]]
```

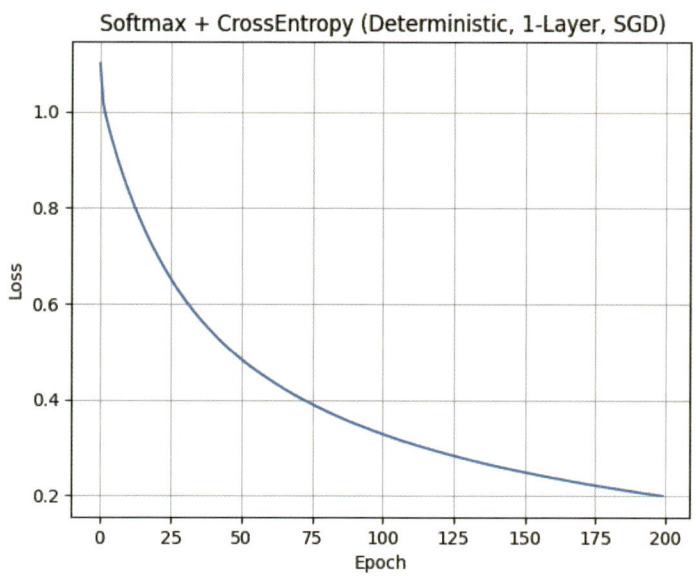

길벗출판사는 전국의 〈정보〉 선생님에게 항상 최신, 최상의 IT 교육 콘텐츠를 제공합니다

길벗출판사 〈정보〉 교과서

길벗 교과서는 선생님과 학생이 함께 배움을 익히는 교과서를 만듭니다. 누구에게나 쉽고 재밌는 수업이 되도록 실생활 예제로 흥미를 유발하고, 직관적인 설명으로 꼭 알아야 하는 핵심 개념의 학습을 유도합니다. 최고의 집필진과 수십 명의 현직 교사가 함께 만든 최고의 교과서를 만나보세요.

중학교 정보

고등학교 인공지능 기초

소프트웨어와 생활

강력한 교사 지원 시스템
길벗 교과서 홈페이지

누구나 제공하는 기본 교육 자료는 너무나 당연합니다. 급변하는 IT 트렌드에 발맞춰 최신 IT 교육 정보를 실시간으로 업데이트하고 선생님과 공유할 예정입니다.

길벗 정보교과서 카카오채널

정보 교과 관련 이슈 및 자료를 공유하는 채널입니다. 길벗교과서는 선생님께 좋은 자료를 제공해 드립니다. 카카오톡 '길벗 정보교과서' 채널을 구독하면 유용한 정보를 빠르게 받아볼 수 있습니다.

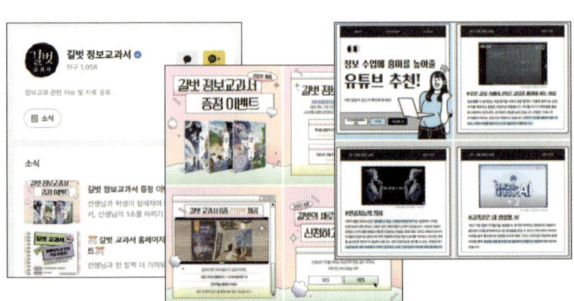